당구 3쿠션
300 돌파
교과서

당구 3쿠션
300 돌파
교과서

Special Solutions in Three Cushion

브롬달 · 쿠드롱 · 야스퍼스 · 산체스
4대 천왕이 전수하는 당구 300 실전 해법

안드레 에플러 지음 | 김민섭 옮김 | 김홍균 감수

보누스

필자는 당구계에 몸담고 있는 동안 많은 경험을 했다. 수많은 선수를 상대했고, 수많은 스리쿠션(3구) 해법을 직접 보기도 했다. 그중에서 특별히 마음에 든 스리쿠션 해법들을 모아 한 권의 책으로 만들어보았다. 필자와 주변 동료들이 발견한 해법도 있지만 브롬달, 산체스, 쿠드롱 같은 세계 챔피언들이 실제 경기에서 활용한 해법도 함께 책에 담았다. 이 책에서 소개하는 해법들을 익힌다면 세계적인 일류 선수들의 당구 비법을 손에 넣을 수 있을 것이다.

물론 당구라는 굉장한 스포츠에는 수많은 가능성이 있다. 그 점을 고려했을 때, 이 책에서 소개한 해법들이 완벽하다고 말할 수는 없다. 왜냐하면 이 해법들은 당구라는 거대한 가능성 중에서 극히 일부분에 해당하기 때문이다.

솔직히 말하자면 이 책은 초심자들에게 알맞지 않다. 오히려 탄탄한 기초를 바탕으로 다양한 기술들을 구사할 줄 알고, 스리쿠션 당구에 사용되는 단순한 패턴들에 익숙해진 사람들을 위한 책이다. 그들은 어려운 패턴을 해결하는 유용한 방법에 대해 더 알고 싶어 한다.

어떤 패턴을 마주했을 때 해법을 찾는 가장 기본적이면서도 효과적인 방법은 '득점' '전략' '포지션 플레이'(position play)라는 세 가지 기준을 잘 조합하는 것이다. 참고로 세 가지 기준 중에서 득점을 제일 먼저 고려해야 한다. 상대 선수가 득점하기 어렵게 공을 배치하거나 다음 공으로 득점하기 어렵게 만드는 해법을 찾는 일은 별 의미가 없다. 왜냐하면 그렇게 되리라는 보장이 없기 때문이다.

여러분에게는 일반적인 해법으로 어찌할 수 없는 패턴들을 해결하기 위한 특별한 해법이 필요하다. 이런 해법들은 소위 '빅 포인트'(big points)라고 불리며 종종 승패를 좌우한다. 책은 어느 정도 창의력을 발휘할 수 있는 공간이기 때문에 이 책에서는 당구 선수가 보여줄 수 있는 특별한 해법을 소개할 것이다. 일류 선수가 당구대에서 떠올리는 아이디어와 해법은 진정한 예술 작품으로 승화되곤 한다. 물론 이런 해법들을 실제로 구사하려면, 고도의 정확성과 기술을 갖춰야 할 것이다. 만약 여러분이 일류 당구 선수라면 이 책에서 만나는 해법 중 일부를 의심의 눈초리로 바라볼 수도 있다. 과연 이게 실행 가능성이 있는지 의구심이 들지도 모른다. 그래도 호기심을 갖고 모든 해법들을 시험해볼 것을 권한다. 그렇게 한다면 생각의 범위가 훨씬 더 넓어질 것이다.

일류 당구 선수들은 어려운 패턴을 해결할 새로운 해법을 항상 찾아 헤매고, 스리쿠션 스포츠를 더욱 발전시키는 데 이바지하며, 새로운 분야를 개척하고자 한다. 그들에게 감사의 마음을 전하고 싶다. 그리고 기호를 디자인하는 데 중요한 질문을 하고, 여러 가지 패턴과 관련한 아이디어를 제공해준 많은 선수들에게도 감사의 인사를 전한다.

안드레 에플러

감수자의 말

우리는 지금 당구 르네상스 시대를 경험하고 있으며 특히 캐롬(Carom Billiards. 4구, 스리쿠션) 분야는 대한민국이 주도하고 있다. 중국이 차이나 머니를 앞세워 풀(Pool Billiards)과 스누커(Snooker)를 접목한 차이니스 풀을 차세대 핵심 종목으로 키우려고 정기적으로 시합을 주최하고 있지만, 캐롬 분야에서만큼은 한국으로 주도권이 옮겨가고 있는 상황이다. 이는 대대 위주의 3구 경기를 위한 당구 용품 개발과 최대 규모의 상금을 앞세운 대회 유치와 스폰서십을 활용한 마케팅 전략, 당구 방송의 활성화 덕분이다.

과거에도 우리는 SBS 당구 최강전, 당구의 프로화 시도, 포켓볼의 열풍 등을 경험했지만 제대로 성과를 내지 못했고, 천재일우의 기회를 놓치고 말았다. 다행인 것은 최근 당구계가 다시 한 번 다양한 움직임을 보이고 있다는 점이다. 유소년 당구부가 여러 곳에서 신설되고 있으며, 당구장의 전면 금연이 2017년 12월부터 시행될 예정이다. 또한 대기업의 지속적인 후원으로 당구의 위상이 점차 상승하고 있어 가히 한국이 캐롬 종목의 메카로 부상하고 있다고 해도 과언이 아니다. 하지만 우리에게는 다음과 같은 중요 과제가 아직 남아 있다.

1. 당구 종목의 아시안 게임과 올림픽 입성
2. 당구의 지속적인 이미지 쇄신
3. 당구의 프로화
4. 유소년 당구부 확대

지금은 지도자, 행정가, 업체들이 일심동체가 되어 한마음 한뜻으로 당구 발전이라는 하나의 목표만을 향해 매진해야 할 시점이라 생각한다. 당구인 모두가 사명감을 가져

6

야 할 때다.

최근 한국에서 조기 교육을 받으며 성장한 선수들이 세계 스리쿠선계를 수십 년간 호령하던 소위 4대 천왕이라 불리는 선수들을 위협하고 있는데, 과거에는 세계 수준의 선수들을 직접 볼 기회가 흔치 않아 책을 통한 간접 경험에 만족해야 했다. 당구 도서 중 최고의 바이블이라면 역시 당구 황제 레이몽 클루망의 《마스터 100》을 꼽을 수 있다. 선수라면 누구나 터득하고 익혀야 할 중요한 기술들이 담겨 있는 그 책을 처음 접했을 때의 느낌은 정말 놀라움 그 자체였다. 비유하자면 무협소설의 주인공이 전설의 무공이 적혀 있는 비서(秘書)를 마주했을 때 느꼈을 감정과 비슷하지 않았을까.

《당구 3쿠션 300 돌파 교과서》는 25년 전 《마스터 100》을 처음 만났을 때의 느낌을 되살려주었다. 사실 초보자를 위한 당구 입문서는 수없이 출판되었다. 하지만 실제 유명 선수들의 난구 풀이를 300개나 소개하면서 세밀한 샷의 느낌과 정확한 타점을 설명한 책은 처음 접해본다. 이 책을 통해 배울 수 있는 수많은 아이디어는 초급자와 중급자에게 창의력을 불어넣고 실력 향상을 위한 동기를 자극하기에 충분하다. 이 책은 많은 당구 동호인들에게 고점자로 가는 등대 같은 존재가 될 것으로 확신한다. 저자의 당구를 향한 열정과 노력에 찬사를 보내고 감수자로서 이름을 올리게 되어 무한한 영광으로 생각한다.

김홍균
한국 당구 아카데미 강사, IB 스포츠 해설위원

차 례

이 책을 활용하는 방법

초심자에게 이 책을 활용할 수 있는 가장 좋은 방법을 알려주고자 한다.

처음에는 좌표에 따라 공을 매우 정확하게 배치하자. 이 일은 매우 중요하다. 왜냐하면 원래 위치에서 단지 몇 센티미터만 떨어져도 책에서 소개한 해법으로 해결할 수 없는 경우가 많기 때문이다.

만약 해법의 원리를 제대로 이해했다면, 책이 알려준 해법의 테두리 안에서 패턴을 해결하기 위한 최적의 포인트를 찾기 위해 공의 위치를 약간 바꿀 수 있다. 물론 몇 가지 패턴의 경우에는 공 세 개의 위치를 모두 이동시켜야 할 것이다.

이 같은 방법으로 충분히 연습을 했다면 마지막으로 공을 원래 패턴과 비슷하게 배치한 다음 해법을 시도해본다. 이때 분필로 공의 위치를 표시하는 일은 하지 않는다. 왜냐하면 스트로크(stroke)를 할 때 기술적인 요소가 어떻게 변하는지 감을 잡기 위해서다. 이 단계에서는 스트로크를 할 때마다 공의 위치를 약간씩 바꾸면서 연습하는 것이 좋다.

기호 설명

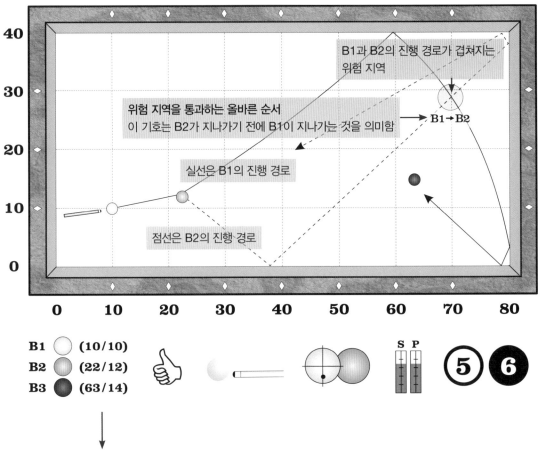

위험 지역을 통과하는 올바른 순서
이 기호는 B2가 지나가기 전에 B1이 지나가는 것을 의미함

B1과 B2의 진행 경로가 겹쳐지는 위험 지역

B1→B2

실선은 B1의 진행 경로

점선은 B2의 진행 경로

B1 ◯ (10/10)
B2 ◐ (22/12)
B3 ⬤ (63/14)

공 옆에 있는 괄호 안의 숫자는 공의 정확한 위치를 나타내는 좌표다. 장쿠션(long rail)의 값을 먼저 표시한다. B1은 수구(cue ball), B2는 제1목적구(the first object ball), B3은 제2목적구(the second object ball)를 의미한다.

	동일한 원리의 해법을 적용한 공 배치를 찾을 수 있는 페이지
	다른 해법을 적용한 비슷한 공 배치를 찾을 수 있는 페이지

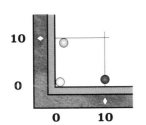

좌표 시스템 구성

오른쪽 그림에 보이는 당구공 3개의 좌표를 이렇게 표시한다. 하얀 공은 (01/01). 노란 공은 (02/09). 빨간 공은 (10/1,5). 하얀 공부터 살펴보자. 좌표는 항상 공의 중심을 나타내야 하기 때문에 하얀 공의 좌표를 (00/00)으로 표기할 수 없다. 노란 공은 쿠션으로부터 공의 반지름만큼 떨어져 있기 때문에 좌표를 02로 표기한다.(동일하게 단쿠션[short rail] 좌표를 38 그리고 장쿠션 좌표를 78로 표기한다.)

빨간 공의 경우처럼 매우 드물게 좌표에 1,5와 38,5(단쿠션) 그리고 1,5와 78,5(장쿠션)를 사용하기도 한다. 이때 각각의 공을 쿠션으로부터 1에서 2센티미터 떨어지게 배치한다. 쿠션과의 거리를 공의 반지름으로 표기하는 경우도 있다. 예를 들면 (1B/10)은 단쿠션으로부터 공의 지름만큼 떨어진 곳에 공이 있다는 의미다.

	어떤 당구대에서 해당 해법을 사용할 수 있는지 알려주는 기호
	모든 당구대에서 사용 가능한 해법
	대부분의 경우, 새 당구대 천에서만 사용 가능한 해법
	새 당구대 천에서 사용할 수 없거나 매우 어려운 해법

(위 표 왼쪽 칸에 엄지손가락 기호)

	공을 칠 때 취해야 할 큐(cue stick)의 경사각 표시 
	높이 및 회전 그리고 B2를 맞히는 당점(cueing point, 작고 검은 점) 표시

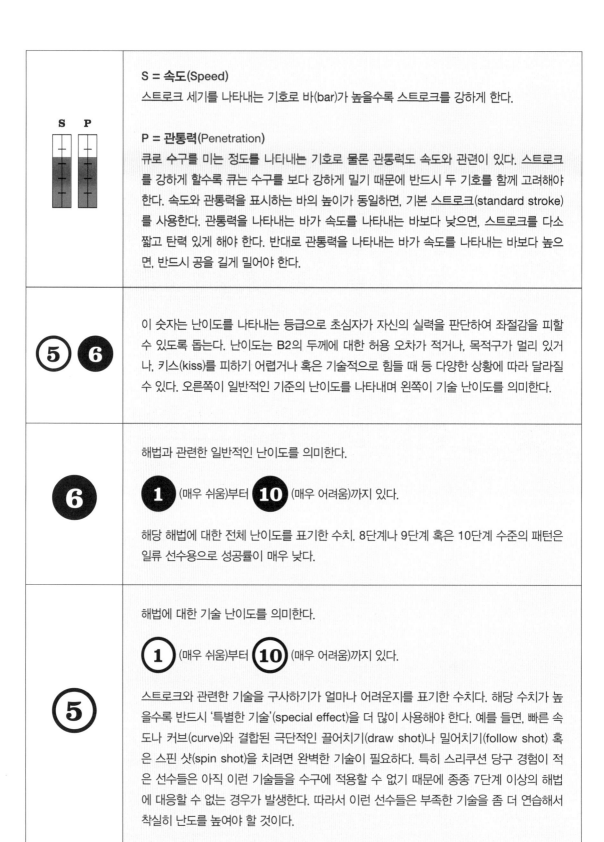

S = 속도(Speed)
스트로크 세기를 나타내는 기호로 바(bar)가 높을수록 스트로크를 강하게 한다.

P = 관통력(Penetration)
큐로 수구를 미는 정도를 나타내는 기호로 물론 관통력도 속도와 관련이 있다. 스트로크를 강하게 할수록 큐는 수구를 보다 강하게 밀기 때문에 반드시 두 기호를 함께 고려해야 한다. 속도와 관통력을 표시하는 바의 높이가 동일하면, 기본 스트로크(standard stroke)를 사용한다. 관통력을 나타내는 바가 속도를 나타내는 바보다 낮으면, 스트로크를 다소 짧고 탄력 있게 해야 한다. 반대로 관통력을 나타내는 바가 속도를 나타내는 바보다 높으면, 반드시 공을 길게 밀어야 한다.

이 숫자는 난이도를 나타내는 등급으로 초심자가 자신의 실력을 판단하여 좌절감을 피할 수 있도록 돕는다. 난이도는 B2의 두께에 대한 허용 오차가 적거나, 목적구가 멀리 있거나, 키스(kiss)를 피하기 어렵거나 혹은 기술적으로 힘들 때 등 다양한 상황에 따라 달라질 수 있다. 오른쪽이 일반적인 기준의 난이도를 나타내며 왼쪽이 기술 난이도를 의미한다.

해법과 관련한 일반적인 난이도를 의미한다.

1 (매우 쉬움)부터 **10** (매우 어려움)까지 있다.

해당 해법에 대한 전체 난이도를 표기한 수치. 8단계나 9단계 혹은 10단계 수준의 패턴은 일류 선수용으로 성공률이 매우 낮다.

해법에 대한 기술 난이도를 의미한다.

1 (매우 쉬움)부터 **10** (매우 어려움)까지 있다.

스트로크와 관련한 기술을 구사하기가 얼마나 어려운지를 표기한 수치다. 해당 수치가 높을수록 반드시 '특별한 기술'(special effect)을 더 많이 사용해야 한다. 예를 들면, 빠른 속도나 커브(curve)와 결합된 극단적인 끌어치기(draw shot)나 밀어치기(follow shot) 혹은 스핀 샷(spin shot)을 치려면 완벽한 기술이 필요하다. 특히 스리쿠션 당구 경험이 적은 선수들은 아직 이런 기술들을 수구에 적용할 수 없기 때문에 종종 7단계 이상의 해법에 대응할 수 없는 경우가 발생한다. 따라서 이런 선수들은 부족한 기술을 좀 더 연습해서 착실히 난이도를 높여야 할 것이다.

장-단-장,
단-장-단

LONG-SHORT-LONG
&
SHORT-LONG-SHORT

옆돌리기

비껴치기

뒤돌리기

앞돌리기

세워치기

에드먼드 소우사 (이집트)

Edmond Soussa

1928년(랭스, 프랑스), 1929년(브뤼셀, 벨기에) 세계 챔피언

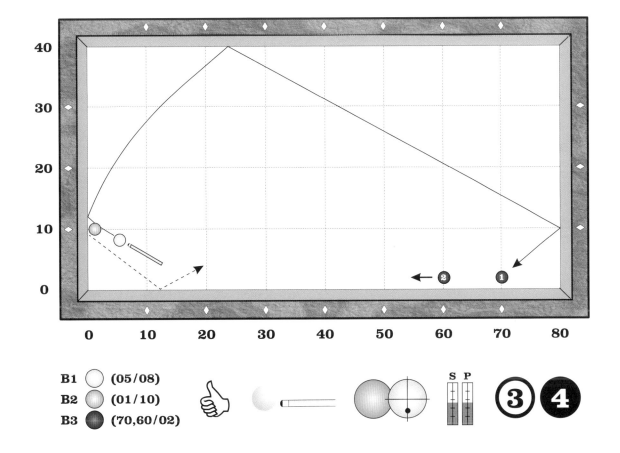

B1 ⚪ (05/08)
B2 ◐ (01/10)
B3 ⚫ (70,60/02)

끌어치기를 하면, 위 그림에서 보는 것처럼 수구는 첫 번째 쿠션에 맞은 후 제2목적구를 향해 크게 돈다. 이때 성공률을 높일 수 있는 좋은 방법은 손목에 힘을 빼고 자신 있게 스트로크를 하는 것이다. 좌표 (70/02)에 있는 B3을 맞히기 위해서는 반드시 속도를 더 높여 수구가 커브를 크게 그리도록 한다.

수구로 B3을 맞히는 게 끝이 아니다. 공에 맞은 B3이 왼쪽(화살표 참고)으로 움직여야 한다. 이 모든 것은 수구를 치는 순간 결정된다. 따라서 지금까지 언급한 원리를 적용할 수 있는 최적의 포인트를 찾아 수구를 쳐보도록 하자. (이때 수구와 제1쿠션까지의 거리에 따라 큐를 내미는 거리가 달라진다.-감수자)

👁 16~18, 19~26, 51, 240, 241

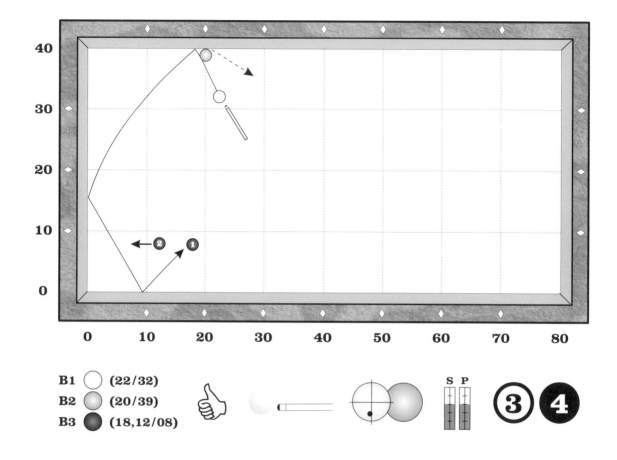

B1 ⚪ (22/32)
B2 🔘 (20/39)
B3 ⚫ (18,12/08)

S P

③④

위 그림에서 보여주는 패턴은 쿠션 끌어치기의 변형으로 B2가 쿠션에 프로즌(frozen)되어 있기 때문에 키스가 날 위험이 있어서 대회전을 사용하기 까다로울 때 유용하게 사용할 수 있다.

그리고 두 번째 위치에 있는 B3을 맞히기 위해서는 수구의 진행 경로가 '일직선'이 될 수 있도록 역회전(reverse english)을 조금만 줘야 한다. 이제 화살표를 따라 B3을 이동시키면서 이 해법을 적용할 수 있는 범위를 파악해보도록 하자.

 15, 17, 18, 19~26, 51, 240, 241

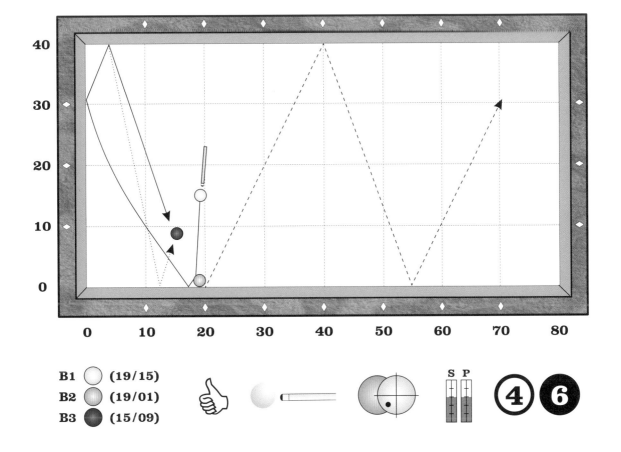

B1 ◯ (19/15)
B2 ◐ (19/01)
B3 ● (15/09)

노란 공의 왼쪽 면을 맞히는 돌려치기를 사용하면 B2와 B3의 키스를 피할 수 없기 때문에 위 그림과 같은 패턴에서는 이런 해법을 사용해서는 안 된다.

여기서는 쿠션 끌어치기를 이용해 문제를 해결할 수 있다. 하지만 수구가 세 번째 쿠션으로 똑바로 향할 수 있도록 반드시 역회전으로 B2의 절반을 맞혀야 한다. 지금 언급한 내용처럼 친다면, 두 번째 기회도 얻을 수 있을 것이다(가는 점선 참고). 이 때 힘없이 쳐서는 안 되며 충분한 속도로 자신 있게 쳐야 한다.

 15, 16, 18, 19~26, 51, 240, 241

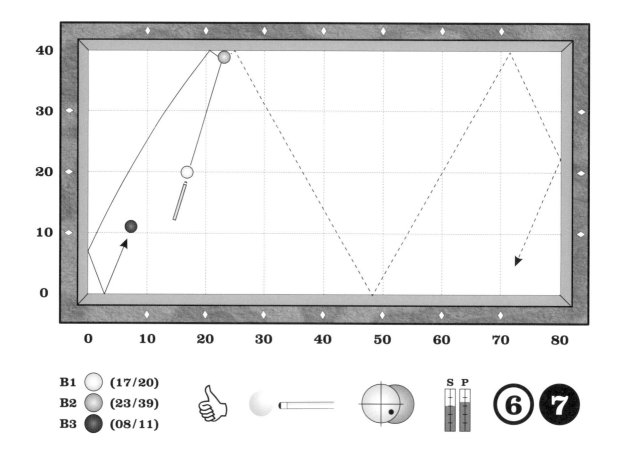

B1 ○ (17/20)
B2 ◉ (23/39)
B3 ● (08/11)

위 그림을 보자. 짧은 각(short angle)을 성공시키려
면, 앞에서 언급했던 패턴과 유사하게 세 번째 쿠
션에 도달할 수 있도록 한다. 기호에 표시한 것처
럼 당점을 겨냥해서, B1에 역회전을 조금 준다. 그

리고 B2를 공의 절반 정도 두께로 맞혀야 한다. 이
때 첫 번째 쿠션에 맞은 후 커브가 작게 만들어질
수 있도록 빠른 속도로 자신 있게 쳐야 한다.

👁 15~17, 19~26, 51, 240, 241

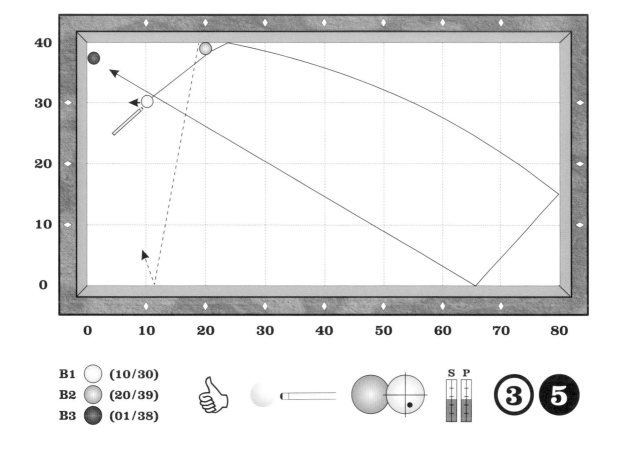

B1	⚪	(10/30)
B2	⚪	(20/39)
B3	⚫	(01/38)

위 그림이 보여주고 있는 해법에서는 쿠션 끌어치기를 사용할 수 있다. 다음은 이 샷을 사용할 때 흔히 하게 되는 실수다.

1. 끌어치기를 너무 많이 적용한 경우. 이 경우 수구의 진행 경로가 너무 짧아진다.
2. 순회전(running english)을 너무 많이 적용한 경우. 이 경우 수구의 진행 경로가 너무 길어진다.

이런 이유에서 끌어치기와 순회전을 균형 있게 조합하는 연습이 필요하다. 그리고 위 해법을 시도할 때마다 화살표를 따라 수구를 이동시키면서 해법을 적용할 범위를 파악해보자.

👁 15~18, 20~26, 51, 240, 241

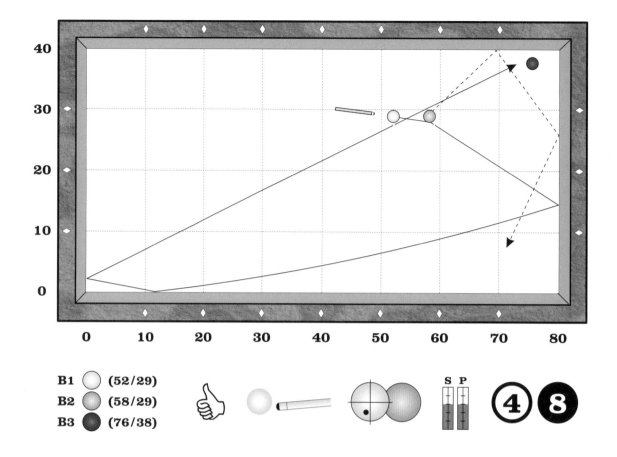

B1 ⬤ (52/29)
B2 ⬤ (58/29)
B3 ⬤ (76/38)

위 그림과 같은 패턴에서도 다른 복잡한 해법보다 쿠션 끌어치기를 이용하는 것이 효과적이다. 이때 반드시 당구대의 상태에 따라 역회전을 다르게 적용해야 한다. 당구대 천이 새것이라면, 회전 효과 가 오래 지속되기 때문에 회전을 덜 줘도 된다. 하 지만 많이 사용한 오래된 천에서는 먼지와 오물이 공에 남아 있는 회전을 흡수하기 때문에 회전을 더 줘야 한다.

 15~18, 19, 21~26, 51, 240, 241   76

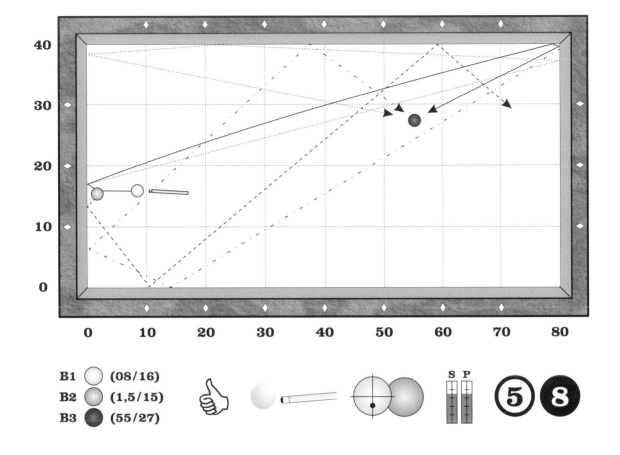

B1 ⚪ (08/16)	
B2 ◐ (1,5/15)	
B3 ⚫ (55/27)	

위 그림이 보여주는 패턴에서는 수구의 위치가 딜레마라고 할 수 있다. 이 패턴에서는 제아무리 왼손잡이라고 할지라도 B2의 왼쪽 면을 충분히 맞힐 수 있을 정도로 수월하게 자세를 잡을 수 없다. 이때문에 '단-장-장'(short-long-long) 해법으로 해결해야 한다.

하지만 B2의 오른쪽 면을 맞히는 것은 가능하다. 따라서 빠른 속도를 이용한 끌어치기로 코너 가까이에 있는 장쿠션을 맞출 수 있다면, 위 그림에서 보여주는 '단-장-단'(short-long-short) 해법으로 해결할 수 있다.

이 해법으로 칠 경우, 다음과 같은 상황들이 연출될 수 있다. B3을 제대로 맞히지 못하고 '바깥쪽'(outside)으로 빠질 경우, 수구는 쿠션을 6번 맞히며 멀리 돌아가게 된다(점과 선으로 되어 있는 진행 경로 참고). 그리고 두 번째 쿠션이 단쿠션이라면, 수구는 '장-단'(long-short)을 통해 B3으로 되돌아가게 될 것이다(가는 점선 참고).

👁 15~18, 19, 20, 22~26, 51, 240, 241

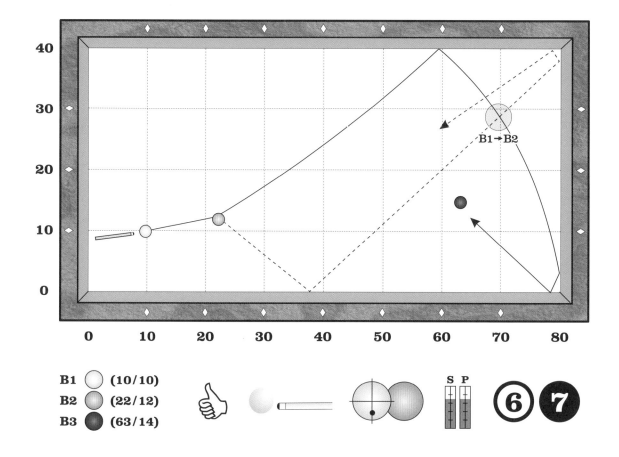

B1 ◯ (10/10)
B2 ◓ (22/12)
B3 ● (63/14)

위 패턴에서는 첫 번째 쿠션을 맞힌 수구의 진행 경로를 반드시 휘게 만들어야 한다. 그리고 B2로부터 첫 번째 쿠션까지의 거리가 멀기 때문에 끌어치기로 강하게 쳐야지만 첫 번째 쿠션에 도착할 때까지 끌어치기의 효과가 지속될 수 있다. 이때 B2를 얇게 맞히면 수구를 B3까지 보낼 수 없으니 두께에 유의해야 한다.

 15~18, 19~21, 23~26, 51, 240, 241   52

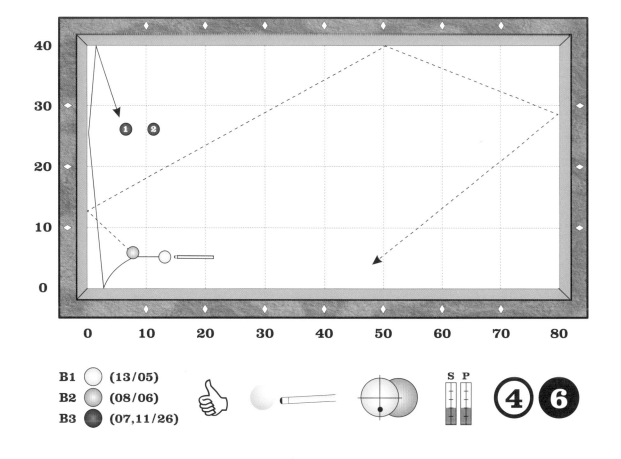

B1	◯	(13/05)
B2	◑	(08/06)
B3	⚫	(07,11/26)

이 해법은 대단히 기발한 방법으로 실제로 해보면 생각했던 것보다 훨씬 쉽다는 사실을 금방 깨닫게 될 것이다. 차분하고 조심스럽게 친다면, 벌어진 각도(open angle)로 두 번째 쿠션에 닿을 것이다. 이때 B2를 맞힌 후 생기는 커브의 적절한 모양이 중요한 역할을 한다. 이미 이 패턴을 연습했다면, 이런 종류의 샷에 대한 감을 쉽게 잡을 수 있을 것이다.

이 패턴에서 B3이 빨간 공이라면 미스(miss)를 하더라도 좋은 견제(defense)가 되고, 득점을 한다면 좋은 득점 기회를 얻을 수 있기 때문에 전술상으로 유리하다. 두 번째 위치에 있는 B3을 맞히기 위해서는 오른쪽 회전을 약간만 주면 된다.

 15~18, 19~22, 24~26, 51, 240, 241

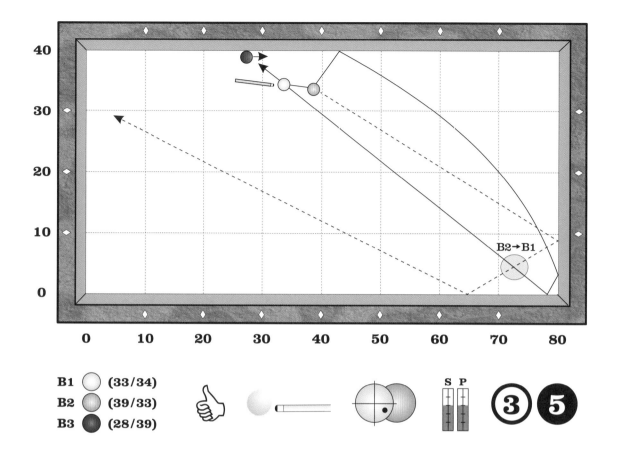

B1 ⚪ (33/34)
B2 ⚪ (39/33)
B3 ⚫ (28/39)

위 그림과 같은 패턴에서는 빨간 공의 위치 때문에 적절한 해법을 찾을 수 없다. 따라서 노란 공을 맞혀 돌려야만 한다.

이렇게 하면 하단의 오른쪽 코너에서 키스를 내지 않고도 수구의 진행 방향을 단축할 수 있다. 필요한 커브를 만드는 끌어치기와 B2의 두께를 얼마나 균형 있게 조합하는지에 따라 이 해법의 성공과 실패가 결정된다. 그리고 위 그림에 표시된 것처럼, 수구 앞에 있는 첫 번째 다이아몬드와 가까운 단쿠션을 맞혀야 한다. 안정된 속도로 강하게 친다면 원하는 결과를 얻을 수 있을 것이다. 화살표를 따라 B3을 이동시키면서 연습한다면 이 전략의 범위를 파악하는 데 도움이 될 것이다.

👁 15~18, 19~23, 25, 26, 51, 240, 241

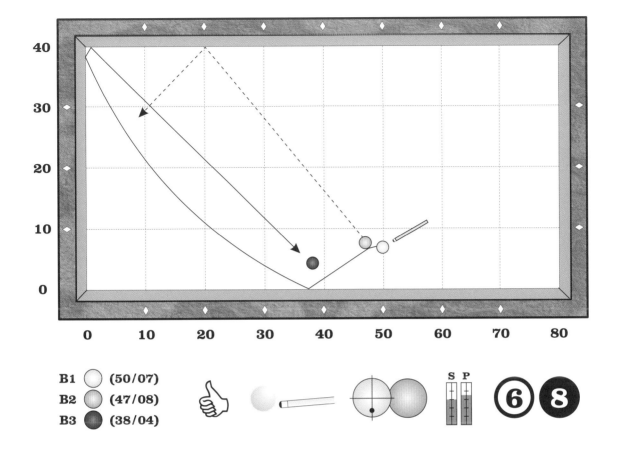

B1 ⚪ (50/07)		
B2 🔘 (47/08)		
B3 ⚫ (38/04)		

이 매력적이고 효과적인 쿠션 끌어치기에 성공하려 면 반드시 B2를 상당히 얇게 맞혀야 한다. 첫 번째 쿠션 이후에 커브가 가능한 한 크게 일어나야 하기 때문에 여기서는 적절한 속도가 매우 중요하다. 스 트로크를 너무 부드럽게 하면 수구는 너무 작은 커

브를 그리고, 스트로크를 너무 강하게 하면 수구의 진행 경로가 너무 늦게 휘어버린다. 완벽한 모양의 커브를 치기 위한 기술적인 전제 조건은 안정된 속 도로 수구를 길게 미는 것이다.

👁 15~18, 19~24, 26, 51, 240, 241

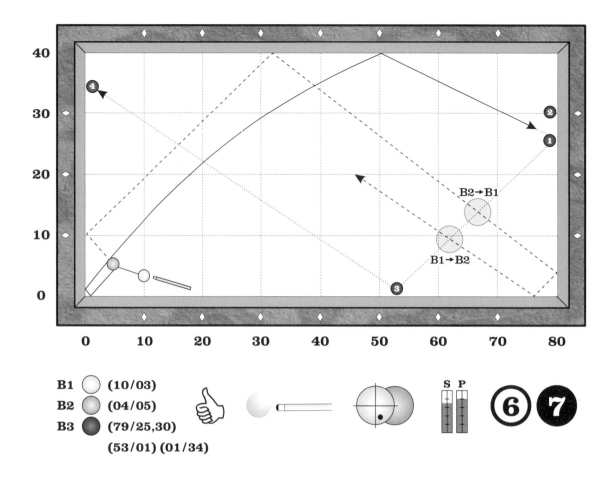

여기서도 두 번째 쿠션을 맞힌 후 '쿠션 끌어치기'를 이용하는 장-단-장을 사용할 수 있다. 수구를 강하게 밀어치면, 두 번째 쿠션을 맞힌 후 커브를 돌기 때문에 그에 맞춰 수구의 진행 경로가 길어진

다. 그리고 두 번째 위치에 있는 B3을 맞히려면, 오른쪽 회전을 살짝 줄여야 한다. 위 그림에 표시된 B3의 세 번째 위치와 네 번째 위치는 단순한 변형으로 수구의 진행 방향을 늘려 해결할 수 있다.

 15~18, 19~25, 51, 240, 241 34

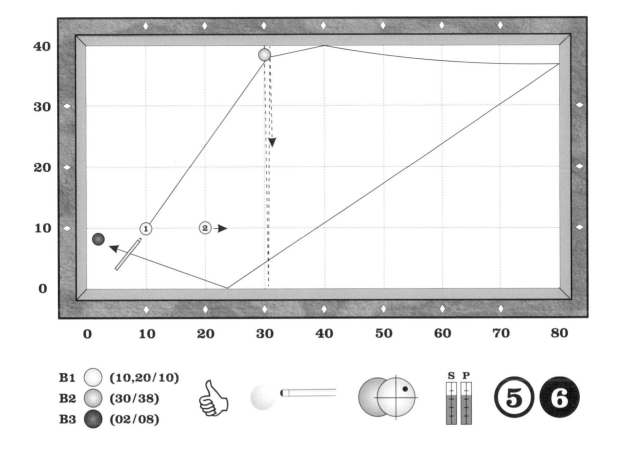

B1 ⚪ (10,20/10)
B2 🔘 (30/38)
B3 ⚫ (02/08)

⑤ ⑥

위 패턴을 보자마자 여러분은 '돌려치기를 사용했을 때 어떻게 하면 수구의 진행 경로를 늘릴 수 있을까?'라고 자신에게 물어봤을지도 모르겠다. 가능성 있는 해결책은 순회전을 줄이거나 역회전(두 번째 위치)을 주는 것이다. 단쿠션에 닿을 때 어떤 회전을 줬는지에 따라 대단히 민감하게 반응한다는 것을 조만간 알게 될 것이다.

여기서는 다른 전략을 소개하도록 하겠다. 쿠션 가까이에 있는 B2 덕분에 첫 번째 쿠션에 맞은 후 나타나는 커브를 이용해 돌려치기를 매우 쉽게 늘어지게 할 수 있다. 이때 더 빠른 속도로 강하게 스트로크를 해야 한다. 여기서 속도는 커브를 연장하는 데 중요한 역할을 하며 B2의 다음 위치에도 영향을 준다. 따라서 반드시 속도를 높여 B2를 두껍게 맞혀야 한다. 그래야지만 회전을 변함없이 유지할 수 있다.

👁 28, 29, 41, 53~55

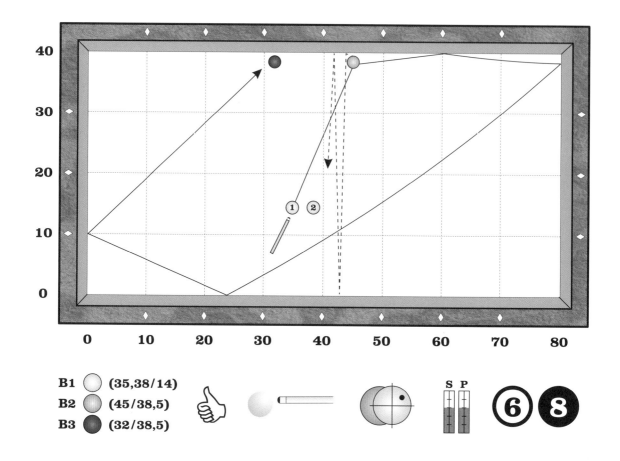

B1 ⬤ (35,38/14)
B2 ⬤ (45/38,5)
B3 ⬤ (32/38,5)

앞에서 언급했던 것처럼 돌려치기를 길게 늘이는 전략을 위 그림에 표시된 패턴에 완벽하게 적용할 수 있다. 이 패턴을 성공적으로 해결하려면, B2와 B3 사이에 일어날 수 있는 키스를 막아야 한다. 이를 위해 반드시 B2를 매우 두껍게 맞혀야 한다.

두 번째 위치에 있는 B1을 칠 때에는 반드시 속도를 높여 더 두껍게 B2를 맞혀야 한다. 당구대 천이 새것이라 공이 잘 미끄러진다면, 반드시 오른쪽 회전을 더 줘야 한다.

👁 27, 29, 41, 53~55, 157

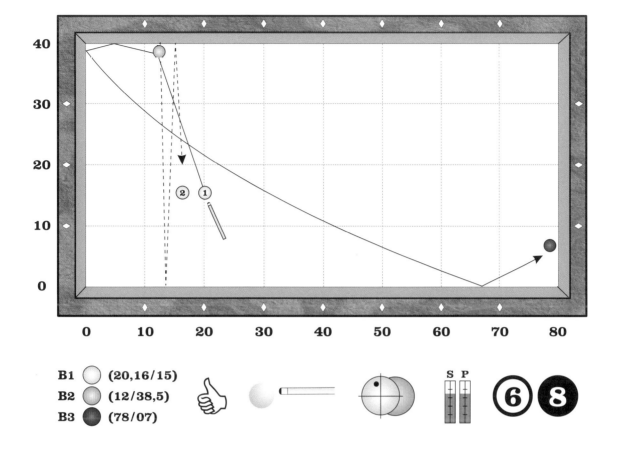

		(20,16/15)
B1	⚪	(20,16/15)
B2	◐	(12/38,5)
B3	⚫	(78/07)

S P

⑥ ❽

앞으로 여러분은 지금까지 언급했던 원리를 다양하게 응용한 해법들을 살펴보게 것이다. 위 기호에 표시되어 있는 것처럼, 위 그림과 같은 패턴에서는 회전을 적게 주어야 한다. 필요에 따라 커브를 만들 수 있도록 반드시 속도와 B2의 두께, 회전이 완벽한 조합을 이룰 수 있게 노력해야 한다.

여기서는 계산법을 적용할 수 없기 때문에 연습을 통해 커브 경로에 대한 감을 기르는 것 외에는 다른 선택의 여지가 없다. 그리고 당구대 천의 상태에 따라 큰 차이를 보이기 때문에 상당히 다른 결과를 보여준다. 예를 들어, 당구대 천이 새것이라면 속도를 줄여도 동일한 커브를 만들어낼 수 있다. 두 번째 위치에 있는 B1을 칠 때에는 절대로 회전을 주어서는 안 된다.

👁 27, 28, 41, 53~55, 115

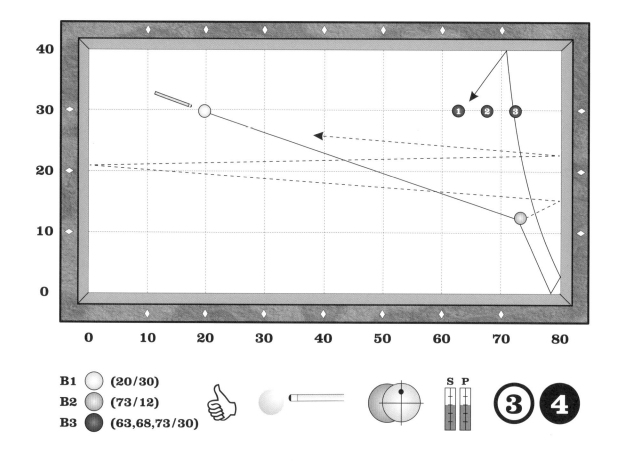

B1 ⬤ (20/30)
B2 ⬤ (73/12)
B3 ⬤ (63,68,73/30)

③ ④

위 그림과 같은 패턴에서는 두 번째 쿠션을 맞힌 후 수구의 진행 경로에 커브가 살짝 들어가야 한다. 특히 코너에 가까운 첫 번째 쿠션을 맞힐 때 효과가 있다. 왜냐하면 두 번째 쿠션을 맞히기 전에는 밀어치기의 효과가 나타나지 않기 때문이다.

속도는 커브를 연장하는 데 영향을 주기 때문에 이 패턴에서 속도는 중요한 역할을 한다. 먼저 안정된 속도로 치는 연습을 한 후, B3의 두 번째와 세 번째 위치에 도달할 수 있도록 지속적으로 속도를 올려야 한다. 이때 역회전을 조금 줄 수도 있다.

👁 32, 33, 258

헨드릭 J. 로베인스(네덜란드)

Hendrik J. Robijns

1930년(암스테르담, 네덜란드), 1932년(비시, 프랑스),
1933년(카이로, 이집트) 세계 챔피언

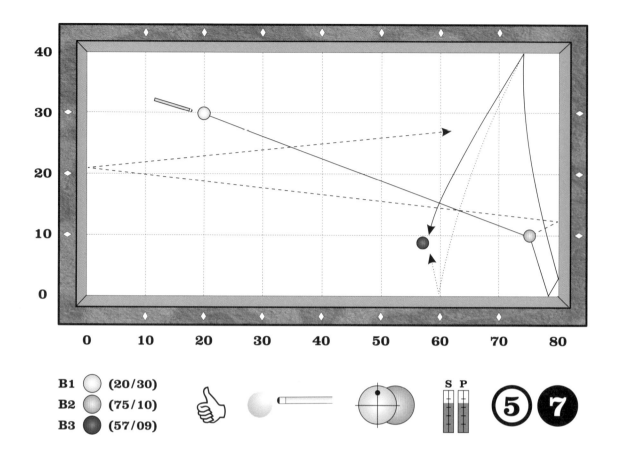

B1 ⚪ (20/30)
B2 ◯ (75/10)
B3 ⚫ (57/09)

S P

⑤ ❼

위 그림에 있는 패턴을 해결할 수 있는 해법은 많지만 빨간 공 때문에 키스가 발생할 위험이 있기 때문에 바로 앞에서 언급한 원리를 사용하는 것이 좋다.

스트로크를 너무 강하게 하더라도, 크게 커브를 돌기 때문에 네 번째 쿠션(가는 점선 참고)을 맞힌 후 두 번째 기회를 얻을 수 있을 것이다.

👁 30, 33, 258

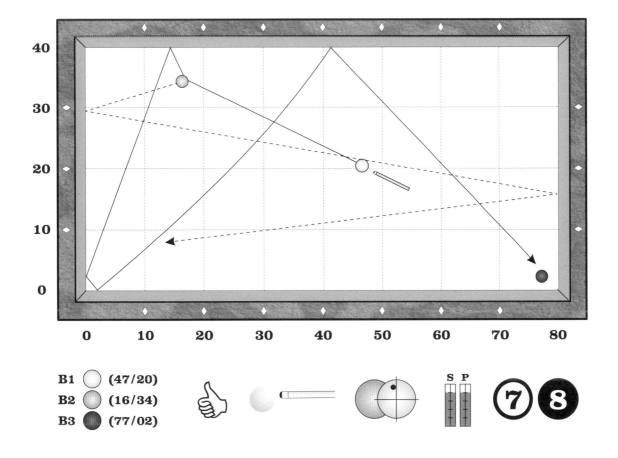

B1 ⚪ (47/20)
B2 ◯ (16/34)
B3 ⚫ (77/02)

세 번째 쿠션을 맞힌 후 작지만 반드시 필요한 커브를 만들 수 있도록, 다음과 같은 두 가지 측면에 꼭 유의해야 한다.

1. B2를 너무 두껍게 맞혀서는 안 된다. 그렇지 않으면 수구에 준 회전이 너무 빨리 소진된다.

2. 빠르고 강하게 샷을 쳐야 한다.

만약 당구대 천이 새것이라 공이 잘 미끄러진다면, 속도를 줄여 샷을 쳐야 한다.

 30, 32, 258 🔍 228

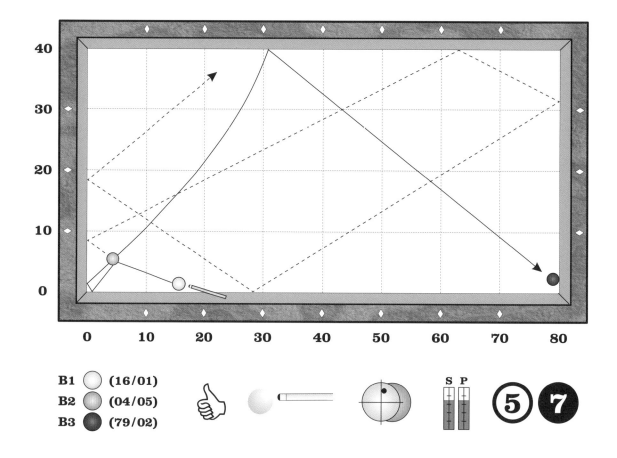

B1 ⚪ (16/01)
B2 ◗ (04/05)
B3 ⚫ (79/02)

위 그림의 패턴에서는 끌어치기를 이용한 돌려치기를 치는 대신 쿠션에 프로즌된 B1에 톱스핀(top spin)을 주는 것이 쉽다. 톱스핀으로 인해 두 번째 쿠션에 맞은 수구의 진행 경로가 휘고 이 커브 덕분에 B1의 경로가 적절하게 줄어든다. 이때 속도를 이용하여 커브를 조절할 수 있다. 즉, 세게 칠수록 커브를 더욱 길게 연장할 수 있다.

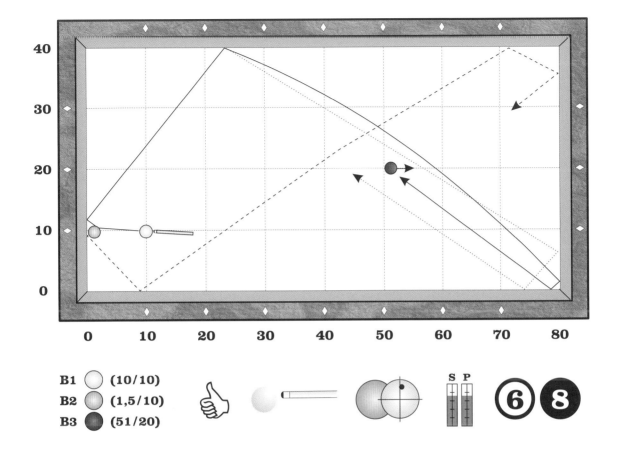

B1 ⚪ (10/10)
B2 ◔ (1,5/10)
B3 ⚫ (51/20)

S P

⑥ ⑧

두 번째 쿠션 이후에 나타나는 커브는 결정적인 요소로 작용한다. 코너 깊숙한 곳을 맞히는 세 번째, 네 번째 쿠션과 결합하여 돌려치기를 가능하게 한다. 이때 느린 속도로 칠 경우 수구의 진행 경로는 위 그림에 표시된 가는 점선처럼 상당히 '길어지게' 된다.

따라서 빠른 속도로 강하게 스트로크를 해야지만 필요한 효과를 얻을 수 있을 것이다. 그리고 이 패턴을 충분히 연습을 한 후, B3을 오른쪽(작은 화살표 참고)으로 이동시키면서 이 원리를 어디까지 적용할 수 있는지 시험해보도록 하자. 너무 강하게 치거나 무심코 큐 뒷부분을 든다면, 수구가 당구대를 벗어날지도 모르니 조심해야 한다.

👁 36

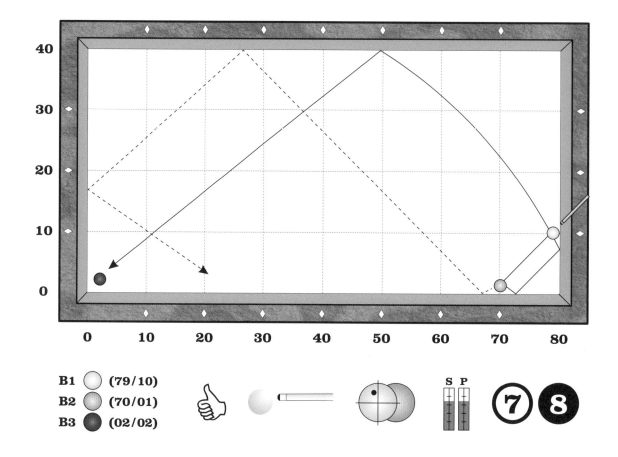

B1 ⚪ (79/10)	
B2 🔘 (70/01)	
B3 ⚫ (02/02)	

여기서는 돌려차기를 이용하여 위 그림과 같은 패턴을 해결할 수 있는 기발한 방법을 소개하고자 한다. B1이 쿠션에 프로즌된 상태이기 때문에 얼핏 보기에는 적합할 것 같지 않은 톱스핀을 사용해야 한다.

상당히 강한 스트로크로 B2의 절반을 맞히면, B1은 B2를 맞힌 후 거의 튀어나오지 않고 약간 점프를 하게 될 것이다. 그리고 두 번째 쿠션에 맞은 후에야 수구에 변화가 일어나기 시작한다. 즉, 여전히 남아 있는 톱스핀으로 인해 수구의 진행 경로가 휘어지고 그에 따라 수구의 커브가 길어지게 된다. 이렇게 하기 위해서는 반드시 큐를 수평으로 유지해야 한다.

👁 35

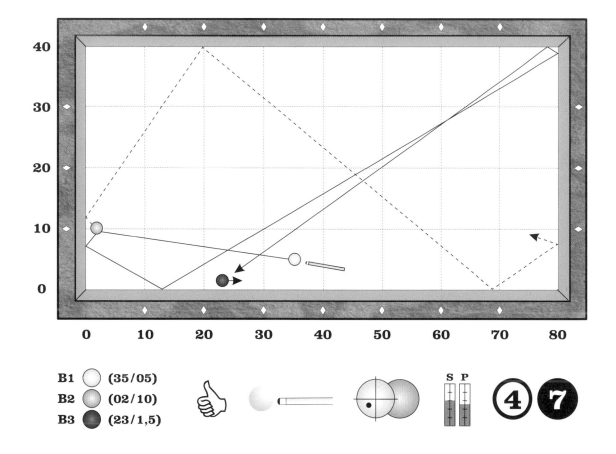

B1 ⚪ (35/05)
B2 ◐ (02/10)
B3 ⚫ (23/1,5)

S P ④ ⑦

속도를 높이면 코너 깊숙한 곳을 맞히는 세 번째, 네 번째 쿠션과 결합하여 돌려치기의 경로를 상당히 단축할 수 있다. 이때 두 번째 쿠션을 맞힌 후 불필요한 커브를 만들지 않도록 당점을 중심 아래로 겨냥하는 것이 특히 중요하다.

다음 단계로 화살표를 따라 B3을 이동시키면서 연습해보자. 코너 깊숙한 곳을 맞힐 수 있도록 속도를 높여야 한다. 여기서 소개한 해법의 범위는 쿠션과 당구대 상태에 따라 달라질 수 있다. 분명 장쿠션의 좌표 30에 쉽게 도달할 수 있는 당구대도 있다.

 👁 38, 40 🔍 81

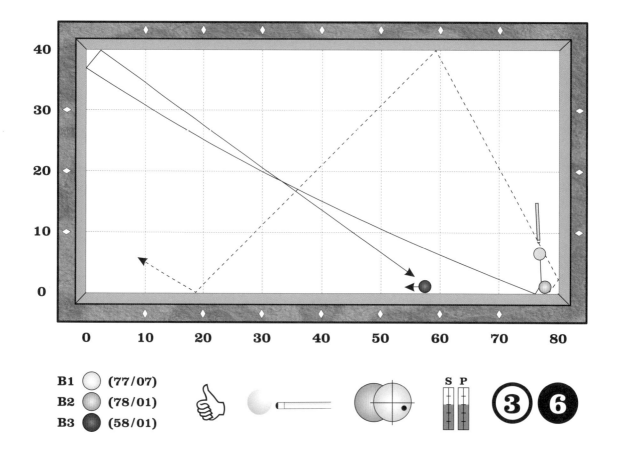

B1 ⚪ (77/07)		
B2 ◓ (78/01)		
B3 ⚫ (58/01)		

여기서도 앞에서 언급했던 패턴과 비슷하게 속도를 약간 올려 코너 깊숙한 곳을 맞힌다면 수구의 진행 경로를 짧게 만들 수 있다. 당점을 중심 아래로 겨 냥하여 B1을 맞혔기 때문에 첫 번째 쿠션을 맞힌 후 육안으로 겨우 볼 수 있을 정도의 커브가 만들

어질 것이다(쿠션 끌어치기).

그리고 화살표를 따라 B3을 이동시키면서 해당 해법의 범위를 확인해보자. 이때 속도를 약간 높이 고 B2를 조금 더 두껍게 맞혀야 한다.

 👁 37, 40 🔍 96, 256

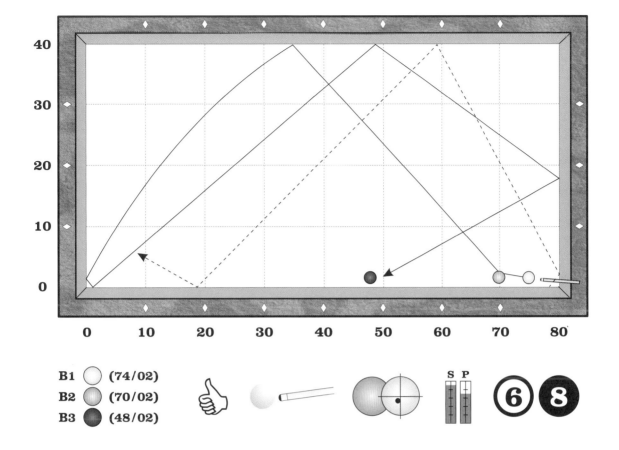

B1 ○ (74/02)
B2 ◐ (70/02)
B3 ● (48/02)

S P

⑥ ❽

위 그림과 같은 '최악'의 패턴을 벗어날 수 있는 유일한 방법은 리버스 엔드(reverse end)를 이용하여 '짧은' 돌려치기를 치는 것이다. 매우 빠른 속도로 수구를 길게 밀지 않고, 탄력 있게 쳐서 두 번째 쿠선과 세 번째 쿠션이 있는 코너를 빠르게 통과하는 것이 수구의 진행 경로를 상당히 짧게 만들 수 있는 핵심 요소라고 할 수 있다.

👁 22

장-단-장, 단-장-단

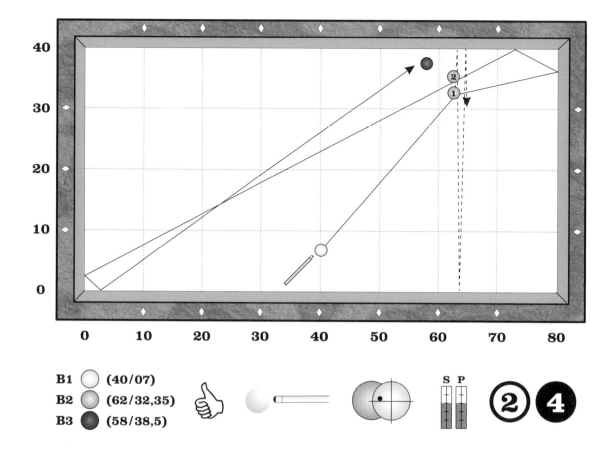

B1 ⚪ (40/07)	
B2 🟡 (62/32,35)	
B3 ⚫ (58/38,5)	

위 그림의 패턴을 해결하려면 세 번째 쿠션과 네 번째 쿠션이 있는 코너를 빠르게 통과해야 한다. 두 번째 위치에 있는 B2를 맞히려면 당점을 낮게 겨냥해서 수구를 맞혀야 하는데, 이때 강하게 쳐야 한다. 그리고 두 번째 위치에 있는 B2를 맞힐 때 왼쪽

회전을 줄이는 경우에도 득점 가능성이 있다. 하지만 이 경우에는 수구가 앞에서 언급한 대로 코너를 빠르게 통과하지 않기 때문에 수구의 진행 경로가 '늘어지는' 것을 대부분의 당구대에서 확인할 수 있을 것이다.

👁 37, 38 🔍 315

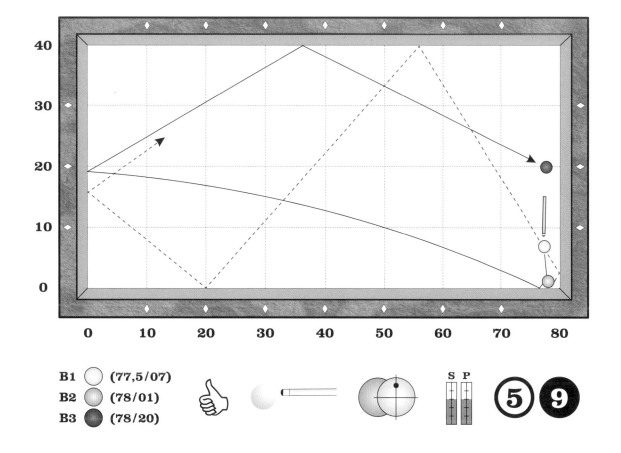

B1 ⬜ (77,5/07)
B2 ◐ (78/01)
B3 ● (78/20)

위 그림과 같이 매우 까다로운 패턴도 만족할 만한 성공률을 가진 매우 세련된 방법으로 해결할 수 있다. 미스를 하더라도 B3이 빨간 공이라면, 치기 어려운 패턴을 상대 선수에게 남겨두게 될 것이다. 적절한 두께와 속도로 B2를 치면 첫 번째 쿠션에 맞은 후 생기는 커브를 연장할 수 있다. 이 해법에서는 사소한 실수도 용납되지 않지만 연습을 통해 적어도 B3에 상당히 가까이 다가갈 수 있으며 종종 득점으로도 연결시킬 수 있을 것이다.

 27~29, 53~55   99, 288

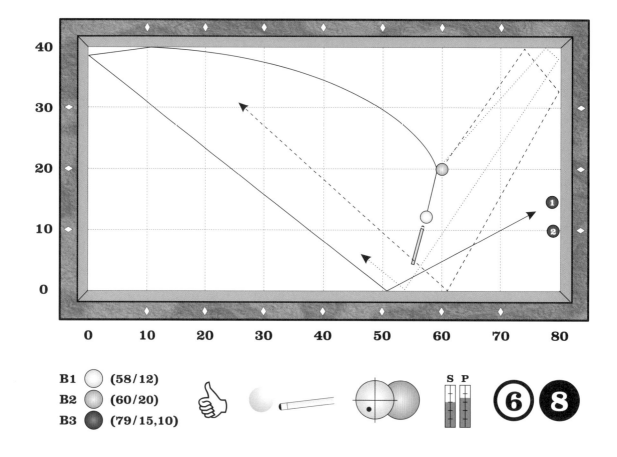

B1 (58/12)
B2 ⬜ (60/20)
B3 ⚫ (79/15,10)

S P

⑥ ⑧

이런 패턴에서도 돌려치기를 이용할 수 있다. 끌어치기로 커브를 만들고 회전을 줄인다면, 수구의 진행 경로를 원하는 만큼 '늘릴' 수 있다. 이때 지금 언급한 결정적인 요소들을 잘 조합해야만 한다. 최대한 끌어서 B2를 두껍게 맞힌다면, B2는 수구의 진행 경로와 매우 가까운 길을 지나가게 될 것이다 (가는 점선 참고).

이런 상황을 피할 수 있도록, B2를 약간 더 두껍게 맞히는 대신 끌어치기를 자제해야 한다. 수구를 길게 밀어치는 것이야말로 이런 어려운 샷을 완벽하게 제어할 수 있는 최고의 기술이다. 그리고 두 번째 위치에 있는 B3을 맞히기 위해서는 회전을 주지 말아야 한다.

 128~130 🔍 43

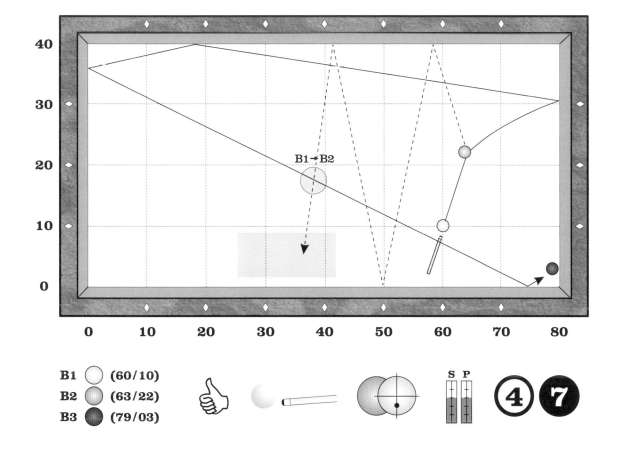

B1 ⚪ (60/10)
B2 ⚪ (63/22)
B3 ⚫ (79/03)

42, 317

위 그림과 같은 패턴에서는 노란 공을 향해 대회전이나 횡단 샷(cross-table shot)을 사용하기가 매우 어렵다. 하지만 여기서 소개하는 해법은 성공률이 높을 뿐만 아니라 추가 득점 기회도 제공한다.

끌어치기를 이용하여 B2의 절반을 맞히는 것은 득점을 위한 최고의 전제 조건이라고 할 수 있다. 그리고 수구는 각 쿠션에 맞을 때마다 순회전을 축적하기 때문에 반사각(the angle of reflection)이 세 번째 쿠션에서 상당히 '벌어지게' 된다.

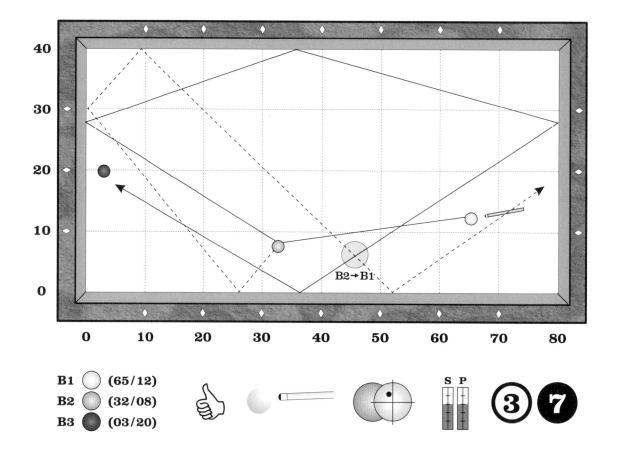

B1	⚪	(65/12)
B2	◐	(32/08)
B3	⚫	(03/20)

위 그림이 보여주고 있는 패턴에서는 횡단 샷 해법을 이용하면 키스가 날 위험이 높아진다. 그렇다고 해서 빨간 공에 대한 적절한 해법도 없기 때문에 역회전을 약간 주고, 길게 돌려치기를 하는 것이 가장 좋은 대안이다. B2가 B1이나 B3을 건드리지 않으려면, 반드시 위 그림에 표시된 점선을 따라 정확히 이동해야 한다. 따라서 B2를 제어하는 가장 좋은 방법은 다름 아니라 이 해법을 충실히 연습하는 것이다.

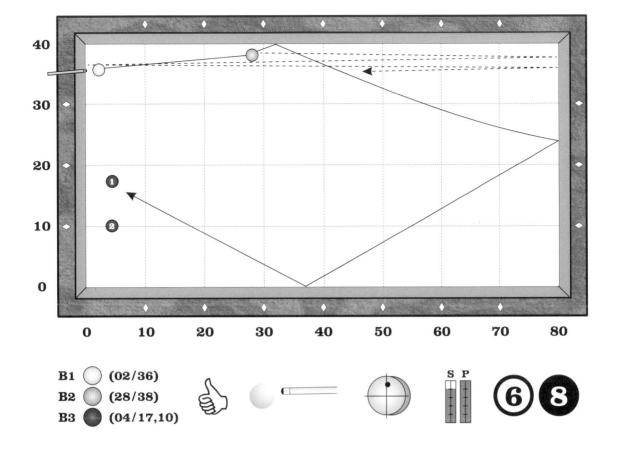

B1 ◯ (02/36)
B2 ◑ (28/38)
B3 ● (04/17,10)

S P

⑥ ⑧

프랑스에서 개최된 한 토너먼트에서 딕 야스퍼스 (Dick Jaspers)는 다른 해법들보다 기술적으로 어려운 해법으로 경기를 풀어나갔다. 이런 해법을 강력하게 밀고 나간 이유는 '빅 볼' B3 때문이었다.

부드럽게 밀어치는 스트로크를 해야 하지만 충분히 빠른 속도로 쳐야 한다. 이때 너무 강하게 치면 B1은 B2에 맞고 매우 튕겨 나오기 때문에 매우 일찍 첫 번째 쿠션에 맞게 될 것이다.

회전 없이 이 샷을 쳐도 B3의 첫 번째 위치뿐만 아니라 두 번째 위치로도 보낼 수 있지만 두 번째 위치에 있는 B3을 맞히기 위해서는 반드시 B2를 더 두껍게 맞혀야 한다. 첫 번째 위치에 있는 B3을 맞힐 때 순회전에 대해 몇 가지 실험을 한다면, B1을 맞힐 수 있는 최적의 진행 경로를 자연스럽게 파악할 수 있을 것이다.

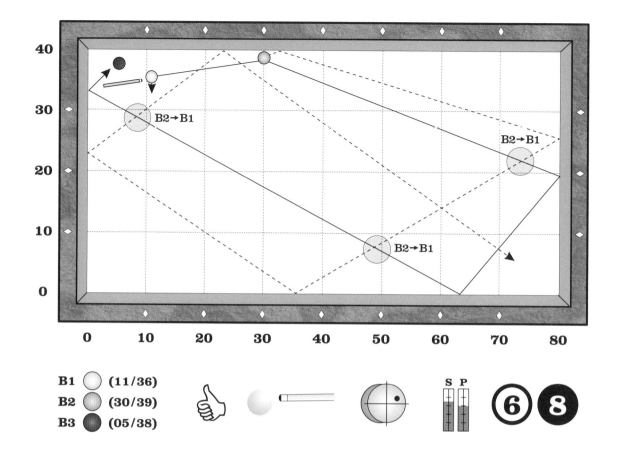

B1 ⚪ (11/36)		
B2 ⚪ (30/39)		
B3 ⚫ (05/38)		

B2가 쿠션에 프로즌되어 있거나 가까이에 있는 상황이라면 일반적인 해법을 사용하는 것이 거의 불가능하다.

여기에서는 B2를 매우 두껍게 맞혀 수구를 먼저 단쿠션으로 보내는 스핀 샷(밀어친다)을 멋진 대안으로 사용할 수 있다. B2를 상당히 두껍게 맞힐 때 나타나는 오른쪽 회전 때문에 세 번째 쿠션에 이르

면 허용 오차는 더 커진다. 여기서 결정적인 요소는 정확한 당점으로 B1을 치는 것이라고 할 수 있다.

처음 위치에서 샷을 치면, B2는 항상 B1이 지나가기 전에 경로를 통과하기 때문에 키스가 일어나지 않는다. 하지만 화살표를 따라 수구를 이동시키면, B2와 B3이 키스가 날 위험은 증가한다.

👁 336

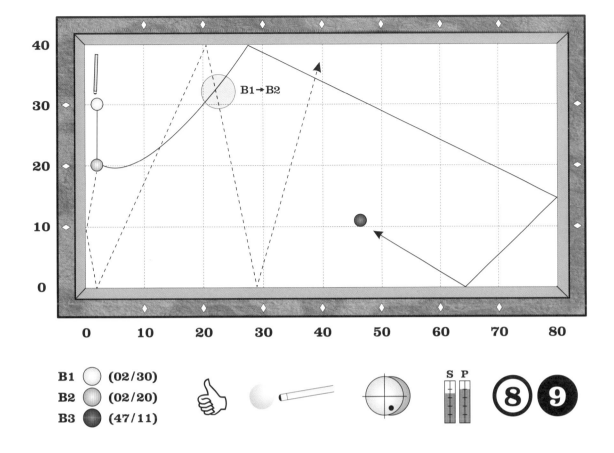

B1 ◯ (02/30)
B2 ◗ (02/20)
B3 ● (47/11)

노란 공의 왼쪽 면을 맞히는 리버스 샷은(reverse-around-the-short) 키스가 일어날 위험이 있기 때문에 치기가 매우 까다롭다. 따라서 여기서는 극단적인 끌어치기를 대안으로 추천한다.

이렇게 극단적인 끌어치기를 사용하려면, 완벽한 기술이 필요하다. 즉, 원하는 효과를 얻을 수 있도록 빠르고 강한 스트로크를 사용하여 수구를 길게 밀어야 한다. 이때 큐를 약간 올리면 끌어치기를 더 효과적으로 할 수 있다. B1에서 단쿠션까지의 거리가 B2에서 단쿠션까지의 거리보다 길면, 키스가 일어날 위험은 증가한다. (이때 커브를 그리면서 수구가 짧아질 수 있다. 그러므로 조금 길게 1쿠션 지점을 결정한다.-감수자)

👁 57

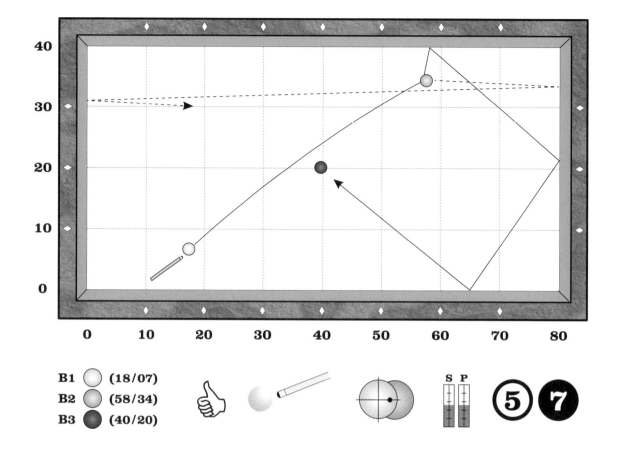

B1 ⚪ (18/07)
B2 🔵 (58/34)
B3 ⚫ (40/20)

정확히 위 그림처럼 공들이 배열되어 있다면, 공들은 거의 일직선상에 놓이게 된다. 즉, 노란 공이 빨간 공 뒤에 숨어버린다. 게다가 빨간 공을 치는 해법은 키스가 발생할 위험이 매우 크기 때문에 치기 어렵다.

물론 기교를 약간 사용한다면, 노란 공을 맞히는 돌려치기를 이용할 수 있다. 큐의 뒷부분을 올리고 오른쪽 회전을 많이 준다면, 빨간 공에 다가갈

때쯤 수구의 진행 경로를 휘게 할 수 있다. 이때 절반과 3/4 사이의 두께로 B2를 맞혀야 한다.

큐의 기울기와 속도를 완벽하게 조화시키는 일은 적절한 커브를 만드는 데 중요한 역할을 한다. 따라서 연습할 때 이 점을 신경 써서 한다. 그리고 오픈 브리지(open bridge)로 샷을 치되 침착하고 세심하게 칠 수 있도록 연습해야 한다.

대회전

DOUBLE-AROUND SHOTS

앞돌리기 대회전
옆돌리기 대회전
뒤돌리기 대회전

엔리케 미로(에스파냐)

Enrique Miro

1931년(바르셀로나, 에스파냐) 세계 챔피언

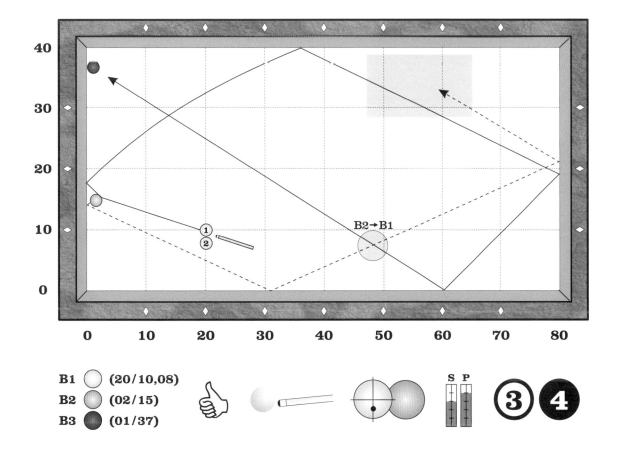

B1 ⚪ (20/10,08)
B2 ⚪ (02/15)
B3 ⚫ (01/37)

S P

③ ❹

쿠션 끌어치기를 칠 때 발생하는 커브를 이용하면, B1을 늘어지게 할 수 있다. B2를 올바르게 치면 수월하게 득점할 수 있는 기회를 얻을 수 있기 때문에 많은 사람들이 이 해법을 선호한다.

그리고 B1의 두 번째 위치에서 치는 경우에는 반드시 더 끌어당겨야 한다. 이때 수구를 길게 밀어치면 수구의 진행 경로를 훨씬 더 휘게 할 수 있다.

👁 15~18, 19~26, 240, 241, 267 🔍 75

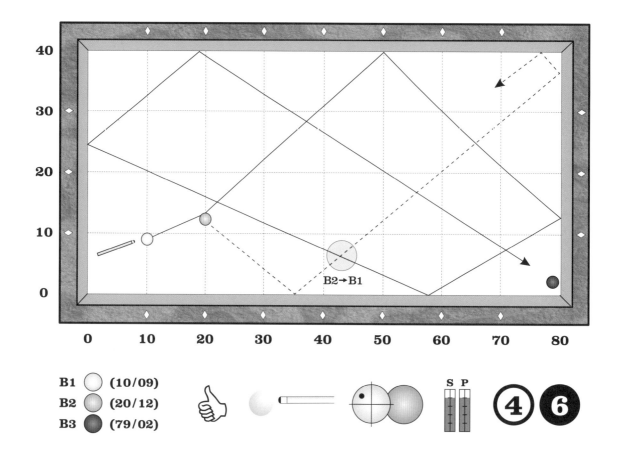

B1 ◯ (10/09)
B2 ◯ (20/12)
B3 ● (79/02)

B2→B1

S P

④ ⑥

여기서 언급하는 대회전 해법을 종종 간과하는 경향이 있다. 역회전으로 B2를 두껍게 맞히면, 두 번째 쿠션 이후 수구의 진행 경로가 늘어난다. 역회전으로 인해 B1이 느려지기 때문에 안정된 속도로 스트로크를 해야 하지만, 첫 번째 쿠션에 맞고 튕겨 나온 B1이 곧장 B3으로 갈 수 있기 때문에 절대로 있는 힘을 다해서 치거나 강하게 쳐서는 안 된다.

역회전을 줘서 돌려치기 혹은 대회전 해법을 치는 것은 매우 까다롭게 때문에 많은 경험과 당구대 상태를 알아채는 감이 필요하다.

👁 323, 324

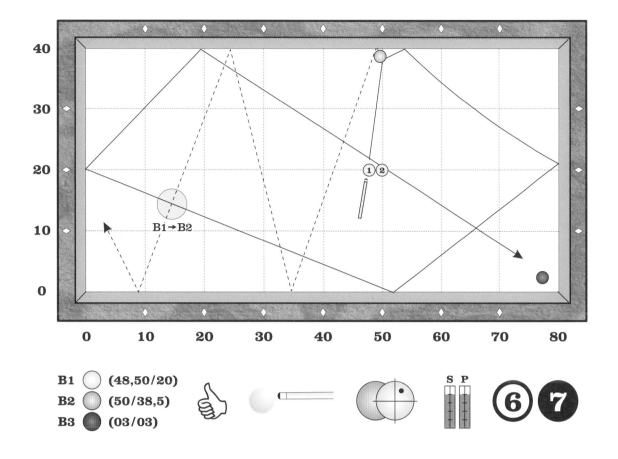

B1	⚪	(48,50/20)
B2	⚪	(50/38,5)
B3	⚫	(03/03)

  S P ⑥ ❼

위 그림의 대회전을 칠 때, 당구대의 천이 오래되었다면 샷의 거리가 상당히 짧아지는 경향이 있다. 수구의 당점을 공의 중심보다 위에 있는 지점을 겨냥하고 B2를 두껍게 맞힌다. 그러면 첫 번째 쿠션에 맞은 후 공에 커브가 발생하기 때문에 B1의 진행 경로가 늘어나게 된다. 이때 수구가 약간 점프

해도 상관없다. 오히려 이 샷에서 바라던 효과가 더 강해진다. 하지만 B1이 두 번째 위치에 있다면, 반드시 회전을 줄여야 한다. 너무 강하게 치면, B1이 크게 점프하는 상황이 발생할 수도 있으니 주의하자.

👁 27~29, 41, 54, 55 🔍 286

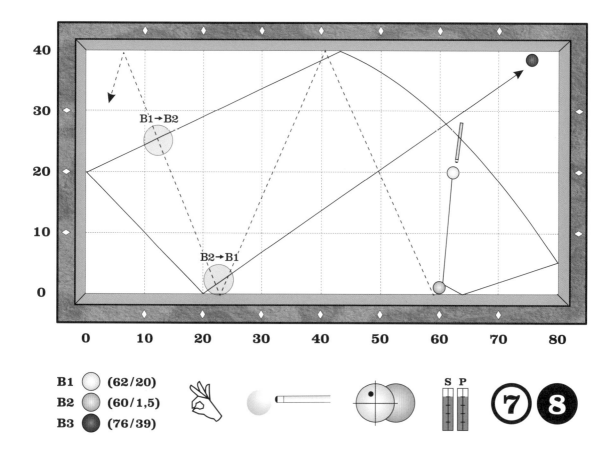

B1	⚪	(62/20)
B2	⚪	(60/1,5)
B3	⚫	(76/39)

앞에서 언급했던 패턴에서처럼 두 번째 쿠션 이후에 나타나는 커브를 이용하면 대회전이 길어진다. 하지만 이때 키스를 피하는 일은 약간 까다롭다.

당구대의 천 상태에 따라, B1과 B2의 진행 경로가 달라질 수 있기 때문에 공의 위치와 경로를 세심하게 살피면서 연습해야 한다. B2를 맞힌 후 수구가 점프하는 일을 피할 수 있도록, 당점을 너무 높게 겨냥해서는 안 된다. 그리고 절대로 있는 힘껏 강하게 스트로크를 해서도 안 된다.

새 천을 쓴 당구대, 즉 공이 잘 미끄러지는 당구대에서는 커브가 쉽게 일어나기 때문에 당구대의 천이 새것일 때만 이 해법을 사용한다.

 27~29, 41, 53, 55 🔍 152

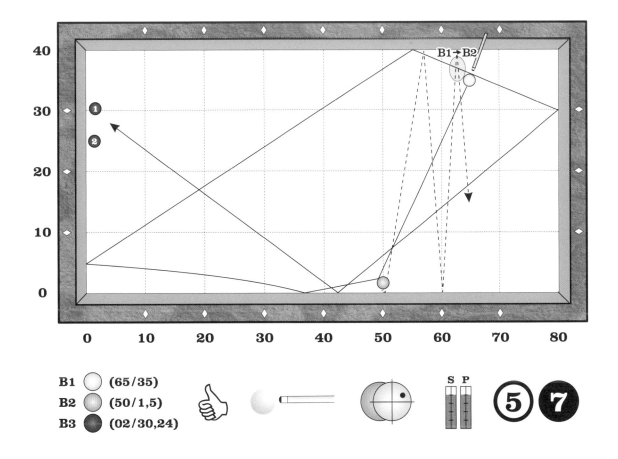

B1 ⚪ (65/35)
B2 ◐ (50/1,5)
B3 ⚫ (02/30,24)

S P
⑤ ❼

위 패턴은 대회전의 또 다른 사례로 커브 덕분에 수구의 진행 경로가 길어졌다. 두 번째 위치에 있는 B3을 맞히기 위해서는 반드시 속도를 약간 높여야 한다. 그래야만 수구의 진행 경로가 훨씬 더 휘어지기 때문이다. 회전을 줄여도 수구의 진행 경로를 길어지게 할 수는 있지만, 회전을 동일하게 유지하면서 속도를 올리는 전략만큼 수구를 제어할 수는 없다.

👁 27~29, 41, 53, 55

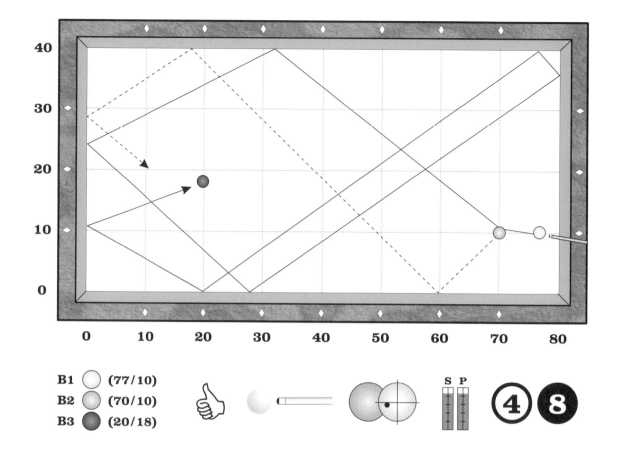

B1 ⚪ (77/10)
B2 ⚪ (70/10)
B3 ⚫ (20/18)

위 그림과 같은 패턴에서는 B3이 혼자 넓은 공간에 떨어져 있다. 이런 배치 때문에 종종 선수들은 대회 전 해법을 떠올리지 못할 때가 있다. 이때 수구의 속도가 빨라야 하지만 이 속도 탓에 B1의 진행 방향을 '가늠하기' 어렵다는 난점도 있다.

따라서 여기서는 불필요한 효과와 커브를 피하는 것이 중요하다.

이렇게 하기 위해서, 당점을 중심에서 약간 아래쪽으로 겨냥하여 수구를 쳐야 한다. 그리고 B2가 수구의 진행 경로를 가로질러 통과하지 않도록 절대로 B2를 너무 두껍게 맞히지 않는다.

 22

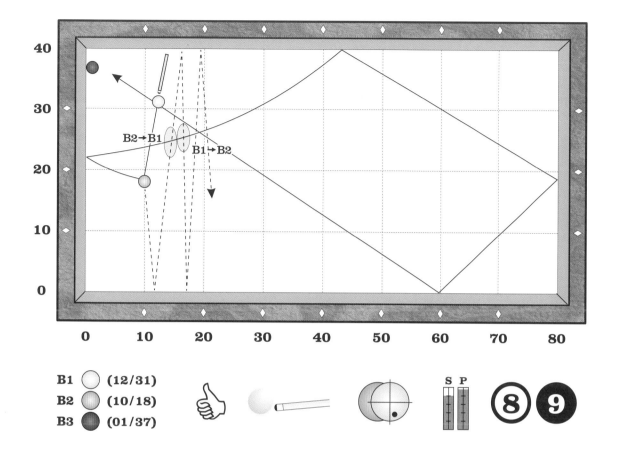

B1 ⚪ (12/31)
B2 ⚪ (10/18)
B3 ⚫ (01/37)

S P

⑧ ⑨

끌어치기를 사용하여 극단적인 대회전을 친다고 생각해보자. 아마도 B2가 당구대를 여러 번 가로지르기 때문에 키스가 일어날 수도 있다고 생각할지 모른다. 물론 이것은 맞는 말이다. 왜냐하면, 오른쪽 회전을 많이 주면 B2에 왼쪽 회전이 걸리기 때문

이다(톱니바퀴 원리).

첫 번째 쿠션에 맞은 공은 적절한 각도로 튕겨나가 두 번째 쿠션을 맞힌다. 밀어치기 효과와 속도가 충분히 나올 수 있도록 매우 빠르고 강한 스트로크로 수구를 길게 밀어야 한다.

🔍 43, 317

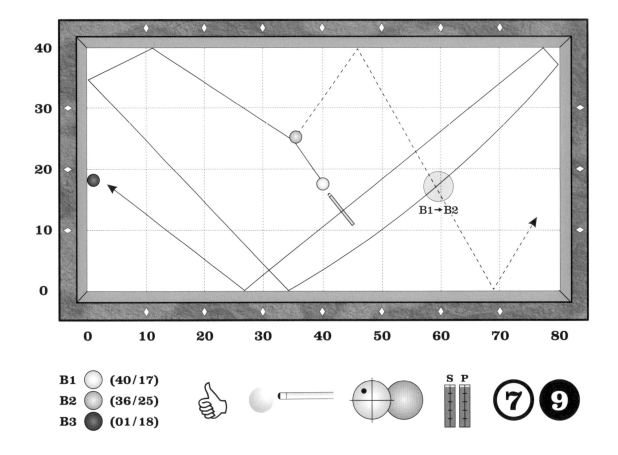

B1 ⬤ (40/17)
B2 ⬤ (36/25)
B3 ⬤ (01/18)

빠른 속도로 수구를 밀어 코너를 빠르게 통과시키면, 대회전을 상당히 짧게 만들 수 있다. 새 천으로 교체한 당구대에서는 오래된 천을 쓴 당구대, 즉 많이 사용한 당구대에서 공을 칠 때만큼 빠르게 치지 않아도 커브가 훨씬 더 쉽게 만들어진다.

위 그림과 같은 패턴을 연습할 때, 수구의 진행 경로를 얼마나 줄일 수 있는지 시험해보자. 여기서는 회전을 너무 많이 주면 오히려 방해가 되니 참고 하자.

 60

클라우디오 푸이그베르트(에스파냐)

Claudio Puigvert

1934년(바르셀로나, 에스파냐) 세계 챔피언

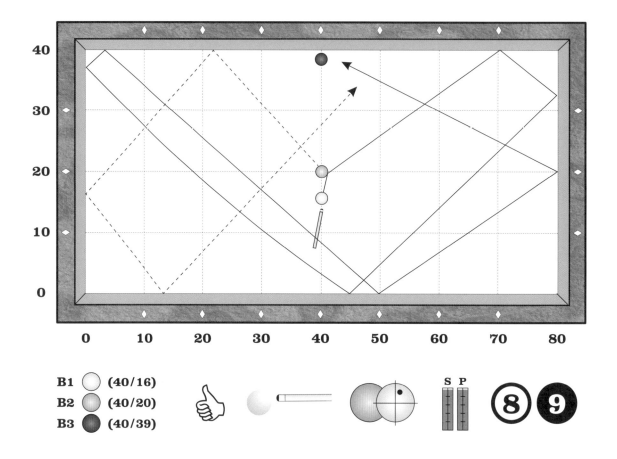

위 그림의 패턴은 터키 출신의 세미 세이기너(Semih Sayginer)가 고안한 환상적인 묘기로 스리쿠션 당구가 얼마나 아름다워질 수 있는지를 잘 보여주고 있다. 앞에서 언급했던 패턴에서처럼, 빠른 속도로

수구를 밀어 코너를 빠르게 통과시키면 B1의 진행 경로를 짧게 만들 수 있지만 이 해법을 사용하면 B1의 경로는 훨씬 더 길어진다.

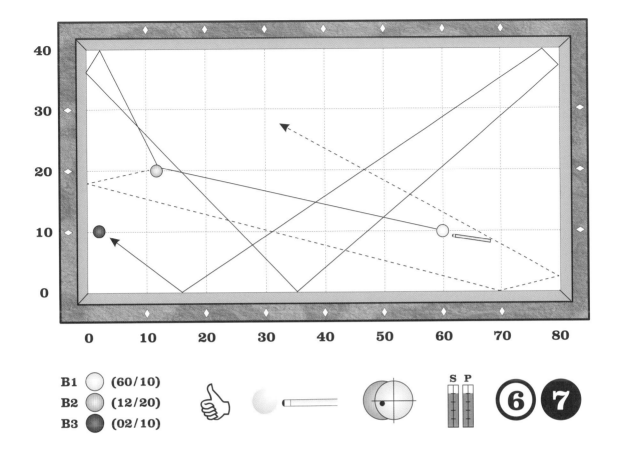

B1	⚪	(60/10)
B2	◯	(12/20)
B3	⚫	(02/10)

고전적인 대회전 해법을 사용할 경우, B2를 너무 두껍게 맞혀서는 안 된다. 이렇게 치면 B2가 단쿠션에서 직접 다른 쿠션을 맞힌 다음 B1이나 B3으로 되돌아가기 때문이다. 톱스핀을 주면 두 번째 쿠션을 맞힌 후 B1의 진행 경로를 짧게 만들어 커브가 발생하기 때문에 당점을 중심 아래로 겨냥하여 수구를 쳐야 한다.

👁 62

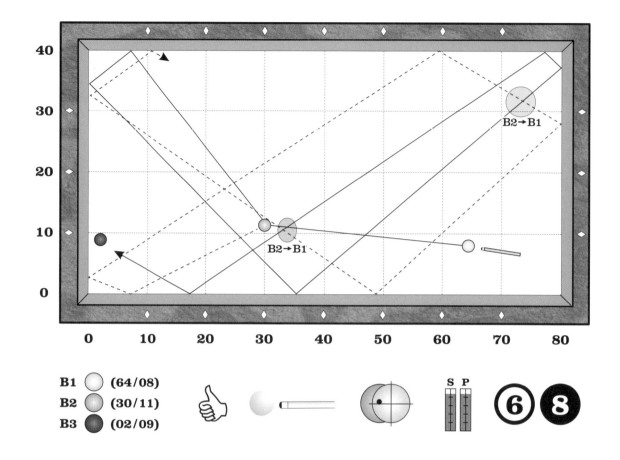

B1 ⬤ (64/08)
B2 ⬤ (30/11)
B3 ⬤ (02/09)

S P

⑥ ⑧

위 그림과 같은 패턴에서 대회전을 칠 때 B1과 B2가 교차하는 위험한 지점이 많다는 사실에 주의해야 한다. B2를 적절하게 맞힌다면, B2는 항상 B1이 오기 전에 위험 구역을 통과하게 될 것이다. B2를 두껍게 맞히더라도 긴 경로를 완주할 수 있도록 반드시 매우 강하고 힘차게 스트로크를 한다.

👁 61

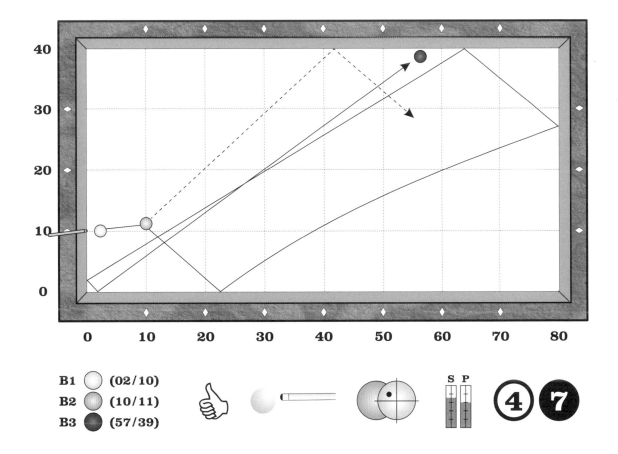

B1 ⚪ (02/10)
B2 ⚪ (10/11)
B3 ⚫ (57/39)

쿠션 3개를 맞히는 돌려치기 해법의 경우, 세 번째 쿠션에서의 득점 범위가 좁기 때문에 위 그림과 같은 패턴에서는 치기 까다롭다. 따라서 여기서는 네 번째 쿠션과 다섯 번째 쿠션이 있는 코너를 빠르게 통과하는 대회전을 사용하여 B1을 치는 것이 가장 좋다. 하지만 코너를 강하게 통과할 수 없는 당구대에서는 B1을 짧게 만들 수 있도록 반드시 속도를 더 높인다.

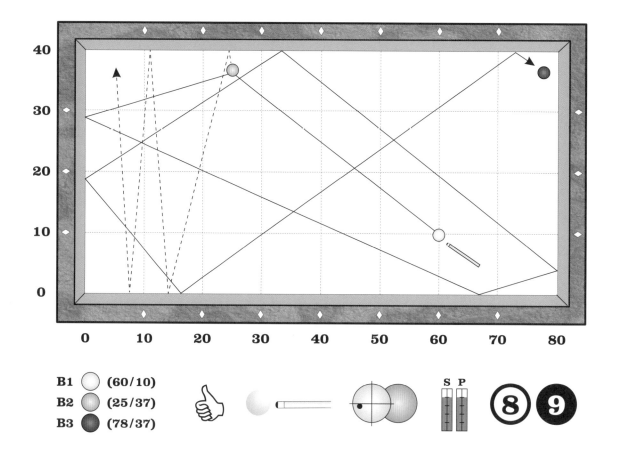

B1 ◯ (60/10)
B2 ◯ (25/37)
B3 ● (78/37)

위 사례에서 볼 수 있듯, 종종 코너에서 빅 볼 B3을 찾기 위해 수구를 돌리는 경우가 있다. 이 샷을 치려면, 매우 빠른 속도로 손과 손목에 힘을 뺀 채 탄력 있게 치는 기술이 필요하다. 이때 B1의 속도를 늦추는 커브를 피할 수 있도록, 당점을 중심보다 약간 아래로 겨냥하여 B1을 쳐야 한다. 그리고 매우 부드러운 쿠션을 가지고 있어서 공이 잘 미끄러지지 않는 당구대에서 이 해법을 성공시키는 것은 거의 불가능하다.

◉ 68

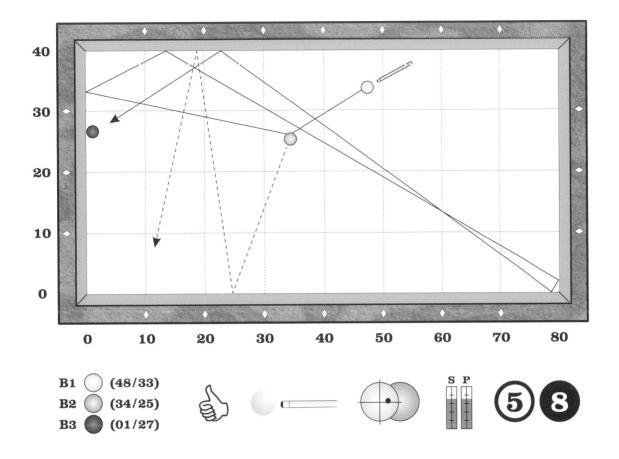

B1 ⃝ (48/33)
B2 ◐ (34/25)
B3 ● (01/27)

치기 매우 까다로운 4쿠션 돌리기나 키스가 일어
날 위험이 있는 횡단 샷을 대신할 해법은 대회전이
다. 이 편이 훨씬 치기 쉽다. 이때 코너를 빠르게 통
과하여 수구의 진행 경로를 짧게 만들 수 있도록

안정된 속도로 쳐야 한다. 여기서 흔히 저지르는
실수는 오른쪽에 회전을 너무 많이 주는 것이니 주
의하자.

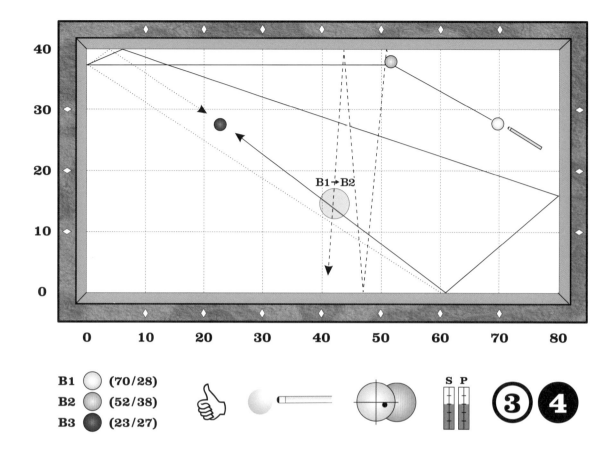

B1 ◯ (70/28)
B2 ◯ (52/38)
B3 ● (23/27)

S P
③ ④

아직 일류의 반열에 오르지 못한 선수들이 종종 위 그림이 보여주는 대회전을 간과하는 경우가 있다. 이 해법을 실행하는 데 큰 어려움은 없을 것이다. 다만 두 번째 쿠션에 맞은 후 원하지 않은 커브가 발생하지 않도록, 당점을 중심 아래로 겨냥하여 수구를 쳐야 한다. 그리고 당구대 천의 상태에 따라 생기는 차이는 회전으로 조절한다. 당구대 천이 새

것일수록 회전을 더 주고, 당구대 천이 오래된 것일수록 회전을 덜 줘야 한다.

그리고 키스가 발생하지 않도록, B2를 너무 두껍게 맞혀서는 안 된다. B2를 적절한 두께로 맞힌다면, B1은 B2가 지나가기 한참 전에 마지막 교차지역을 통과하게 될 것이다. 이 해법의 변형은 135쪽에서 다룰 예정이니 참고하도록 하자.

👁 135

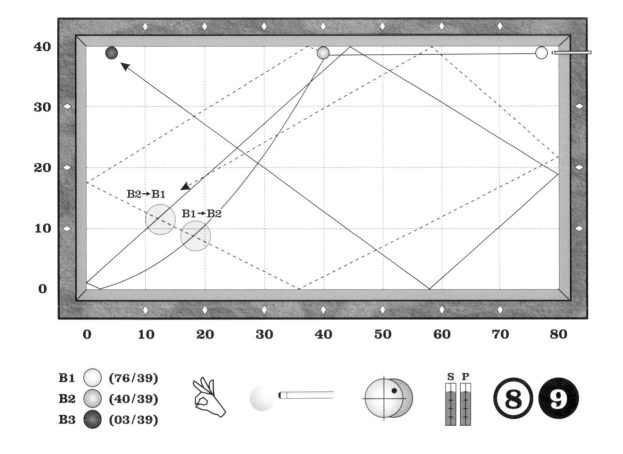

B1 ◯ (76/39)
B2 ◑ (40/39)
B3 ● (03/39)

S P
⑧ ❾

극단적인 대회전을 성공시키면, 수구는 반드시 첫 번째 쿠션을 향할 때 커브를 그린다. 이때 지나치 다 싶을 정도의 빠른 속도로 B1을 길게 밀어 B2를 상당히 두껍게 맞혀야지만 원하는 커브를 만들어 낼 수 있다.

당구대 천이 매우 오래되어 공이 잘 미끄러지지 않거나 누가 이미 사용해서 오물이 묻은 공들을 사 용한다면, 이 해법을 성공시키는 것은 거의 불가능 할 것이다.

274

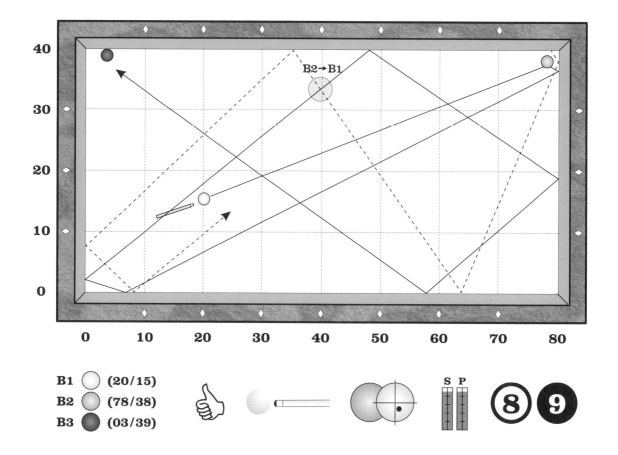

B1 ⚪ (20/15)
B2 ⚪ (78/38)
B3 ⚫ (03/39)

앞에서 언급한 패턴과 마찬가지로, 여기에서도 2중 대회전(twice-around-the-table shot)을 성공시키려면 공이 잘 미끄러지는 당구대가 필요하다.

B1이 지나가기 전에 B2를 통과시키려면, 절대로 B2를 너무 얇게 맞혀서는 안 된다. 이 패턴은 자신의 기술을 평가할 수 있는 지표로 활용할 수 있으며, 심지어 매우 강하게 공을 쳤을 때조차 기술에 어떤 결점이 있는지를 확인해준다.

—

단—장—장

SHORT-LONG-LONG

앞돌리기
횡단 샷
비껴치기

—

알프레드 라가슈(프랑스)

Alfred Lagache

1935년(알제, 알제리), 1937년(쾰른, 독일) 세계 챔피언

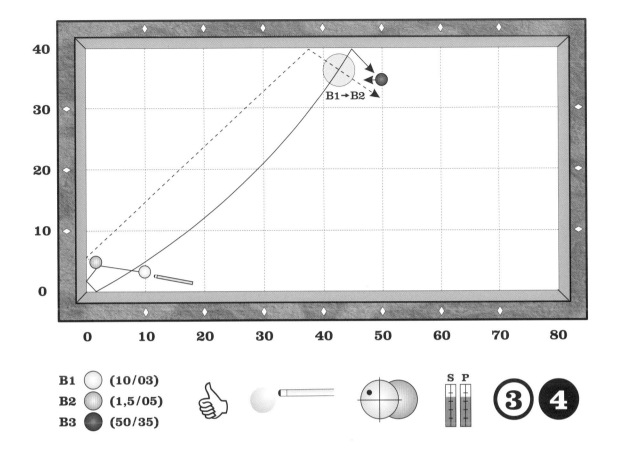

B1 ⚪ (10/03)		
B2 ⚪ (1,5/05)		
B3 ⚫ (50/35)		

위 그림이 보여주는 해법은 세련되었으며 키스를 피할 수 있도록 특화된 것이다. B2가 오기 전에 B1이 위험 지역을 통과할 수 있도록 반드시 B2를 절반 두께로 맞혀야 한다. 이렇게 B2를 절반 두께로 맞히면 수구의 진행 경로가 늘어난다. 그리고 밀어치기를 이용해 빠른 속도로 스트로크를 하면, 작지만 유용한 커브가 생기기 때문에 B1을 충분히 짧게 만들 수 있다. 나중에 화살표를 따라 B3을 이동시키면서 이 원리를 적용할 수 있는 최대 범위를 파악해보자. (회전을 줄이거나 속도를 빠르게 하면 매우 짧은 각을 만들 수 있다는 점에 유념한다. –감수자)

👁 27~34, 35, 36, 41, 53~55

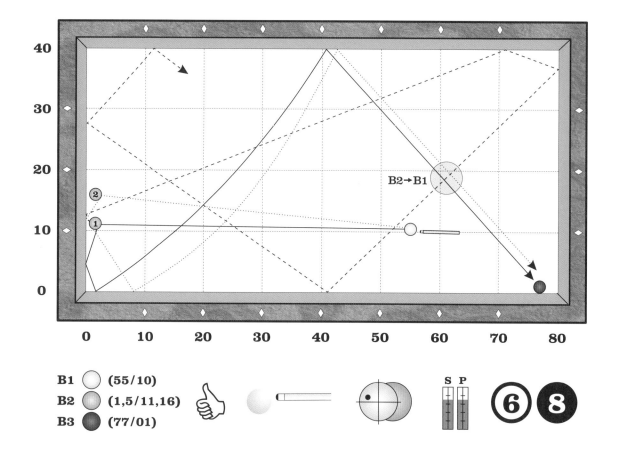

B1 ⬤ (55/10)
B2 ◐ (1,5/11,16)
B3 ⬤ (77/01)

S P

⑥ ❽

위 그림과 같은 패턴에서는 B2의 오른쪽 면을 맞히기(단-장-단)가 매우 까다롭다. 따라서 이렇게 치는 대신 앞에서 언급했던 패턴의 해법을 사용해보자. 위 패턴에도 적용할 수 있는 대안이 될 것이다.

여기서는 속도가 두 번째 쿠션 이후에 나타나는 커브를 연장하는 데 중요한 역할을 한다. 그리고 어떤 상황에서도 안정된 속도로 이 샷을 쳐야 한다

는 점에 주의하자.

두 번째 위치에 있는 B2를 맞힐 때는 커브가 커질 수 있도록 당점을 약간 높이 겨냥하여 수구를 강하게 쳐야 한다. 당구대 천이 새것이라 공이 잘 미끄러진다면, 속도를 낮추더라도 동일한 효과를 얻을 수 있다.

👁 27~34, 35, 36, 41, 53~55

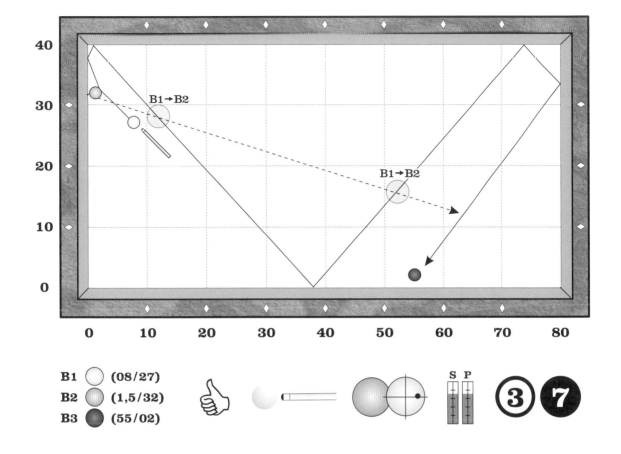

B1	◯	(08/27)
B2	◐	(1,5/32)
B3	⬤	(55/02)

여기서 소개하는 명쾌하면서도 효과적인 방법을 이용하면, 치기 불편한 패턴도 해결할 수 있다. 세 번째 쿠션 이후에 나타나는 오른쪽 회전이 순회전처럼 작용하기 때문에 수구는 그곳에서부터 최적의 경로로 이동한다. 마지막에는 '빅 볼' B3이 기다리고 있다. B2를 얇게 맞히기 때문에, 경로를 제어하기 쉬울 뿐만 아니라 키스도 쉽게 피할 수 있다.

👁 333

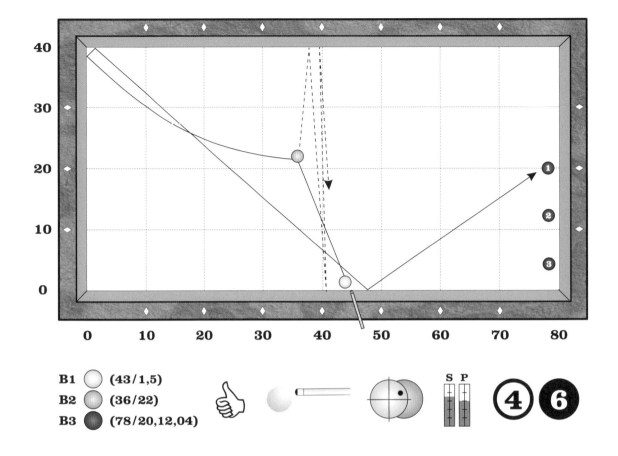

B1 ⚪ (43/1,5)
B2 ⚪ (36/22)
B3 ⚫ (78/20,12,04)

S P

④ ⑥

여기서는 수구가 커브를 그리면서 코너를 빠르게 통과하기 때문에 진행 경로가 충분히 짧아진다. 강하고 탄력 있게 수구를 치면, 수구는 B2에 맞고 매우 강하게 튕겨 나온다. 이 덕분에 커브를 연장시

킬 수 있다. 그리고 두 번째 위치와 세 번째에 있는 B3을 맞히기 위해서는 오른쪽 회전을 줄이기만 하면 된다.

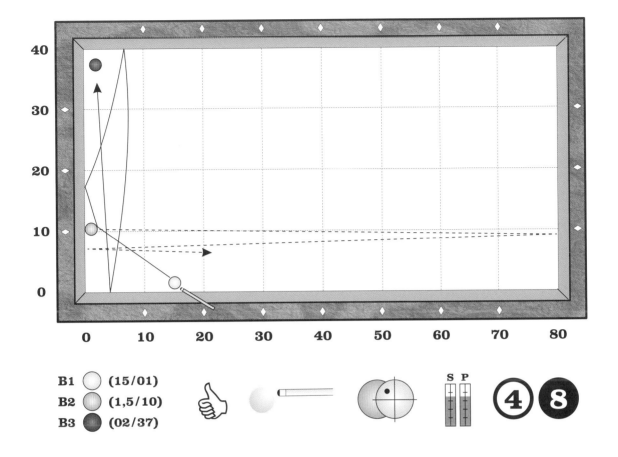

B1 ⚪ (15/01)
B2 🔵 (1,5/10)
B3 ⚫ (02/37)

위 그림과 같은 패턴에서는 B2의 두께와 역회전을 적절하게 조합해야지만 이 해법에 성공할 수 있다. 이 조합을 잘 이용해야 두 번째 쿠션 이후에 생기는 커브를 연장할 수 있다. 그리고 공이 잘 미끄러지는 새 당구대에서는 왼쪽 회전을 줄여야 한다. (2쿠션 지점이 B3와 최대한 가까운 위치가 되도록 두께를 조절한다.-감수자)

 76, 78, 114 51

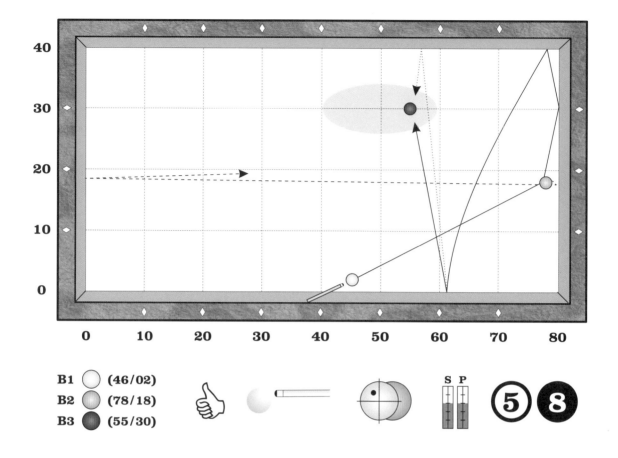

B1 ⬤ (46/02)
B2 ⬤ (78/18)
B3 ⬤ (55/30)

S P

⑤ ⑧

두 번째 쿠션 이후에 생기는 커브가 적절하게 연장 된다면, 네 번째 쿠션(가는 점선 참고)을 통해 두 번 째 기회를 얻을 수 있기 때문에 B3은 '빅 볼'이 된 다. 하지만 B2를 너무 두껍게 맞히거나 스트로크 를 너무 강하게 하면 커브가 커지게 되니 주의해야 한다.

연습 중에는 회전, 속도, B2의 두께를 적절하게 조합하는 방법을 궁리해보자. 매번 샷을 친 후, 회 색 지역 안에 B3을 놓고 공의 배치를 바꿔본다. 당 구대 천이 새것이라면, 속도를 줄여도 동일한 효과 를 얻을 수 있을 것이다.

👁 74, 20, 114

에드워드 L. 리(미국)

Edward L. Lee

1936년(뉴욕, 미국) 세계 챔피언

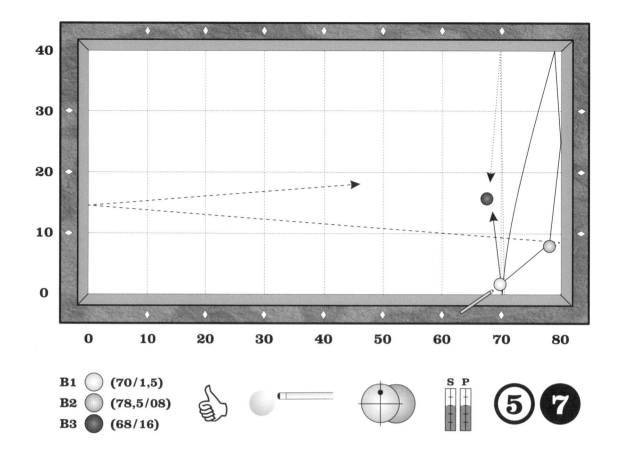

B1 ⚪ (70/1,5)
B2 ⚪ (78,5/08)
B3 ⚫ (68/16)

위 그림과 같은 패턴에는 앞에서 소개한 해법에 적용한 원리를 동일하게 사용할 수 있다. 하지만 여기서는 두 번째 쿠션을 맞고 나오는 각도가 너무 벌어지지 않도록 왼쪽 회전을 삼가야 한다. 당점 기호에서 확인할 수 있듯이 왼쪽이나 오른쪽에 회전을 주지 않는다. 적절한 속도에 대한 감을 잡는 것이 성공의 열쇠이며 속도뿐만 아니라 관통력에도 신경을 써야 한다.

👁 74, 76, 114

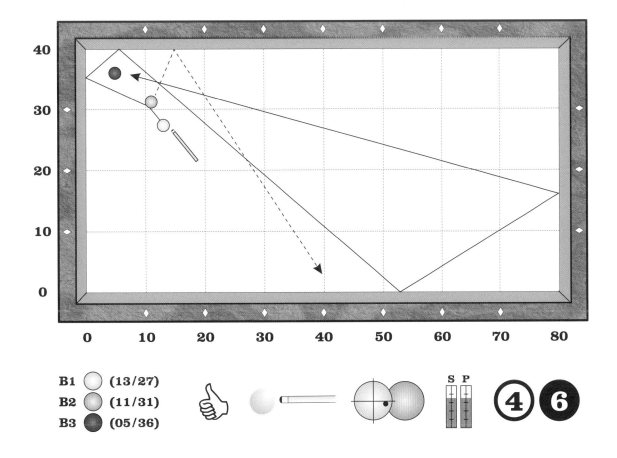

B1 ⚪ (13/27)
B2 🔘 (11/31)
B3 ⚫ (05/36)

S P

④ ❻

여기서는 빈쿠션만이 유일한 대안이다. 매우 어려운 패턴을 독특하면서 굉장히 기발한 해법으로 해결했다. 빠른 속도로 B2를 얇게 맞히는 것을 제외하고는 이 해법을 사용할 때 어려움이나 문제가 없을 것이다. 그리고 수구의 진행 경로가 끝날 무렵,

'빅 볼' B3이 코너에서 기다리고 있을 것이다.

터키 출신의 세계 챔피언 세미 세이기너는 시합 중에 이 해법을 사용하는 것을 좋아했다. 물론 난도는 훨씬 더 높았다.

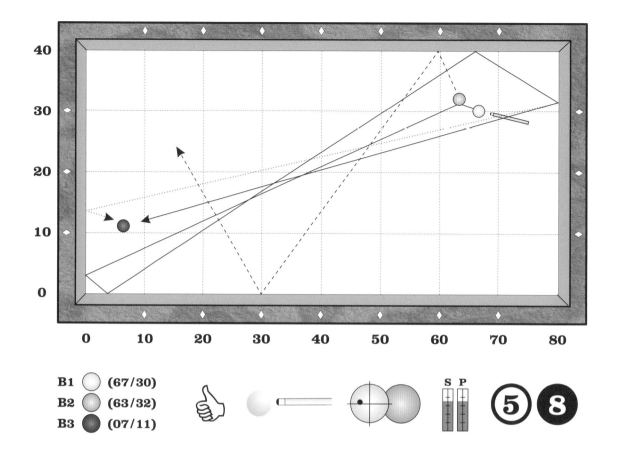

B1 ◯ (67/30)
B2 ◯ (63/32)
B3 ● (07/11)
S P
⑤ 8

여기서 소개하는 해법이 위 그림의 패턴을 해결할
수 있는 유일한 길은 아니다. 하지만 이 해법을 사
용하는 이유는 B1이 네 번째 쿠션(가는 점선 참고)
에 맞은 후 다른 득점 기회를 얻을 수 있기 때문이
다(빅 볼 B3이 기다리고 있다는 사실에 주목하자).

공이 잘 굴러가지 않는 오래된 당구대에서는 이
해법을 성공시키기가 매우 힘들다. 왜냐하면 이런
당구대에서는 강한 스트로크를 해야 하는데 이때
공을 제어하기가 쉽지 않다.

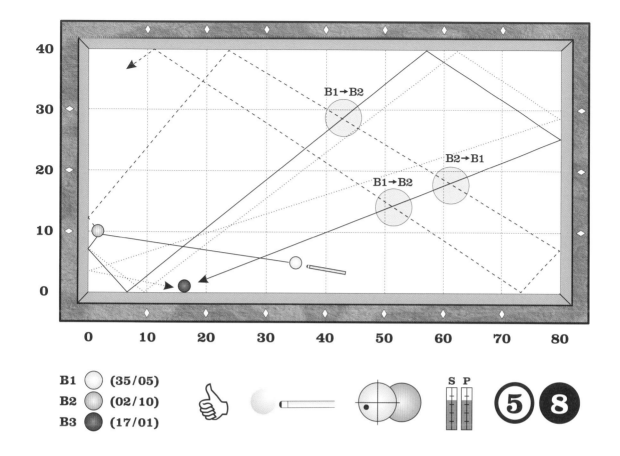

B1 ○ (35/05)
B2 ◐ (02/10)
B3 ● (17/01)

S P

⑤ ⑧

얼핏 보기에는 여기서 소개하는 해법이 복잡하다고 생각하겠지만, 실은 가장 효과적인 해법임을 알아야 한다. B3의 위치 덕분에 B1은 두 번째 득점 기회(가는 점선 참고)를 얻을 수 있지만 이 두 가지 가능성 사이에는 조그만 '공간'(hole)이 있다(하단의 왼쪽 코너). 해법대로 쳤다면 공들은 대부분 치기 좋은 위치에 배치된다.

🔍 37

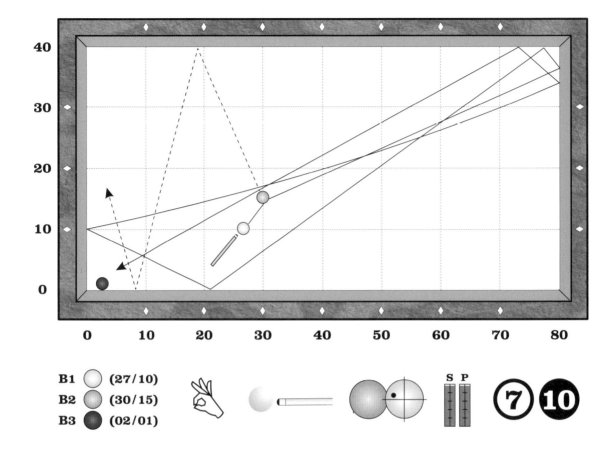

B1 ⚪ (27/10)
B2 ⚪ (30/15)
B3 ⚫ (02/01)

S P

⑦ ⑩

필자는 토브욘 브롬달(Torbjörn Blomdahl)이 위 그림과 같은 패턴을 여기서 소개하는 해법으로 해결하는 장면을 직접 본 적이 있다. 아마 독자 여러분은 이 해법의 원리를 이해하기 전에 먼저 수구의 경로를 쫓아가는 일부터 곤욕스러울 것이다. 그만큼 공의 진행 경로가 복잡하다.

공이 잘 미끄러지는 새 당구대에서만 이 해법을 성공시킬 수 있다. 왜냐하면 B1이 새 당구대에서 쉽게 찾아볼 수 있는 미끄러짐 효과(sliding effect, 공이 천 위에서 잘 미끄러지는 효과)를 이용하여 네 번째 쿠션 이후에 작은 커브를 그리면서 다섯 번째 쿠션에 닿을 때까지 왼쪽 회전을 유지해야 하기 때문이다. 어떤 상황에서든 반드시 최대 속도를 이용해야 한다는 점에 주의한다.

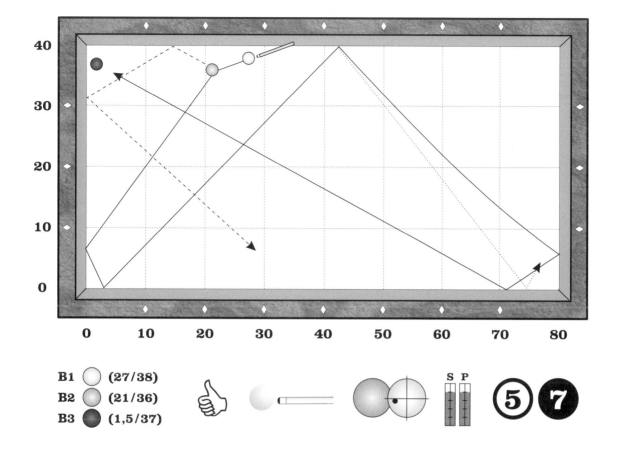

B1 ⚪ (27/38)
B2 ⚪ (21/36)
B3 ⚫ (1,5/37)

S P
⑤ ❼

위 패턴에서는 수구가 먼 길을 돌아가지만 그만큼
의 보답을 받게 될 것이다. 코너에서 얌전히 기다리
고 있는 '빅 볼' B3이 있기 때문이다. 빠른 속도에
유의해야 한다는 점을 제외하고는 이 해법에 별 다
른 기술적인 어려움은 없을 것이다.

다만 스트로크를 너무 강하게 해서는 안 된다.

그렇지 않으면 세 번째 쿠션에서 너무 짧아진다(가
는 점선 참고). 공이 잘 미끄러지지 않는 오래된 당
구대에서는 세 번째와 네 번째 쿠션에서의 역회전
으로 인해 수구가 더욱 느려지기 때문에 힘을 더 주
고 쳐야 한다.

👁 84   🔍 20

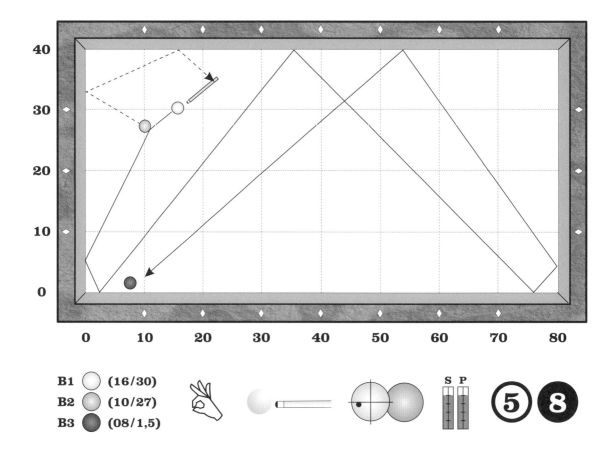

B1 ⬤ (16/30)
B2 ⬤ (10/27)
B3 ⬤ (08/1,5)

S P

⑤ ⑧

위 그림의 패턴은 앞에서 언급했던 해법의 연장선이라고 생각한다. 공이 잘 미끄러지는 새 당구대에서 사용하는 것이 좋다. 네 번째 쿠션에서 나타나는 왼쪽 회전은 순회전처럼 움직이기 때문에 수구를 최적 경로로 안내한다.

매우 빠른 속도로 회전을 많이 주고 B2를 얇게 맞힐 때, 종종 저킹(jerking)과 같은 기술적인 실수를 하게 될 것이다. 따라서 완벽하게 기술을 구사할 수 있도록 특별히 신경을 써야 한다. 손질이 잘 된 새 당구대에서는 이 해법을 부담 없이 편하게 칠 수 있을 것이다.

👁 83

–

장–장–단

LONG-LONG-SHORT

횡단 샷

리버스 샷

옆돌리기 리버스 엔드

비껴치기 리버스 엔드

–

아우구스토 베르제(아르헨티나)

Augusto Vergez

1938년(부에노스아이레스, 아르헨티나) 세계 챔피언

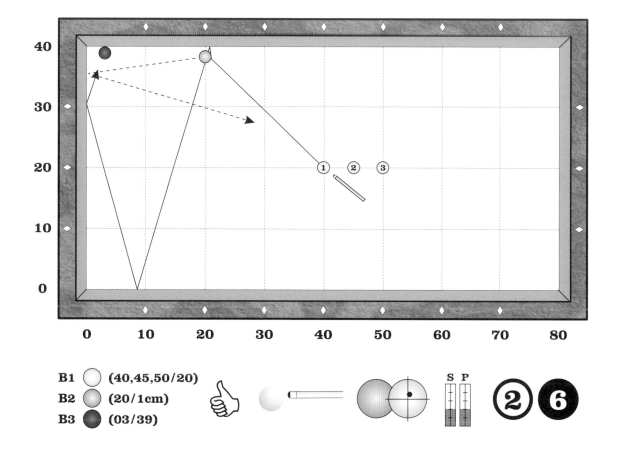

B1 ⚪ (40,45,50/20)
B2 🔘 (20/1cm)
B3 ⚫ (03/39)

S P

② ❻

B2와 B3의 키스를 피하는 것이 불가능해 보이기 때문에 여기서 소개하는 해법을 사용하지 않는 경우가 종종 있다. 하지만 얇게 맞힐 수만 있다면 B2가 B3에 부딪히지 않고 쉽게 통과하는 모습을 볼 수 있을 것이다.

많이 사용한 오래된 당구대에서는 회전을 주지 않고 쳐야 하며, 새 당구대라면 역회전을 조금 줘야 한다. 그리고 두 번째 위치와 세 번째 위치에 있는 B1을 칠 때에는 반드시 각 위치마다 역회전을 더 줘야 한다. 특히 세 번째 위치에 있는 B1을 칠 때에는 수구의 진행 경로가 첫 번째 쿠션 이후에 하단의 왼쪽 코너 쪽으로 휠 위험이 있다. 이 현상을 피하려면, 당점을 중심 아래로 겨냥해 B1을 쳐야 한다.

👁 88, 89

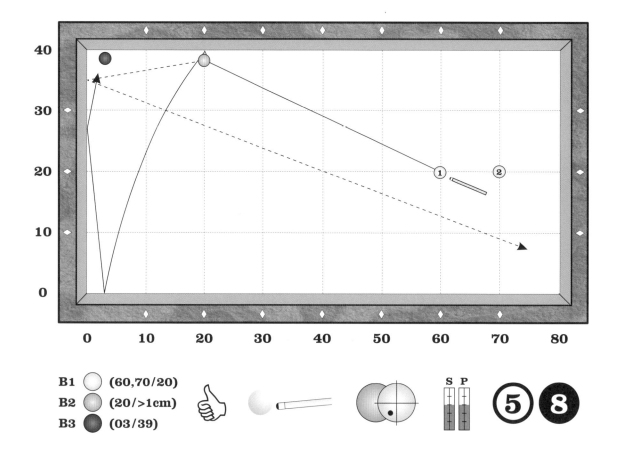

B1 ⚪ (60,70/20)
B2 ◑ (20/>1cm)
B3 ⚫ (03/39)

⑤ ⑧

위 그림과 같은 패턴에서는 앞에서 언급했던 패턴의 원리를 사용할 수 있도록 수구가 오른쪽으로 멀리 떨어진 곳에 있어야 한다. 하지만 이런 위치 변화 때문에 B2를 약간 더 두껍게 맞혀야 한다.

왼쪽 회전과 끌어치기를 이용해 보다 빠른 속도로 강하게 스트로크를 하면, 첫 번째 쿠션 이후에 수구의 진행 경로를 휘게 만들 수 있다. 결국에는 세 번째 쿠션을 향해 '무난하게' 공이 갈 수 있기 때문에 득점 기회가 늘어날 것이다. 두 번째 위치에 있는 B1을 칠 때에는 반드시 왼쪽 회전을 줄여야 한다.

👁 87, 89

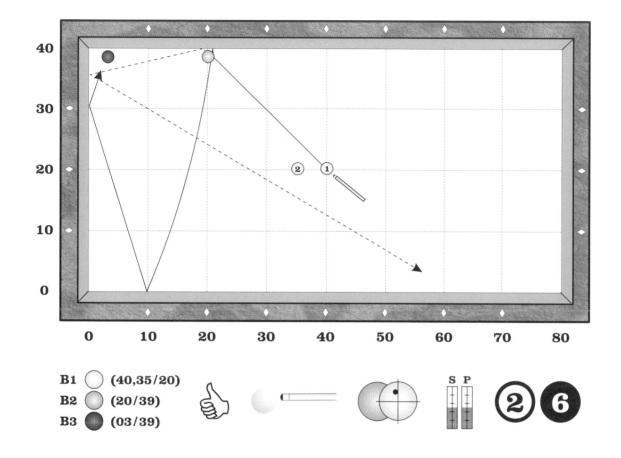

B1 ◯ (40,35/20)
B2 ◐ (20/39)
B3 ⚫ (03/39)

S P

②⑥

앞에서 언급했던 패턴과는 달리, 위 그림의 패턴에서는 B2가 쿠션에 프로즌되어 있다. 또한 여기서도 B2와 B3의 키스를 피할 수 있다. 하지만 처음에 장쿠션으로 갈 수 있도록 반드시 B2를 두껍게 맞혀야 한다. 그리고 첫 번째 쿠션 이후에 나타나는 작은 커브를 조절할 수 있도록, 신중하게 스트로크를 해야 한다. 두 번째 위치에 있는 B1을 칠 때에는 반드시 왼쪽 회전을 더 줘야 한다.

👁 87, 88

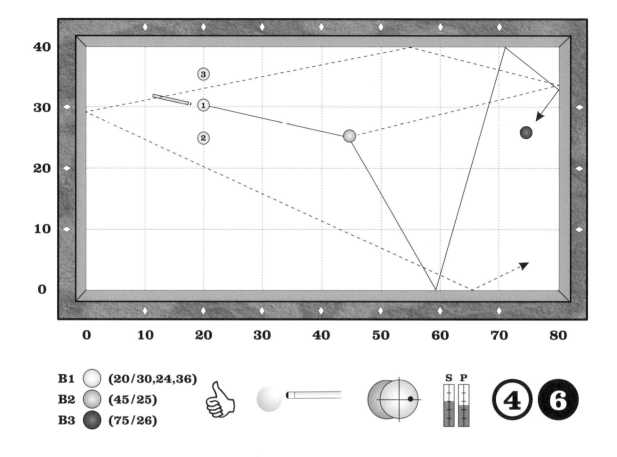

B1	(20/30,24,36)
B2	(45/25)
B3	(75/26)

위 그림과 같은 패턴에서는 고전적인 장 - 장 - 단 (long-long-short) 해법을 스핀 샷처럼 사용할 수 있다. B2를 상당히 두껍게 맞히면, 천천히 굴러가는 동안 B1의 회전이 약해지기 때문에 B1은 대부분의 힘을 잃게 된다.

두 번째 위치에 있는 B1을 칠 때에는 당점을 낮게 겨냥하여 수구를 쳐야 한다. 그리고 세 번째 위치에 있는 B1을 칠 때에는 반드시 당점을 중심 위를 겨냥한 채로 B2를 약간 얇게 맞혀야 한다. 이경우에 강하게 쳐서는 안 되며, 힘보다 정확도에 신경을 써야 한다.

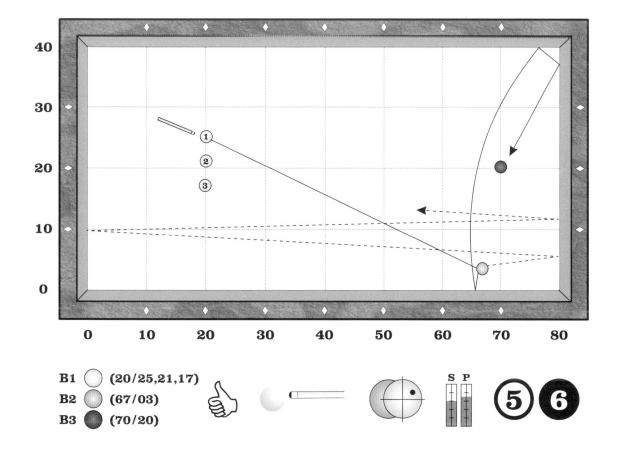

B1 ⬜ **(20/25,21,17)**
B2 ◖ **(67/03)**
B3 ● **(70/20)**

첫 번째 위치에 있는 B1을 칠 때에는 어떤 어려움도 없을 것이다. B2를 상당히 두껍게 맞히기만 하면 첫 번째 쿠션 이후에 원하는 만큼의 커브를 쉽게 얻을 수 있다.

하지만 두 번째 위치와 세 번째 위치에 있는 B1을 칠 때에는 주의가 필요하다. 수구가 B2에 맞고 튕겨질 때 B3 주위에서 휘기 전에 옆으로 이동할 수 있도록 첫 번째 위치에서 칠 때보다 더 탄력 있게 쳐야 한다. 연습을 할 때 B2의 두께와 속도가 완벽하게 조화를 이룰 수 있는 방법을 궁리해보자.

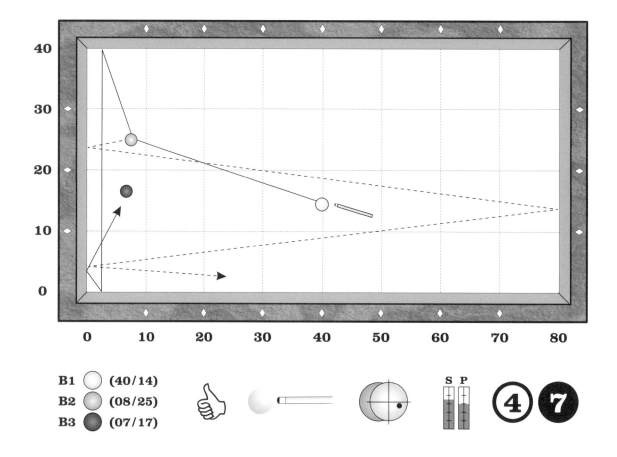

B1	(40/14)		
B2	(08/25)		
B3	(07/17)		

여기서 소개하는 스핀 샷을 사용하면, B1은 첫 번째 쿠션에 맞은 후 단쿠션에 닿지 않은 상태로 그 옆을 평행하게 이동할 것이다. 이때 탄력 있는 스트로크로 B2를 완전히 두껍게 맞히면, B2에 준 회전은 마지막 쿠션에 도달할 때까지 유지될 것이다.

당구대 천마다 차이가 있기 때문에 천 상태에 따라 당점을 바꿔야 한다. 당구대 천이 새것이라면 당점을 약간 낮게 겨냥해서 B1을 쳐야 하며, 당구대 천이 오래된 것이라면 당점을 약간 높게 겨냥해야 한다.

 259

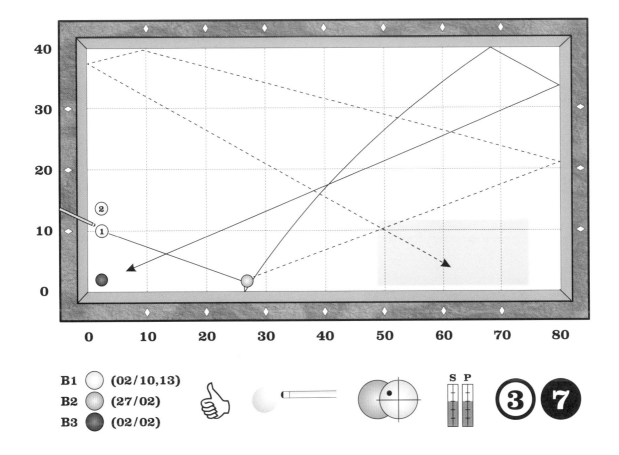

B1 ⃝ (02/10,13)
B2 ⃝ (27/02)
B3 ⃝ (02/02)

S P

③ ❼

B2의 왼쪽 면을 맞히는 '단-장-장' 해법은 B3과 가까운 세 번째 쿠션의 공간이 '좁아' 치기 어렵고 키스가 날 위험도 매우 높다. 여기서 소개하는 해법을 사용하려면, 역회전(두 번째 및 세 번째 쿠션)에 대한 감이 필요하다. 하지만 B2가 두 번째 쿠션으로 장쿠션을 맞힌다면 또 다른 득점 기회를 제공하기 때문에 훨씬 효과적이다.

두 번째 위치에 있는 B1을 칠 때에는 반드시 왼쪽 회전을 더 줘야 한다. 이때 B2가 '단-단'으로 이동하기 때문에 추가 득점 기회가 없다.

🔍 46

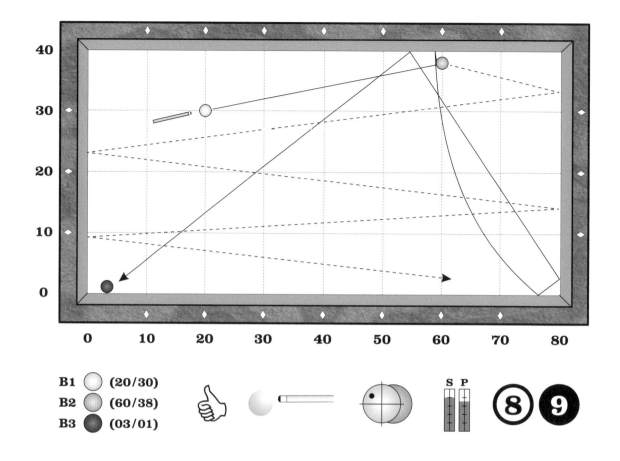

B1 ◯ (20/30)
B2 ◯ (60/38)
B3 ● (03/01)

S P

⑧ ❾

위 그림과 같은 패턴에서도 첫 번째 쿠션 이후에 생기는 커브 경로의 모양이 결정적인 역할을 한다. 탄력 있고 강하게 스트로크를 하면, 수구는 먼저 옆으로 이동하고 그 뒤에 나타나는 커브로 인해 코너까지 충분히 이동한다.

이때 B2는 단쿠션 사이를 지그재그로 이동하지만 B1에 영향을 주지 않는다. 공이 미끄러지지 않는 오래된 당구대에서는 이 해법을 성공시키기가 매우 어려울 것이다. 다음 95쪽에서는 이 패턴의 변형에 대해 소개할 것이다.

👁 95

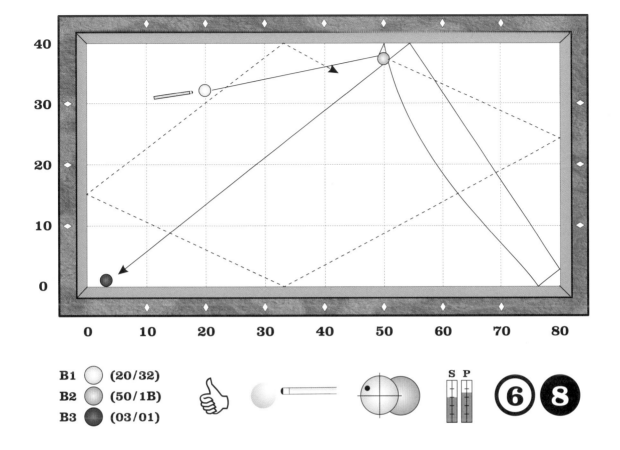

B1 ◯ (20/32)
B2 ◯ (50/1B)
B3 ⬤ (03/01)

⑥ ⑧

앞에서 소개했던 패턴과는 다르게, 여기서는 B2를 얇게 맞혀 B2를 다른 경로로 유도하고 있다. 그리고 수구의 진행 경로도 덜 휜다. 이 패턴을 해결하려면 손목에 힘을 뺀 채 부드러운 스트로크로 수구를 길게 밀어 쳐야 한다. 그리고 반드시 두 번째 쿠션에서 각도가 충분히 '벌어질' 수 있도록 회전을 최대로 줘야 한다. 공이 잘 미끄러지지 않는 오래된 당구대에서는 수구의 진행 경로를 만족할 만큼 충분히 길어지게 하기가 어렵다.

👁 94

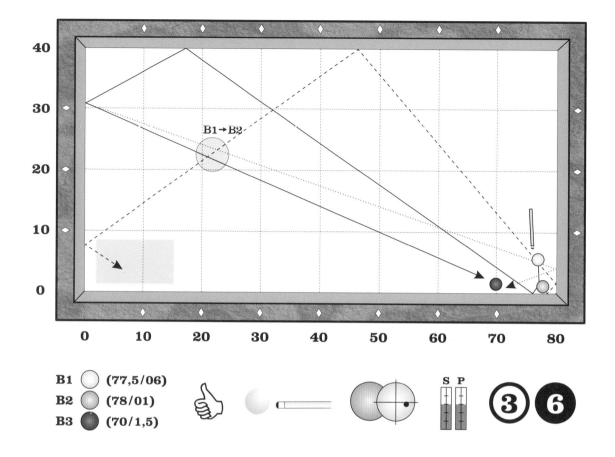

B1 ◯ (77,5/06)
B2 ◯ (78/01)
B3 ● (70/1,5)

③ ⑥

여기서 소개하는 창의적인 해법에는 두 가지 중요한 장점이 있다. 첫 번째 장점은 네 번째 쿠션을 통해 두 번째 득점 기회를 얻을 수 있기 때문에 빅 볼 B3이 될 수 있다는 것이다. 그리고 두 번째 장점은 득점을 했을 때 추가로 치기 편한 득점 기회를 얻을

수 있다는 것이다.

쿠션과 가까운 B2로 인해 발생할 수 있는 커브를 피할 수 있도록 당점을 중심에서 약간 아래쪽으로 겨냥하여 B1을 쳐야 한다.

 38

레네 빈게르호에트(벨기에)

Rene Vingerhoedt

1948년(부에노스아이레스, 아르헨티나), 1960년(부에노스아이레스, 아르헨티나)
세계 챔피언

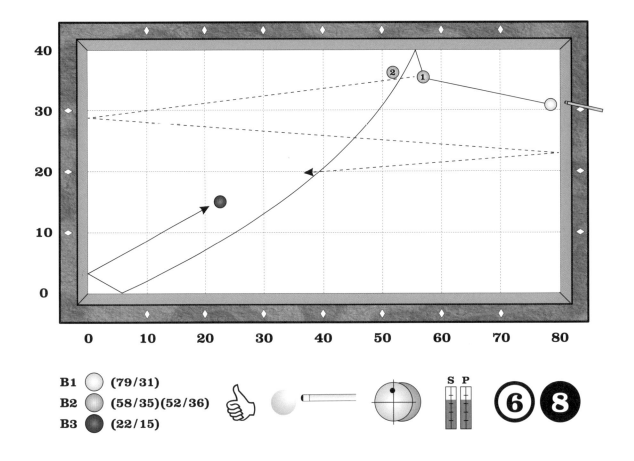

B1 ⚪ (79/31)
B2 ◗ (58/35)(52/36)
B3 ⚫ (22/15)

👍 🎱╱ ◎ S P ⑥ ❽

여기서 소개하는 해법에 성공하기 위해서는 B2를 충분히 두껍게 맞히는 것이 매우 중요하다. 두껍게 맞혔을 때 생기는 커브를 이용하면, 수구는 세 번째 쿠션에 맞은 후 빠르게 돌아간다. 그리고 키스가 발생하지 않도록 B2는 B3 위를 지그재그로 이동해야 한다. 두 번째 위치에 있는 B2를 맞힐 때에

는 수구가 앞으로 휘기 전에 옆으로 이동할 수 있도록 반드시 강하게 스트로크를 해야 한다.

특히 두 번째 위치에 있는 B2로 득점을 하려면 당구대의 상태가 좋아야 한다. 오래된 당구대에서는 역회전으로 세 번째 쿠션 이후 공을 충분히 뒤로 보낼 수 없기 때문에 B3을 놓치게 될 것이다.

 192, 193

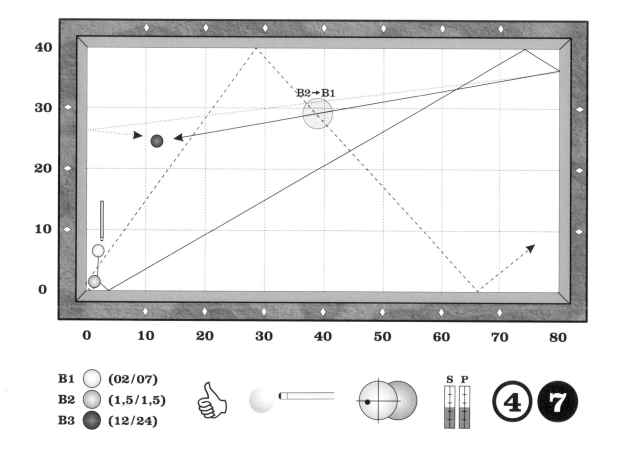

B1 ◯ (02/07)
B2 ◐ (1,5/1,5)
B3 ⬤ (12/24)

S P

④ ❼

이 해법을 대체할 만한 대안은 아마 없을 것이다. 하지만 B3이 빨간 공이라면, 여기서 소개하는 대담한 리버스 엔드를 이용하여 견제를 할 수 있다. 안정된 속도로 친다면, 네 번째 쿠션을 통해 두 번째 기회를 얻을 수 있을 것이다(가는 점선 참고). 다만 속도와 관통력을 나타내는 기호를 보면 알겠지만 강한 파워를 요구하지는 않는다.

41

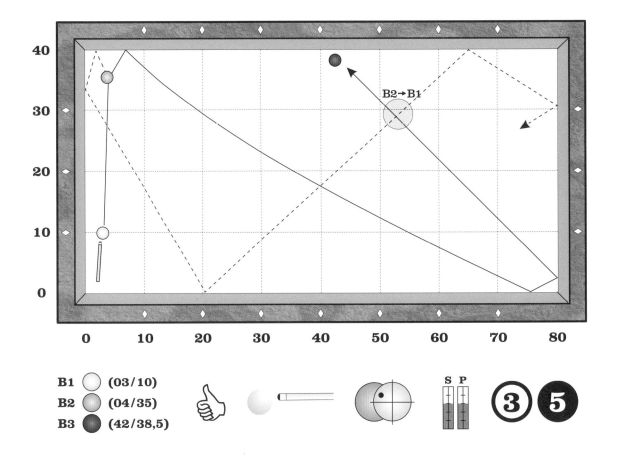

B1 ◯ (03/10)
B2 ◯ (04/35)
B3 ● (42/38,5)

S P

③ ❺

밀어치기로 B2를 절반 두께로 맞히면, 첫 번째 쿠션 이후에 커브가 나타나며 이 커브 덕분에 수구의 진행 경로가 충분히 길어진다. 참고로 청소를 거의 하지 않은 오래된 당구대에서는 이 해법을 성공시키기 어려울 것이다. 거기서 적절한 커브가 나타날 수 있도록 B2를 더 두껍게 맞혀야 하지만 다른 한편으로는 B2와 B3 사이에 키스가 생길 위험이 높아진다. 새 당구대에서는 '미끄러짐 효과'로 커브가 커지기 때문에 반드시 B2를 맞힐 때 두께를 줄여야 한다.

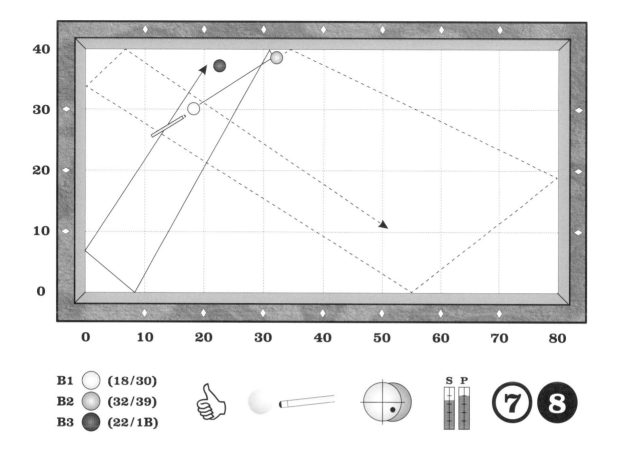

B1 ⚪ (18/30)
B2 ◯ (32/39)
B3 ⚫ (22/1B)

⑦ ⑧

노란 공의 오른쪽 면을 맞히는 더블 레일 샷(double-the-rail shot)은 B2가 쿠션에 프로즌된 상태일 때 치기가 매우 까다롭다. 따라서 끌어치기를 대안으로 사용할 수 있다. B2를 완전히 두껍게 맞히면, 오른쪽 회전을 많이 줄 수 있기 때문에 두 번째 쿠션에서 각도가 충분히 '벌어질' 수 있다.

B2를 너무 얇게 맞히는 실수를 가장 많이 저지른다. 이때 빠른 속도로 회전을 많이 주면, 수구가 왼쪽으로 살짝 벗어나게 되니 주의해야 한다. 따라서 위 그림에서 보여주는 B2의 진행 경로를 참조하도록 하자.

👁 102~104

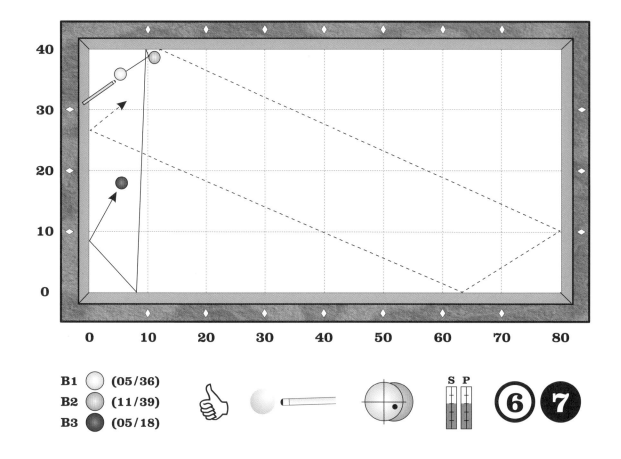

B1 ⚪ (05/36)		
B2 ⚪ (11/39)		
B3 ⚫ (05/18)		

위 그림과 같은 패턴에도 앞에서 언급했던 원리를 동일하게 적용할 수 있다. 여기서는 빨간 공에 대해 적절한 대안이 없다. 그뿐만 아니라 노란 공이 쿠션에 프로즌되었거나 가까이 붙어 있기 때문에 효과적이고 적절한 해법을 사용할 수 있는 공간도 거의 없다.

강하고 빠른 스트로크로 B2를 상당히 두껍게 맞히면, 세 번째 쿠션에 맞을 때까지 회전을 최대로 유지할 수 있다. 많이 사용하고 오래된 당구대일수록, 반드시 당점을 더 낮게 겨냥해야 한다.

👁 101, 103, 104

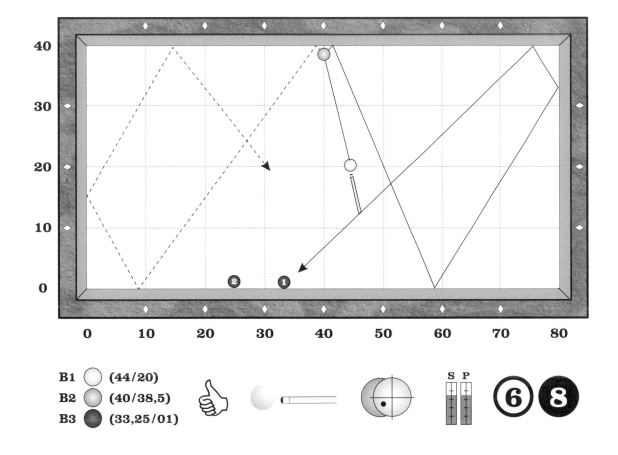

B1 ⚪ (44/20)
B2 ◯ (40/38,5)
B3 ⚫ (33,25/01)

S P

⑥ ⑧

위 그림의 패턴에서는 반드시 B2를 상당히 두껍게 맞혀야 한다. 그래야 왼쪽 회전을 줘서 두 번째 쿠션에서의 각도를 '벌어지게' 만들 수 있다. 이때 밀어치기를 하면 B1은 원하지 않는 커브를 그리지 않는다.

여기서 설명한 원리로 두 번째 위치에 있는 B3을 맞히기 위해서는 반드시 B2를 더욱 두껍게 맞혀야 한다. 연습을 하는 동안, 두 번째 쿠션에 초점을 맞춰 B2의 두께에 따라 거기서 회전이 얼마나 남는지를 파악해보자. 공이 잘 미끄러지는 새 당구대에서는 힘을 빼고 B2를 더 얇게 맞혀야 한다.

👁 101, 102, 104

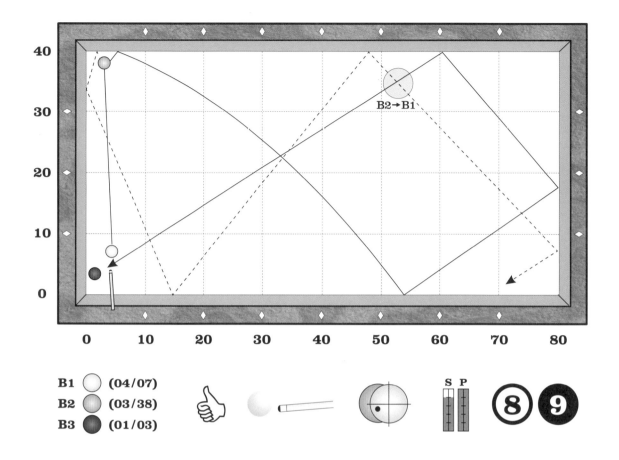

B1 ⃝ (04/07)
B2 ⃝ (03/38)
B3 ● (01/03)

앞에서 언급했던 패턴과 비슷하게 이 패턴에서도 왼쪽 회전을 줄 수 있도록 반드시 B2를 매우 두껍게 맞혀야 한다. 이렇게 하면 두 번째 쿠션 이후의 수구가 충분한 속도로 원하는 만큼 움직인다. 그리고 끌어치기를 하면 첫 번째 쿠션 이후에 작지만 반드시 필요한 커브가 나타난다. 득점을 하면, 추가 득점 기회를 반드시 얻을 것이다.

B3이 빨간 공이라면, 실패를 하더라도 좋은 견제가 될 것이다. 많이 사용하여 공이 잘 미끄러지지 않는 당구대에서는 이 해법이 골칫거리가 될 것이다. 원하는 커브가 잘 일어나지 않기 때문이다.

👁 101~103

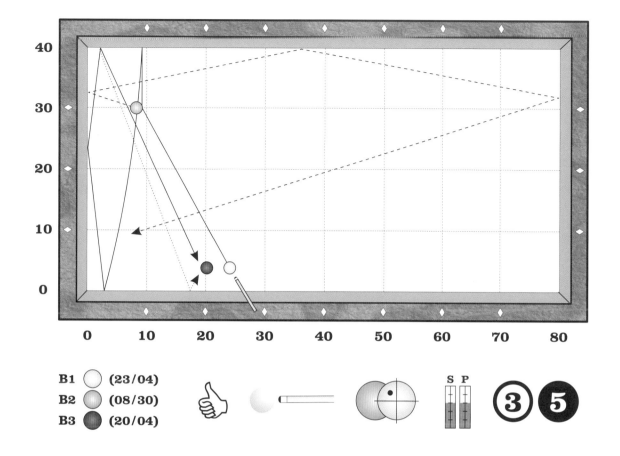

B1	⚪	(23/04)
B2	🔵	(08/30)
B3	⚫	(20/04)

위 그림에서 소개하는 해법은 흥미롭지만 기본 해법이라고도 할 수 있다. 왜냐하면 많은 노력을 쏟지 않아도, 수구가 결국 '빅 볼' B3으로 가기 때문이다.

B2를 정확하게 맞힌다면, 첫 번째 쿠션 이후에 작은 커브가 나타날 것이다. 이렇게 생긴 커브 덕분에 네 번째 쿠션을 지나 B3으로 향하는 접근각(angle of approach)이 더욱 좋아지며, 수구의 진행 경로가 과도하게 일직선이 되는 것을 막아준다. (제1목적구와 제2목적구의 장쿠션 간격이 한 포인트일 때 득점이 쉬워진다.-감수자)

👁 106, 107

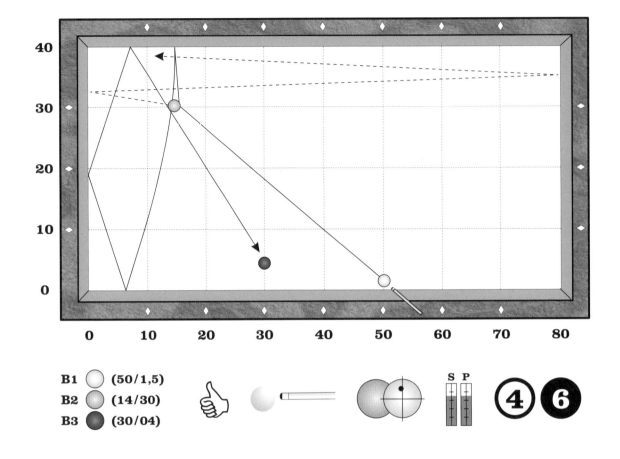

B1 ⚪ (50/1,5)
B2 ⚫ (14/30)
B3 ⚫ (30/04)

위 그림에서는 앞에서 언급한 해법을 다른 방식으로 응용한 방법을 보여주고 있다. 다른 해법을 시도한다면 빨간 공이나 노란 공 모두 키스가 발생할 위험이 매우 높다.

커브가 너무 휘면 수구의 진행 경로가 매우 길어지기 때문에 B2를 너무 두껍게 맞혀서는 안 된다. 이런 경우가 아니라면 대부분 좋은 득점 기회를 얻을 수 있을 것이다.

👁 105, 107

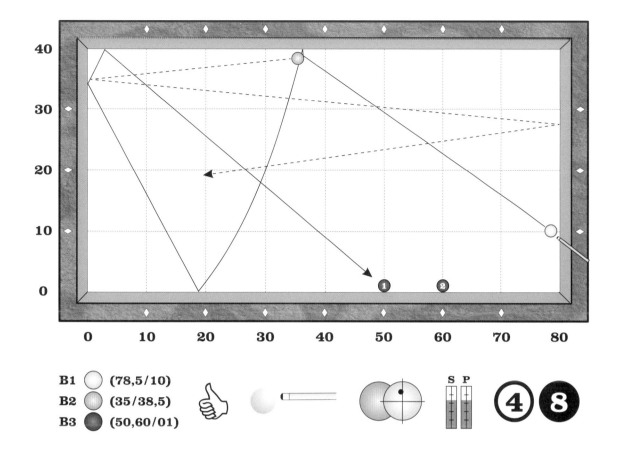

B1 ◯ (78,5/10)
B2 ◯ (35/38,5)
B3 ● (50,60/01)

④ ⑧

긴 거리와 '스몰 볼'(small ball) B3으로 인해 난도가 높은 편이지만 앞에서 언급했던 해법과 동일한 방법으로 이 패턴을 해결할 수 있다. 물론 첫 번째 쿠션 이후에 경로가 너무 휘지 않도록 B2를 더욱 얇

게 맞혀야 한다. B3이 빨간 공이라면, 이 샷으로 좋은 견제를 할 수 있다. 두 번째 위치에 있는 B3을 맞히기 위해서 왼쪽 회전을 조금만 더 줘야 한다.

👁 105, 106

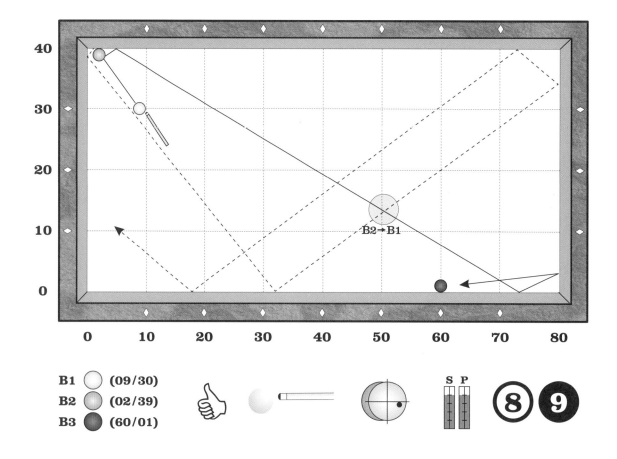

B1 ⚪ (09/30)
B2 ⚪ (02/39)
B3 ⚫ (60/01)

B2를 완전히 두껍게 맞힐 때, 세 번째 쿠션에서 나타나는 오른쪽 회전만이 수구를 장쿠션으로 돌려보낼 수 있다. 여기서 소개하는 스핀 샷에 성공하려면, 수구에 충분한 힘을 전달할 수 있도록 손목에 힘을 뺀 채 빠른 속도로 강하게 스트로크를 해야 한다.

공이 잘 미끄러지는 새 당구대에서는 B1이 반드시 코너에 가까운 두 번째 쿠션을 맞혀야 한다. 그렇지 않으면, 많이 사용한 오래된 당구대에서 칠 때보다 득점할 기회를 놓치게 될 것이다. 나중에 수구를 좌우로 조금씩 이동시켜 연습해보자. 이때 상황에 맞춰 당점을 바꿔야 한다는 점에 주의한다.

장–단–단

LONG-SHORT-SHORT

긴 각 횡단 샷

페드로 레오폴도 카레라(아르헨티나)

Pedro Leopoldo Carrera

1952년(부에노스아이레스, 아르헨티나) 세계 챔피언

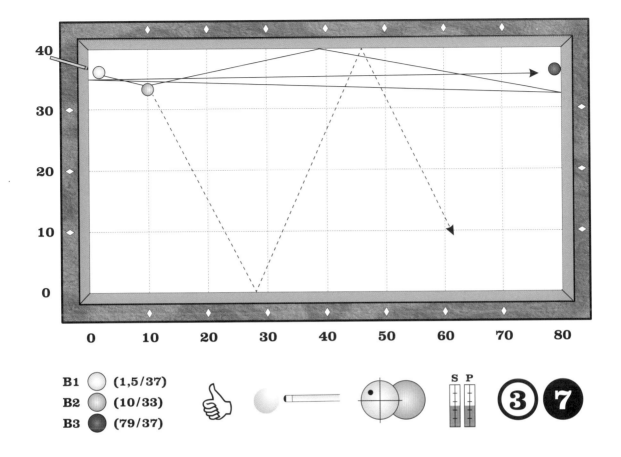

B1	(1,5/37)
B2	(10/33)
B3	(79/37)

여기서 소개하는 간단하지만 매우 고상한 해법을 간과한다면 참 유감스러운 일이 될 것이다. 만약 B2의 두께와 왼쪽 회전을 적절하게 조합할 수 있는 감을 잡을 수 있다면, '빅 볼' B3을 만들어낼 수 있다.

하지만 수구가 세 번째 쿠션에 도달할 때까지 왼쪽 회전이 남아 있는 경우가 있다. 이때 왼쪽 회전은 수구가 잘못된 각도로 튕겨 나가도록 한다. 이 때문에 새 당구대에서는 이 해법에 성공하기가 매우 어렵다.

 75 〰 328

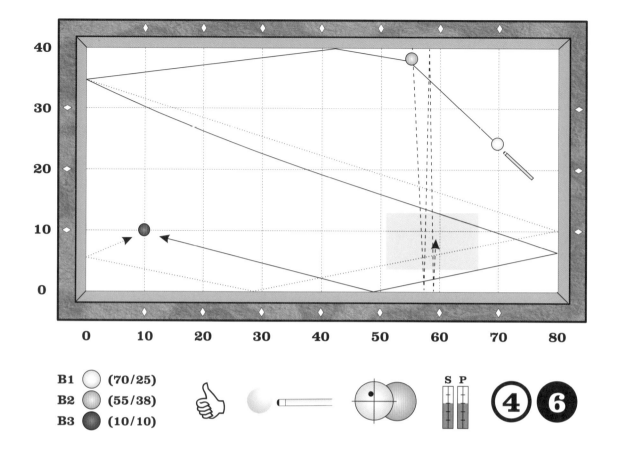

B1 ⬤ (70/25)
B2 ⬤ (55/38)
B3 ⬤ (10/10)

S P

④ ⑥

위 그림과 같은 패턴을 처음 본 사람이라면, 아마도 대회전으로 해결할 수 있을 것이라고 생각할 것이다. 하지만 몇 번 대회전을 시도해보면서 애를 쓰다 보면, 키스가 일어날 위험이 있고 B3의 위치가 실제로는 더블 찬스(double-chance)를 주지 않는다는 사실을 알게 된다.

여기서 소개하고 있는 해법을 이용하면, 수구가 다섯 번째 쿠션을 지나가기 때문에 '빅 볼' B3을 얻을 수 있다(가는 점선 참고). 그리고 적절한 속도를 사용한다면, 완벽한 추가 득점 기회를 얻을 것이다.

👁 113

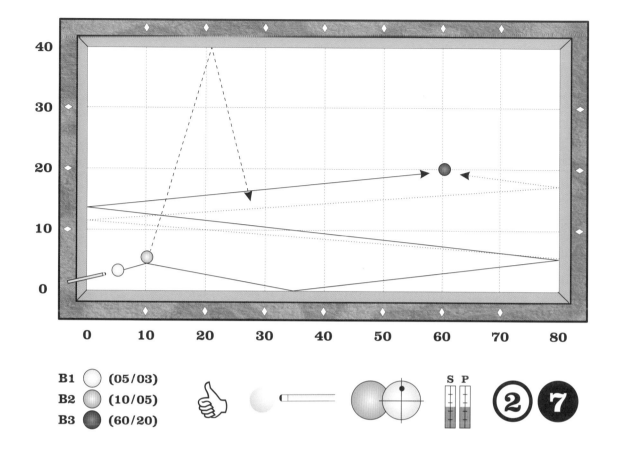

B1	(05/03)					S P		② ⑦
B2	(10/05)							
B3	(60/20)							

위 그림과 같이 치기 매우 불편한 위치에서도 '빅 볼' B3을 얻을 수 있다. 여기서 소개하는 방법을 이용한다면, 네 번째 쿠션을 통해 두 번째 기회를 얻게 되는 장면을 직접 확인할 수 있을 것이다.

속도 변화에 따라서 쿠션에 대한 히트 포인트(hit point)도 달라진다. 따라서 필요한 만큼 속도를 주면서 침착하게 스트로크를 해야 한다. 이 효과를 고려하면, 두 번째 쿠션에서 수구는 매우 민감하게 반응할 것이다.

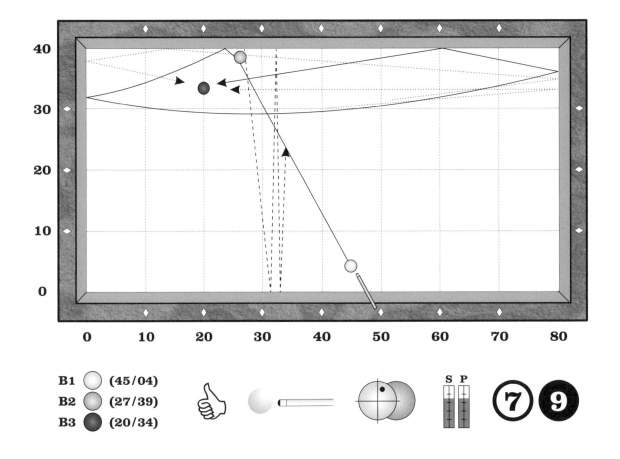

B1 ⚪ (45/04)
B2 ◐ (27/39)
B3 ⚫ (20/34)

노란 공의 오른 면을 맞히는 고전적인 돌려차기 해법을 사용하면, 아마도 키스 상황을 보게 될 가능성이 높다. 그리고 노란 공이 쿠션에 프로즌된 상태기 때문에 더블 레일 샷은 거의 불가능하다.

여기서 소개하는 독창적인 대안은 B3 주위에서 커브를 그리는 쿠션 밀어치기다. 이 샷으로 보다 수월하게 공을 칠 수 있는 트리플 찬스(triple-chance)를 만들 수 있다(가는 점선 참고).

이 샷은 손목에 힘을 빼고 빠른 속도로 강하게 쳐야 한다. 여기에 B2를 절반 두께로 맞히면, 필요에 따라 수구의 진행 경로를 휘게 할 수 있다. 당구대가 새것일수록, 더 쉽게 커브를 휘게 할 수 있다.

 75, 115

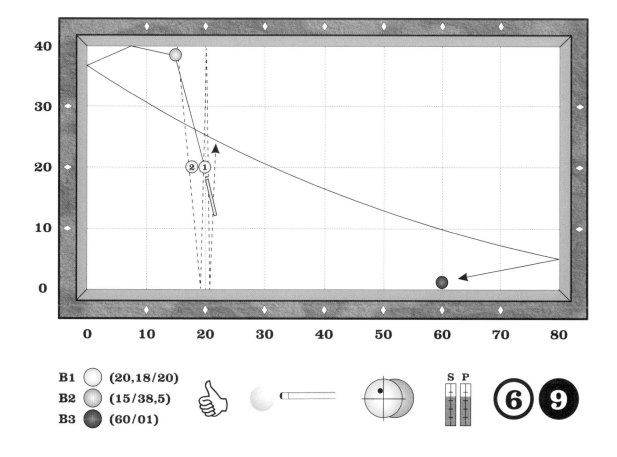

B1 ⚪ (20,18/20)
B2 ◐ (15/38,5)
B3 ⚫ (60/01)

S P

⑥ ➈

위 그림에서처럼 B2와 B3이 쿠션 가까이에 붙어 있는, 즉 매우 불편한 위치에 있는 공들을 치려면 여기서 소개하는 해법이 가장 효과적이다. 여러 번 언급한 것처럼 여기서도 수구의 진행 경로가 두 번째 쿠션 이후에 적절한 모양을 그리는 것이 중요하다. 잊지 말아야 할 것은 반드시 빠르고 강한 스트로크로 B2를 매우 두껍게 맞혀야 한다는 점이다.

당구대 상태에 따라, 순회전을 조금 주거나(새 당구대) 회전 없이(오래된 당구대) 쳐야 한다. 두 번째 위치에 있는 B1을 칠 때에는 반드시 회전을 줄이거나 속도를 약간 높여야 한다.

더블 레일 샷

DOUBLE-THE-RAIL SHOTS

되돌아오기 샷

밀어치는 되돌아오기 샷

끌어치는 되돌아오기 샷

크게 돌리는 되돌아오기 샷

엔리케 나바라(아르헨티나)

Enrique Navarra

1953년(안트베르펜, 벨기에), 1958년(바르셀로나, 에스파냐) 세계 챔피언

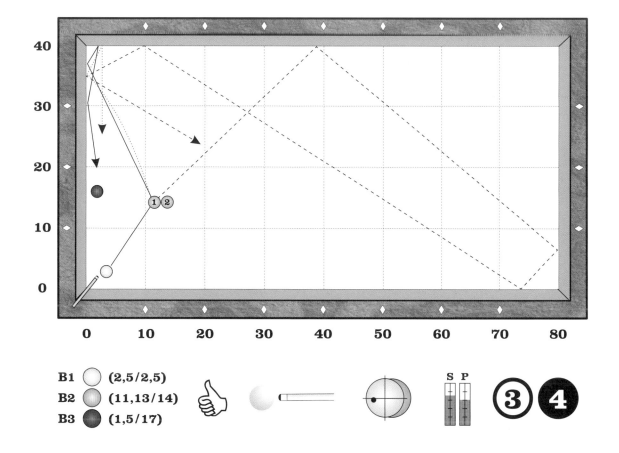

B1 ⚪ (2,5/2,5)
B2 🔵 (11,13/14)
B3 ⚫ (1,5/17)

여기서 소개하는 더블 레일 샷을 스핀 샷처럼 친다면 위 그림과 같은 패턴을 별다른 어려움 없이 해결할 수 있을 것이다. B2를 상당히 두껍게 맞히면, 회전을 줄 수 있기 때문에 B1이 단쿠션으로 되돌아오게 할 수 있다.

여기서는 끌어치기를 이용하여 B1을 너무 얇게 맞히는 실수를 가장 많이 한다. 명심하자. 이때 생긴 커브 때문에 수구는 단쿠션으로 되돌아오지 못한다(가는 점선 참고).

그리고 두 번째 위치에 있는 B2를 맞히기 위해서는 당점을 약간 아래로 겨냥하여 B2를 아까보다 더 두껍게 맞혀야 한다.

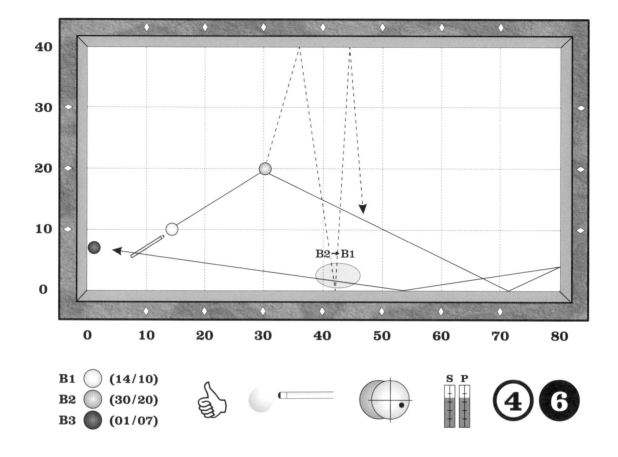

B1 ○ (14/10)
B2 ◐ (30/20)
B3 ● (01/07)

S P

④ ❻

앞에서 보여줬던 패턴에서처럼 여기서도 B2를 상당히 두껍게 맞히면, 위 그림처럼 극단적인 위치에 공이 있어도 더블 레일 샷을 가능하게 하는 스핀 샷을 칠 수 있다. 이때 불필요한 커브가 나타나지 않도록 당점을 중심에서 약간 아래로 겨냥하여 수구를 쳐야 한다.

수구를 첫 번째 쿠션에 맞히되 코너에 너무 가깝게 맞혀서는 안 된다. 그렇지 않으면 쿠션을 따라

이동하게 될 것이다. 가끔 이런 효과가 나타나곤 하는데 자세한 내용은 121쪽과 122쪽을 참고하도록 하자.

위 패턴과 비슷한 공 배치를 본다면, 반드시 키스가 일어날 수 있는 위험을 미리 인지하고 있어야 한다. 여기서 소개하는 사례에서는 B1이 세 번째 쿠션에 맞을 때, B2가 이미 위험 지역을 벗어난 상태다.

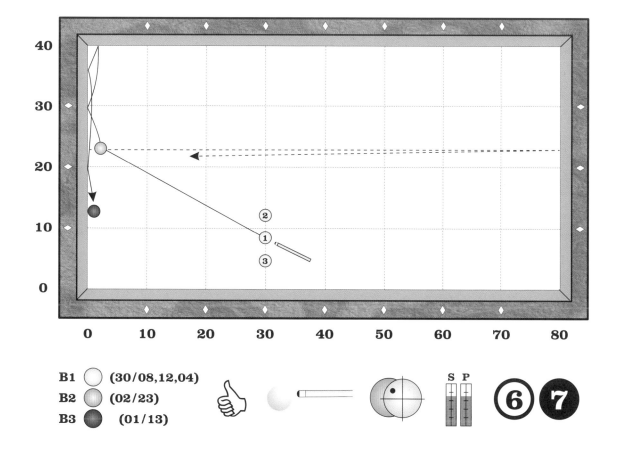

B1 ◯ (30/08,12,04)
B2 ◯ (02/23)
B3 ● (01/13)

B3이 쿠션 가까이에 있는 경우라면 일반적인 더블 레일 샷을 치기가 어렵다. 따라서 톱스핀과 회전을 많이 준 상태로 빠르고 강하게 스트로크를 하여 B1이 단쿠션을 여러 번 맞히며 단쿠션 주위에 머물게 해야 한다. 이런 효과를 내려면, 코너 가까이에서 첫 번째 쿠션을 맞혀야 한다. 위 그림에서 보여주는 것처럼 B1의 위치를 다양하게 변화시킬 수 있다.

두 번째 위치에 있는 B1을 칠 때에는 B2를 더욱 두껍게 맞혀야 한다. 물론 원하는 효과를 내기가 훨씬 더 어려울 것이다. 이때 손목에 힘을 빼고 탄력 있게 치는 것을 잊어서는 안 된다. 세 번째 위치에 있는 B1을 칠 때에는 속도를 줄인 채 B2를 약간 더 얇게 맞혀야 한다. 공이 잘 미끄러지는 새 당구대에서는 이런 효과를 훨씬 쉽게 낼 수 있다.

👁 122, 244

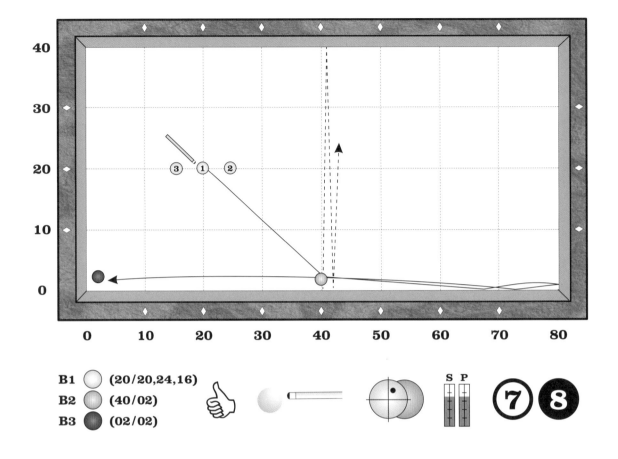

B1 ◯ (20/20,24,16)
B2 ◑ (40/02)
B3 ● (02/02)

S P
⑦ ⑧

위 그림과 같은 패턴에서는 앞에서 언급했던 패턴과 동일한 원리를 장쿠션에 사용할 수 있다. 물론 거리가 더 길어졌기 때문에 치기가 더 어려울 것이다. 두 번째 위치에 있는 B1을 칠 때에는 훨씬 더 강하게 스트로크를 하여 B2를 더욱 두껍게 맞혀야 한다. 그리고 세 번째 위치에 있는 B1을 칠 때에는 속도를 줄인 채 B2를 약간 더 얇게 맞혀야 한다.

👁 121, 244

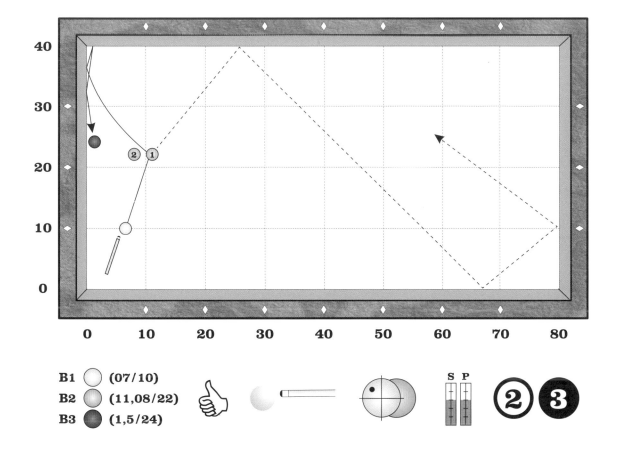

B1 ⚪ (07/10)
B2 ⚪ (11,08/22)
B3 ⚫ (1,5/24)

위 그림과 같은 패턴에서는 키스가 일어날 위험이 있기 때문에 치기 까다로운 B2의 오른쪽 면을 맞히는 돌려치기 해법보다 더블 레일 샷을 사용하는 것이 좋다. 밀어치기로 B2를 상당히 두껍게 맞히면, 커브가 생기고 그 덕분에 첫 번째 쿠션에 대한 접근

각이 좋아지기 때문에 수구는 첫 번째 쿠션을 다시 맞히게 된다. 두 번째 위치에 있는 B2를 맞힐 때에는 아까보다 약간 더 두껍게 맞혀야 한다. (강한 스피드가 있어야 커브가 발생하기 쉽다.-감수자)

👁 124~127, 194, 195

더블 레일 샷

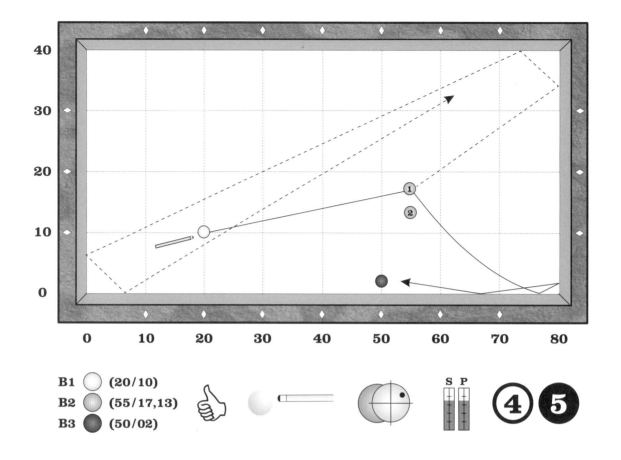

위 그림과 같은 패턴에서는 앞에서 언급했던 패턴과 동일한 원리를 장쿠션에 적용할 수 있다. B2까지의 거리가 길어질수록 이 샷을 성공시키기가 더욱 어려워지지만, 이 해법 이외에 이렇게 높은 성공률을 보여주는 해법은 없을 것이다. 두 번째 위치에 있는 B2를 칠 때에는 반드시 B2를 아까보다 더 두껍게 맞혀야 한다. 이때 불필요하게 속도를 높이는 실수를 자주 저지르니 유의하자.

새 당구대에서는 '미끄러짐 효과' 때문에 회전 효과가 충분히 나타나지 않는 경우가 있다. 이때 수구가 장쿠션으로 되돌아오지 못하는 상황이 발생한다.

👁 123, 125~127, 194, 195

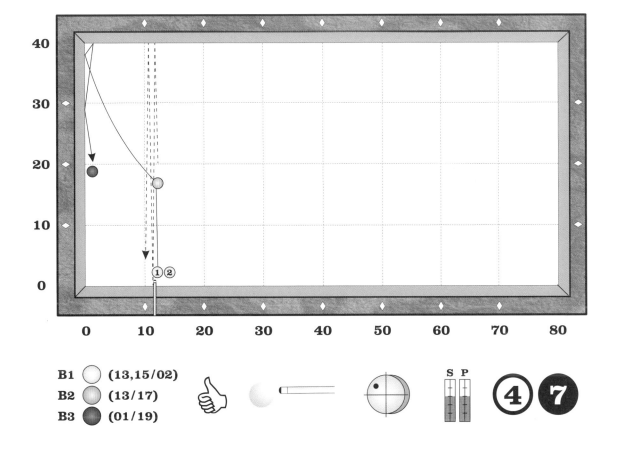

B1 ⚪ (13,15/02)
B2 ⚪ (13/17)
B3 ⚫ (01/19)

S P

④ ⑦

B1과 B2가 이미 단쿠션과 평행한 위치에 있거나, B1의 두 번째 위치처럼 서로 극단적인 위치에 있어도 앞에서 언급했던 해법을 위 그림의 패턴에 적용할 수 있다. 하지만 여기서는 수구가 단쿠션으로 되돌아올 수 있도록 반드시 코너에 가깝게 첫 번째 쿠션을 맞혀야 한다.

B1이 두 번째 위치에 있을 경우 키스아웃(kiss-out)이 될 가능성이 있기 때문에 대개 이 해법을 제외할 것이다. 하지만 B1을 칠 때 왼쪽 회전을 주기 때문에 B2에 오른쪽 회전을 주면 이로 인해 B2의 경로는 어떤 위험도 없는 일직선을 유지하게 된다.

👁 123, 124, 126, 127, 194, 195

더블 레일 샷

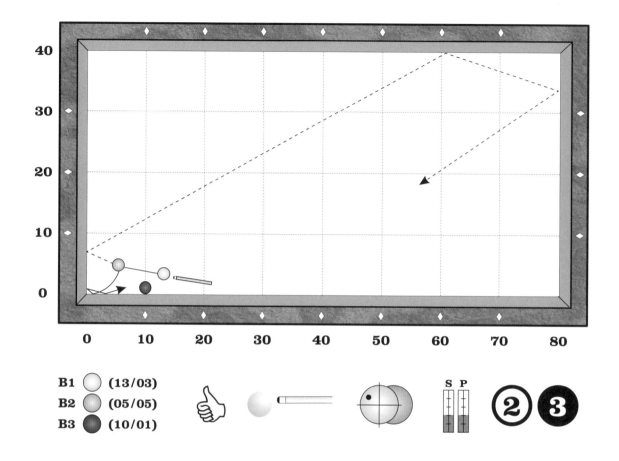

B1 ⚪ (13/03)
B2 ⚪ (05/05)
B3 ⚫ (10/01)

앞에서 언급했던 해법 원리를 당구대 코너 주위에 모여 있는 공에 적용하면, 까다로운 패턴을 해결할 수 있는 기발한 방법으로 탈바꿈한다. 따라서 연습을 통해 최대 어떤 포인트까지 이 해법으로 칠 수 있는지를 반드시 파악해놓도록 하자.

이렇게 하기 위해서는 처음에 공을 위 그림처럼 배치하되 점차 B1과 B2를 센티미터 단위로 이동시키며 연습하는 것이 좋다. B2의 두께와 속도를 완벽하게 조합하면, 적합한 모양의 커브를 만들어낼 수 있다. B2를 너무 두껍게 맞히거나 속도를 너무 높이는 실수를 많이 한다. 그리고 두 번째 쿠션에서 회전 효과가 더욱 잘 나타나기 때문에 오래된 당구대에서는 이 해법의 성공률이 높아진다.

👁 123~125, 127, 194, 195

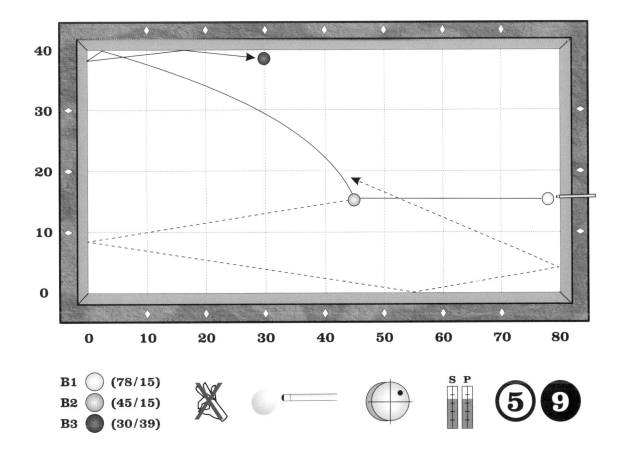

B1 ◯ (78/15)
B2 ◔ (45/15)
B3 ● (30/39)

우 그림의 패턴에서는 이전에 소개했던 해법 원리를 사용할 수 없다. 이처럼 극단적으로 변형된 공 배치를 만나면, 보통 B2를 너무 얇게 맞히기 때문에 커브가 작게 나타나고 이 때문에 B1은 적절한 각도로 첫 번째 쿠션에 도달할 수 없다. 따라서 이런 경우에는 부드럽게 스트로크를 해야 원하는 만큼의 커브를 수구에 줄 수 있다.

공이 잘 미끄러지는 새 당구대에서는 두 번째 쿠션에서 회전 효과가 충분히 나타나지 않기 때문에 이 해법을 성공시키는 것이 불가능하다.

👁 123~126, 194, 195

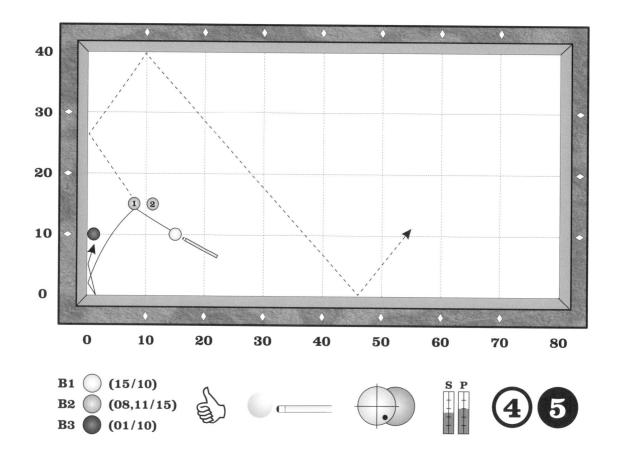

B1 ⚪ (15/10)
B2 ⚪ (08,11/15)
B3 ⚫ (01/10)

매우 효과적이며 수월한 해법이란 여기서 소개하는 끌어치기를 말한다. 보통 B2를 너무 두껍게 맞히거나 속도를 너무 높인다. 부드럽게 밀어서 정확하게 B2를 맞히면, 자연스럽게 커브가 발생하기 때문에 수구가 쉽게 단쿠션을 두 번 맞힐 수 있다. B2가 두 번째 위치에 있는 경우에도 동일한 방법으로 칠 수 있지만 허용 오차가 적다는 점에 유의해야 한다.

👁 129, 130, 144

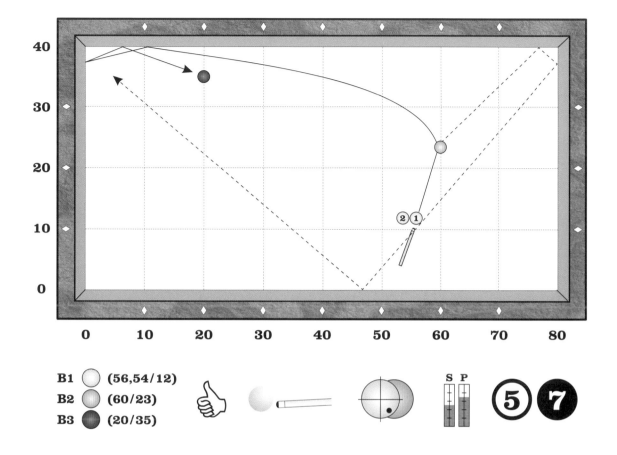

B1 ◯ (56,54/12)
B2 ◯ (60/23)
B3 ● (20/35)

⑤ ❼

위 그림에서 소개하는 더블 레일 샷은 앞에서 언급했던 패턴과 관련이 있다. 여기서는 B1이 빨간 공과 쿠션 사이에 있는 통로로 이동한다. 이 해법의 최대 장점은 키스를 피할 수 있다는 점이다. 게다가 캐롬(carom)을 한다면, 추가 득점 기회도 얻을 수 있다.

공을 '길게' 미는 동안에는 침착하고 조심스럽게 스트로크를 해야 한다. 새 당구대에서는 이 해법대로 공을 치기가 훨씬 더 까다롭다. 그뿐만 아니라 B1이 쿠션과 거의 평행할 정도로 매우 작은 각도에서 첫 번째 쿠션에 접근하기 때문에 허용 오차가 매우 적다. 두 번째 위치에 있는 B1을 칠 때에는 반드시 B2를 아까보다 더 두껍게 맞혀야 한다.

👁 128, 130, 144

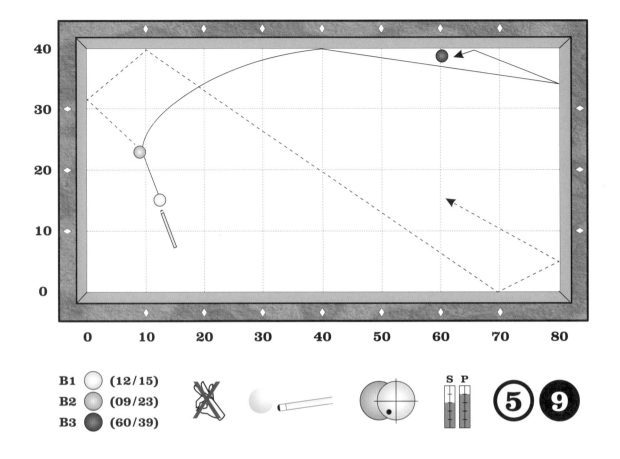

B1 ⚪ (12/15)
B2 ⚪ (09/23)
B3 ⚫ (60/39)

S P ⑤ ⑨

딕 야스퍼스가 고안한 독창적인 더블 레일 샷을 시도해보자. 특히 B2까지의 거리가 길 경우, 운에 맡겨야 하는 장-빨간 공-단-장-장(Long-Red-Short-Long-Long)의 훌륭한 대안이 될 수 있다.

　B2를 두껍게 맞힐 때 생기는 회전으로 인해 세 번째 쿠션에서 득점 기회를 얻을 수 있다. 그리고 조심스럽게 스트로크를 하면서 수구를 길게 밀어치면, 적절한 모양의 커브를 만들어낼 수 있다. 공이 잘 미끄러지는 새 당구대에서는 이 해법을 성공시키기가 거의 불가능에 가깝다. 물론 접지력(grip)이 좋은 쿠션에서는 이 해법을 훨씬 쉽게 성공시킬 수 있을 것이다.

👁 128, 129, 144

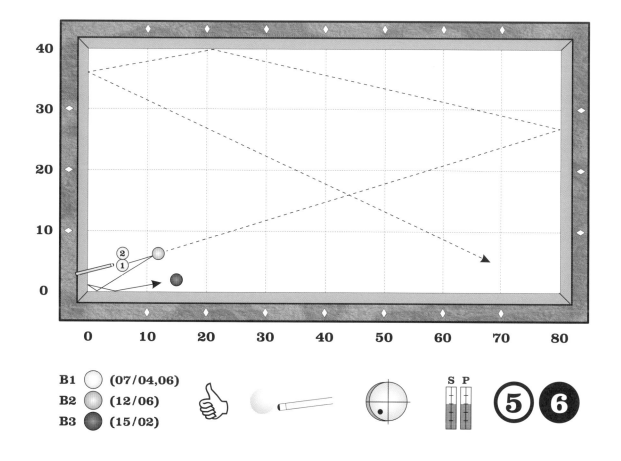

B1 ◯ (07/04,06)
B2 ◓ (12/06)
B3 ● (15/02)

S P

⑤ ❻

위 그림의 패턴에서는 끌어치기를 할 때 첫 번째 쿠션을 코너에 가깝게 맞혀야 한다. 하지만 회전을 많이 줘야 하기 때문에 정확하게 B2를 맞히는 것이 상당히 까다롭다. 만약 B2를 너무 두껍게 맞힌다면, B1이 즉시 옆으로 이동하여 장쿠션에 너무 일찍 닿게 된다.

두 번째 위치에 있는 B1을 칠 때에는 반드시 B2를 약간 더 얇게 맞혀야 한다. 제대로 끌어치기를 할 수 있도록 손목에 힘을 빼고 스트로크를 하되 빠르고 탄력 있게 움직여야 한다. (이때 큐를 길게 밀면 커브 덕분에 득점 확률을 높일 수 있다.-감수자)

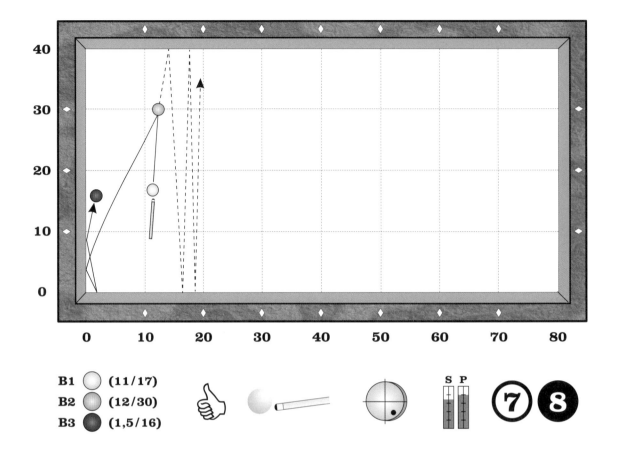

B1 ⚪ (11/17)
B2 ⬤ (12/30)
B3 ⬤ (1,5/16)

S P

⑦ ⑧

이 패턴에서는 키스가 일어나지 않도록 B2를 충분히 제어하기가 어렵다. 이 때문에 노란 공의 오른쪽 면을 맞히는 돌려치기 해법인 '장-단-장'을 사용할 수 없다.

물론 여기서 소개하고 있는 해법을 이용하면 이 문제를 우아하게 해결할 수 있다. 하지만 여기에서는 빠르고 강하게 스트로크를 하는 동시에 수구를 길게 밀어, 끌기 효과를 충분히 이끌어내야 하기 때문에 견고한 기술이 필요하다.

 131

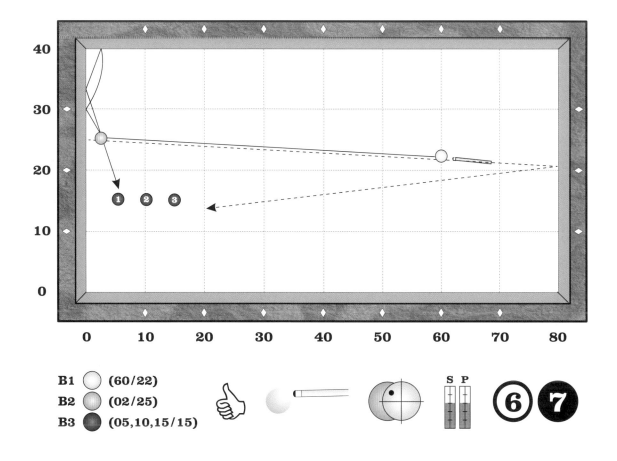

B1 ⚪ (60/22)
B2 ⚪ (02/25)
B3 ⚫ (05,10,15/15)

단쿠션을 두 번 맞히는 것으로 위 그림에서 보여주는 문제를 해결하려면, B2가 쿠션에서 상당히 가까이 있어야 한다. 그리고 다른 위치에 있는 B3을 맞히기 위해서는 B2의 두께와 스트로크를 조절해야 한다. 이것은 B3이 '멀리' 위치할수록 B2를 더 두껍게 맞혀야 하며, 반드시 더 강하게 스트로크를 해야 한다는 것을 의미한다. 그리고 상황에 맞게 커브를 연장해야 한다.

특히 세 번째 위치에 있는 B3을 맞히는 것은 굉장히 어렵기 때문에 완벽한 기술이 필요하다. 회전을 약간 주고 B2를 매우 두껍게 맞혀 B3의 첫 번째 위치로 보내는 대안이 있지만 필자는 첫 번째 방법을 사용할 때 더 좋은 결과를 얻을 수 있었다.

👁 134, 137

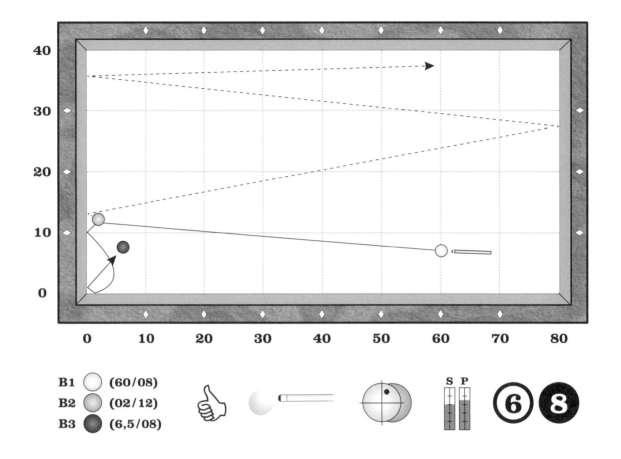

B1 ⚪ (60/08)
B2 🔘 (02/12)
B3 ⚫ (6,5/08)

S P

⑥ ⑧

앞에서 소개한 패턴을 효과적으로 응용하는 이 방법은 언뜻 상당히 극단적으로 보일 것이다. 여기서는 B2의 두께가 중요한 기준이 되기 때문에 한계를 정해야 한다. 즉, 쿠션에서 되돌아오는 B2와의 키스를 피할 수 있을 정도로 두껍게 맞혀야 한다는 것이다. 이때 세 번째 쿠션에서의 각도가 너무 벌어지지 않도록 회전을 너무 많이 주면 안 된다.

👁 133, 137

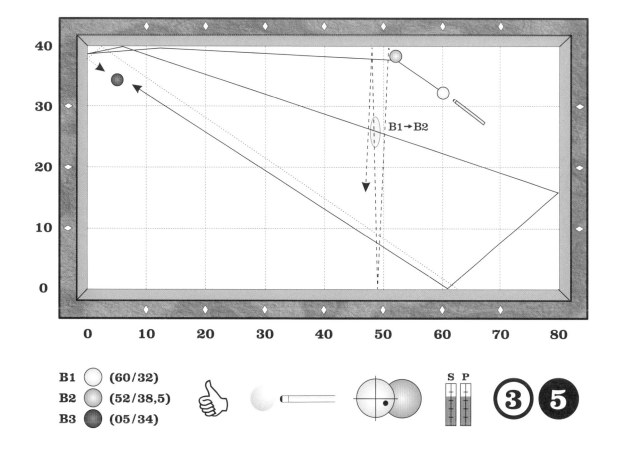

B1 ⚪ (60/32)
B2 ◯ (52/38,5)
B3 ⚫ (05/34)

S P

③ ❺

이 패턴을 본 여러분은 아마도 끌어치기로 노란 공의 오른쪽 면을 맞히는 돌려치기 해법을 선택할 것이다. 하지만 위 그림에서 소개하고 있는 샷은 매우 효과적이기 때문에 억지로 끌어치기를 시도할 필요가 없다.

이때 세 번째 쿠션 이후에 어떤 커브도 일어나지 않도록 해야 한다. 따라서 새 당구대에서 공을 치고 있다면 당점을 중심 아래로 겨냥하여 수구를 치는 것이 중요하다. 여기서는 B2를 두껍게 쳤을 경우에만 키스가 일어날 위험이 있다.

👁 66

더블 레일 샷

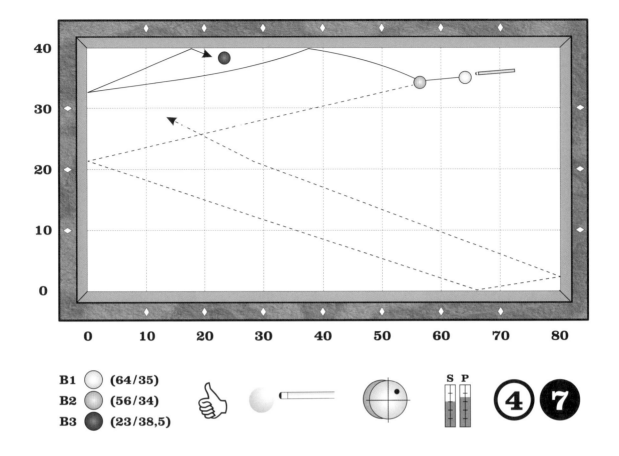

B1 ⚪ (64/35)
B2 ⚪ (56/34)
B3 ⚫ (23/38,5)

④ ❼

몇 번만 시도해도, 위와 같은 패턴에서는 B2의 적절한 두께에 대한 허용 오차 범위가 매우 좁다는 사실을 금방 파악할 수 있을 것이다.

여기서는 B3이 세 번째 쿠션에서 '빅 볼'이 될 수 있도록 B2를 두껍게 맞힐 때 발생하는 최대 회전을 이용하는 것이 중요하다. 따라서 손목에 힘을 빼

고 강하게 스트로크를 해야 한다. 그렇다고 해서 너무 강하게 치거나 있는 힘을 다해서 치는 것은 금물이다. 여기서 힘보다는 정교함이 필요하다.

새 당구대에서는 단쿠션에 나타나는 '미끄러짐 효과' 때문에 수구가 장쿠션으로 되돌아올 수 없다. 이 해법을 성공시키기가 거의 불가능할 것이다.

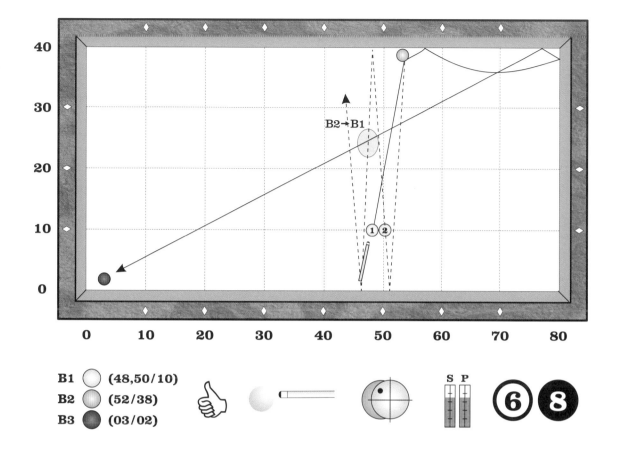

B1 ⚪ **(48,50/10)**
B2 ◐ **(52/38)**
B3 ⚫ **(03/02)**

여기서 소개하는 화려한 해법을 치기 위해서는 톱 스핀을 많이 준 채 빠르고 강하게 스트로크를 해야 한다. 필요에 따라 커브를 만들려면, 견고한 기술 외에 B2의 두께와 속도를 적절하게 조합하는 것도 중요하다.

이 해법의 장점은 이렇다. B3이 '빅 볼'이 되며 미스를 하더라도 빨간 공인 B3으로 좋은 견제를 할

수 있을 것이다. 위 그림에 표시한 것처럼 키스를 피하려면, 즉 B1이 지나가기 전에 B2가 통과하려면 반드시 B2를 두껍게 맞혀야 한다.

두 번째 위치에 있는 B1을 칠 때에는 반드시 스트로크를 강하게 하여 B2를 약간 얇게 맞혀야 한다. 만약 B2를 너무 두껍게 맞히면, 수구는 장쿠션에 두 번 닿게 될 것이다.

👁 **133, 134**

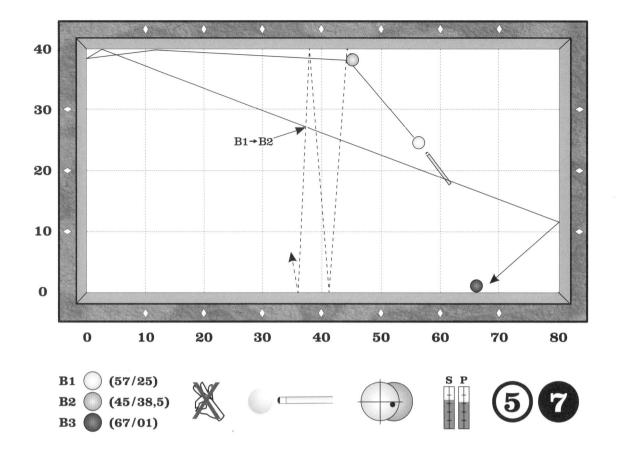

B1 ⬤ (57/25)
B2 ⬤ (45/38,5)
B3 ⬤ (67/01)

S P

⑤ ❼

문제가 많은 위 패턴을 현명하게 해결하려면, 사이드 스핀(side spin)을 많이 사용하여 장쿠션을 두 번 맞히는 해법이 필요하다. 회전을 오랫동안 유지할 수 있도록 반드시 가능한 한 두껍게 B2를 맞혀야 한다. 이렇게 해야 네 번째 쿠션에 닿을 때까지 회전이 공에 많이 남아 있게 된다. 가능한 한 코너에 가깝게 장쿠션을 맞히는 연습을 해보자.

접지력이 좋은 오래된 당구대에서는 이 해법을 성공시키기가 훨씬 쉽다. 그리고 공이 잘 미끄러지는 새 당구대에서는 단쿠션을 직접 맞혀야 한다. 물론 여기서도 코너에 가깝게 맞혀야 한다. 하지만 거의 사용을 하지 않은 새 당구대에서는 변형된 해법을 시도하는 것도 불가능하다. 이런 경우라면 111쪽에 소개한 해법을 참고하도록 하자.

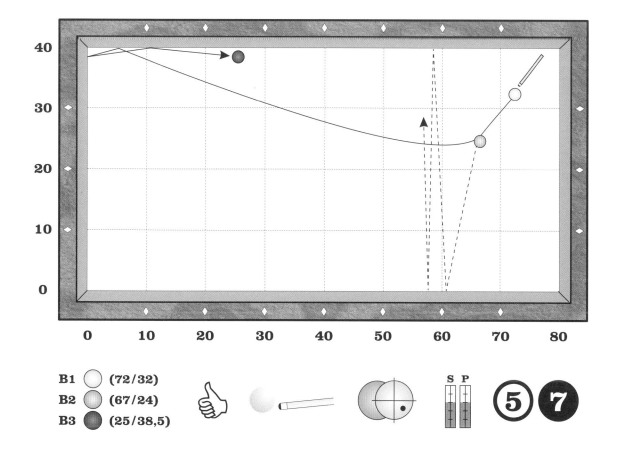

B1 ⚪ (72/32)
B2 🔘 (67/24)
B3 ⚫ (25/38,5)

그림에서 확인할 수 있듯 빨간 공이 쿠션에 가까이 있는 공 배치다. 이 때문에 빨간 공을 처리할 수 있는 유용한 해법을 찾기가 힘들 것이다. 하지만 커브를 약간 활용한 더블 레일 샷으로 이 까다로운 문제를 해결할 수 있다. 이때 당점을 너무 낮게 겨냥하면 안 된다. 그렇지 않으면 커브가 너무 커지기 때문에 B1이 장쿠션으로 돌아갈 수 없다. 안정된 속도로 B1을 친다면, 마지막까지 수구에 회전이 많이 남기 때문에 세 번째 쿠션을 따라 B3으로 미끄러질 것이다.

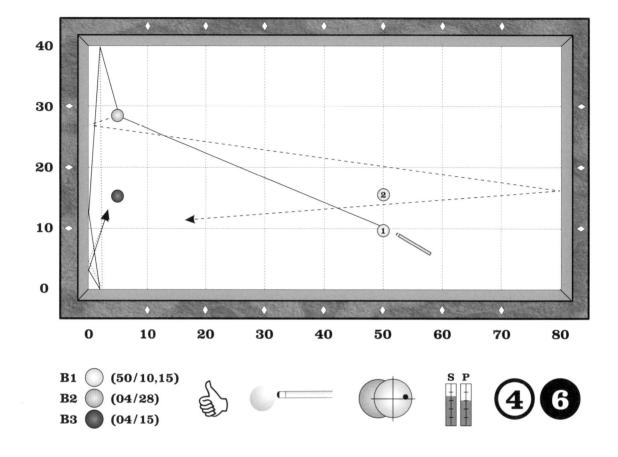

B1 ⚪ (50/10,15)
B2 ⚪ (04/28)
B3 ⚫ (04/15)

S P

④ ⑥

여기서는 단쿠션을 두 번 맞히기 전에 장쿠션을 맞힌 후 동일한 원리를 다음 패턴에 적용한다.

　B2를 적절하게 맞힌다면, 수구는 최대 사이드 스핀을 이용하여 단쿠션을 따라 이동한 후, 단쿠션을 한 번 맞히게 될 것이다. 이때 밀어치기 효과를 너무 주지 않도록 수구를 너무 밀지 않고 강하게 스트로크를 해야 한다.

　또한 수구가 '장-장-단' 쿠션들에 닿을 때 튀어나올 수 있다(가는 점선 참고). 두 번째 위치에 있는 B1을 칠 때에는 반드시 B1의 당점을 약간 아래로 겨냥하여 B2를 조금 더 두껍게 맞혀야 한다. 코너에서 가장 가까운 장쿠션을 맞히면, 성공률이 가장 높다. (이때 수구의 수직 당점을 끝까지 유지하는 마무리가 중요하다.-감수자)

 141~143

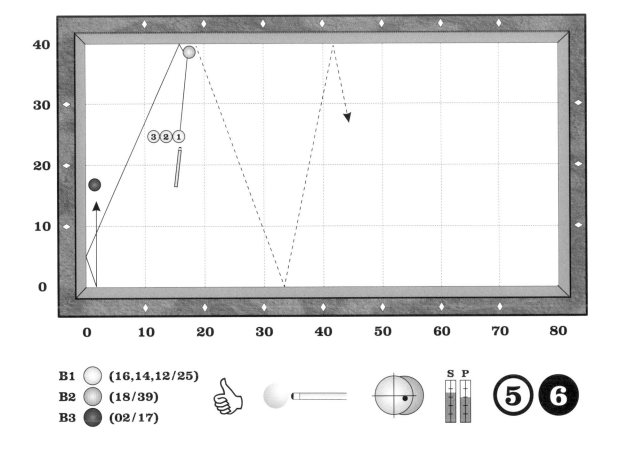

B1 ⚪	(16,14,12/25)	
B2 🔘	(18/39)	
B3 ⚫	(02/17)	

쿠션에 프로즌된 노란 공을 맞히는 돌려치기 해법은 상당히 까다로울 뿐만 아니라 키스할 위험이 매우 높다. 물론 여기서도 횡단 샷이 가능하다. 하지만 여기서 소개하는 해법은 빅 볼 B3이 기다리고 있다는 장점이 있다. 여기서 장쿠션은 이미 세 번째 쿠션이다. 두 번째 위치와 세 번째 위치에 있는 B1

을 칠 때에는 반드시 당점을 약간 낮게 겨냥해야 한다. 여기서는 B2를 너무 얇게 맞혀 B1이 두 번째 쿠션으로 단쿠션 대신 장쿠션을 맞히는 실수를 가장 많이 저지른다. (회전 없이 제2목적구를 맞히는 두께로 역회전을 사용하면 목표로 한 2쿠션 지점을 맞힐 수 있다.-감수자)

👁 140, 142, 143

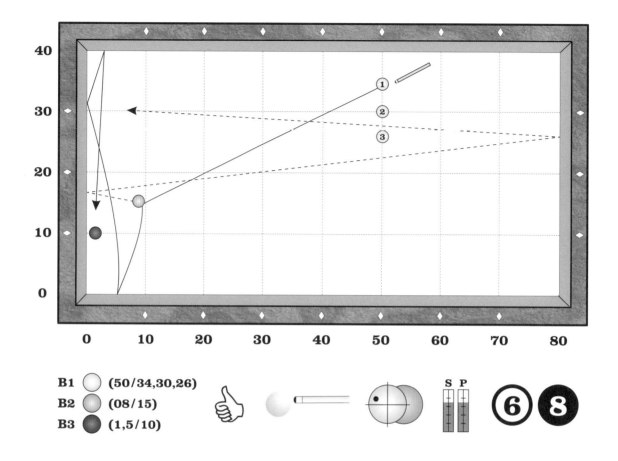

B1	◯	(50/34,30,26)
B2	◐	(08/15)
B3	●	(1,5/10)

위 그림에서 보여주는 것처럼, 세 번째 쿠션에서 나타나는 역회전을 이용하여 B3으로 되돌아가기 전에 수구는 B3 주위에서 커브를 그린다. 여기서는 첫 번째 쿠션 이후에 커브를 적절하게 연장시키는, 더 정확히 말하면 당점과 B2의 두께를 적절하게 조합하는 것이 중요하다.

두 번째 위치와 세 번째 위치에 있는 B1을 칠 때에는 커브가 너무 크게 생기지 않도록 반드시 당점을 약간 아래로 겨냥해야 한다.

 140, 141, 143

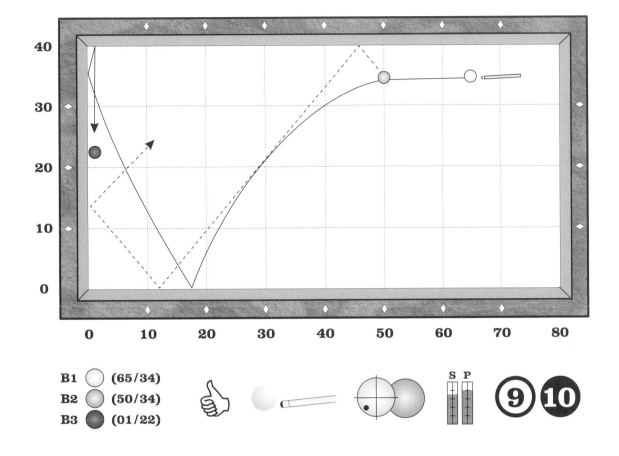

B1 ◯ (65/34)
B2 ◯ (50/34)
B3 ● (01/22)

S P

⑨ ❿

여기서 보여주는 해법이야말로 진정한 예술이라고 할 수 있다. 위 그림과 같은 패턴에서는 왼쪽 회전을 극단적으로 사용하여 B1을 살짝 오른쪽으로 방향을 바꿀 수 있도록 반드시 B2를 매우 얇게 조준해야만 한다. 그리고 B2를 맞힌 후, 두 번째 쿠션에 대한 접근각이 작아질 수 있도록 수구에 큰 커브를 준다. 이렇게 해야지만 역회전을 마지막까지 강하게 유지할 수 있기 때문에 수구가 일직선으로 B3에 도달할 수 있다. 이때 필요한 효과를 낼 수 있도록 강한 스트로크를 이용하여 수구를 길게 밀어야 한다.

👁 140~142

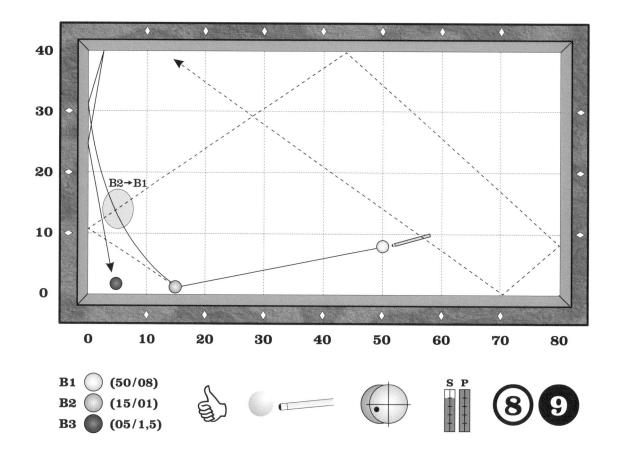

B1 ⚪ (50/08)
B2 ⚪ (15/01)
B3 ⚫ (05/1,5)

S P

⑧ ❾

이 해법의 비결은 B2를 지나치다 싶을 정도로 두껍 게 맞히는 것이다. 키스아웃을 피할 수 있는 유일한 방법인 이 해법의 또 다른 장점은 끌어치기를 적게 사용한다는 것이다.

그럼에도 불구하고, 최고의 효과를 낼 수 있도록 수구를 길게 미는 동시에 매우 강력하게 스트로크를 해야 한다. 그리고 그로 인해 나타나는 커브를 이용하면, B1은 적절한 각도로 첫 번째 쿠션에 확실히 닿을 수 있다.

👁 128~130

—

횡단 샷

CROSS-TABLE SHOTS

짧은 횡단 샷
긴 횡단 샷
역회전 횡단 샷
변형 횡단 샷

—

아돌포 수아레스(페루)

Adolfo Suarez

1961년(암스테르담, 네덜란드) 세계 챔피언

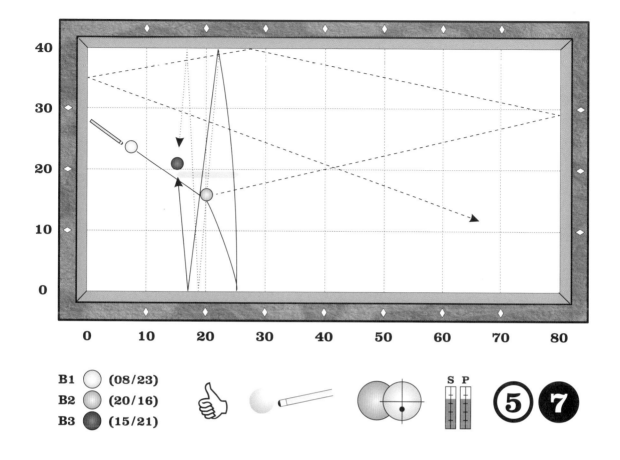

B1	⚪	(08/23)
B2	⚪	(20/16)
B3	⚫	(15/21)

위 그림의 패턴을 해결하려고 좋은 해법을 찾고 있는 중이라면, 아마도 돌려치기 해법을 고려했을 것이다. 하지만 돌려치기 해법은 문제가 매우 많거나 키스가 일어날 위험이 높다는 사실을 금방 알아챌 것이다. 물론 여기서 소개하는 횡단 샷을 이용하면, 이런 딜레마에서 벗어날 수 있다.

위 그림에 표시한 회색 막대에서 확인할 수 있듯이 더욱 커진 진자 운동이 네 번째 쿠션(가는 점선 참고)을 통해 추가 득점 기회를 제공할 수 있기 때문에 B2를 다소 얇게 맞혀야 한다. 하지만 다시 되돌아오는 B2 때문에 가끔 추가 득점 기회가 위험 요소로 돌변할 수 있다.

👁 148, 149, 153

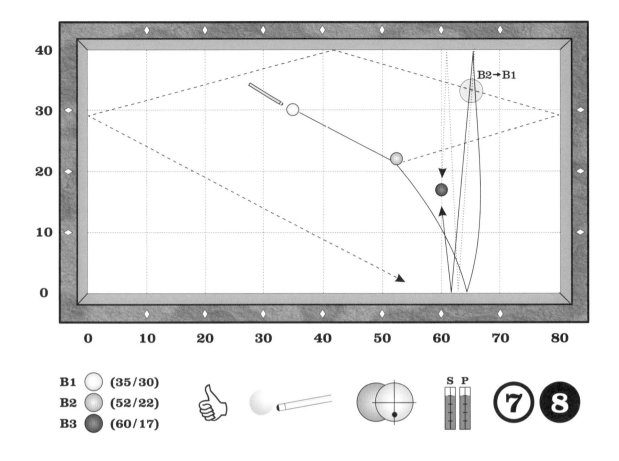

B1 ⚪ (35/30)
B2 ⚫ (52/22)
B3 ⚫ (60/17)

공 세 개의 배치가 좋지 않은 패턴을 해결할 수 있는 대안은 많지 않다(앞에서 언급한 패턴과 비슷하다). 여기서 소개하는 끌어치기를 활용한 횡단 샷을 사용한다면, 만족할 만한 성공률을 거둘 것이다. 이 해법의 전제 조건이라고 할 수 있는 매우 빠르고 강한 스트로크를 사용해야 첫 번째 쿠션 이후에 생기는 커브가 적절한 모양을 그린다. 그리고 충분히 강하게 칠 수 있다면, 네 번째 쿠션(가는 점선 참고) 이후에 두 번째 득점 기회를 잡을 수 있을 것이다.

👁 147, 149, 153

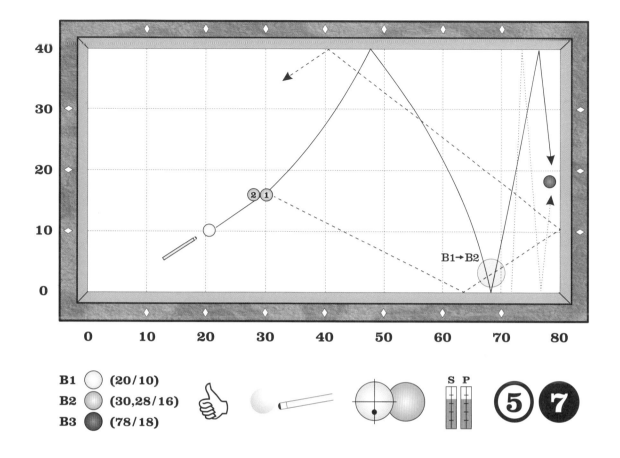

B1 ◯ (20/10)
B2 ◯ (30,28/16)
B3 ● (78/18)

S P

⑤ ❼

빠른 속도로 끌어치기를 하면, 첫 번째 쿠션 이후에 생기는 커브 때문에 수구의 진행 경로가 '일직선으로' 나아간다. 결국 수구의 진행 경로는 단쿠션과 거의 평행을 이루게 된다. 이런 진행 경로 때문에 네 번째 장쿠션(가는 점선 참고) 이후에 두 번째 기회를 얻을 수 있다. 이때 B2를 매우 얇게 맞히면, 키스를

피할 수 있다.

두 번째 위치에 있는 B2를 맞힐 때에는 B2를 동일한 두께로 겨냥하되 추가로 오른쪽 회전을 약간 줘야 한다. (제1목적구와 제2목적구의 간격이 넓다면 1쿠션 지점을 아래쪽으로 이동시켜 간격을 줄일 수 있다.-감수자)

👁 147, 148, 153, 241

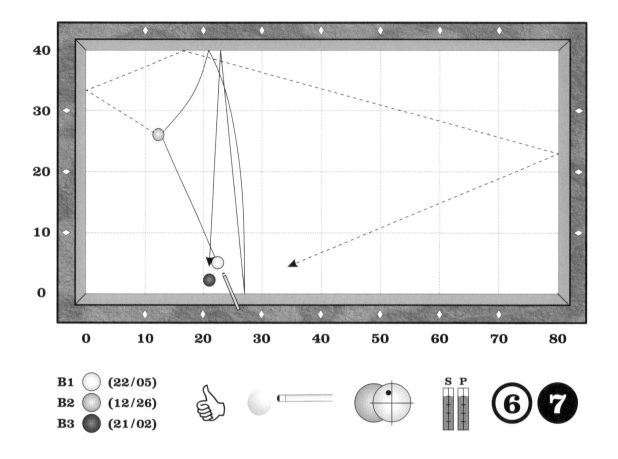

B1	⚪	(22/05)
B2	⚪	(12/26)
B3	⚫	(21/02)

빠른 속도의 밀어치기로 B2를 절반 두께로 맞히면, B2를 맞힌 B1은 오른쪽으로 튕겨져 나와 조금 멀리 떨어진 첫 번째 쿠션으로 향한다. 그리고 첫 번째 쿠션 이후에 발생한 커브로 인해 수구는 지그재그로 왕복하며 B3으로 향한다.

여기서는 왼쪽 회전만 약간 사용한다. 특히 새 당구대에서는 보통 두 번째 쿠션에서 회전 효과가 나타나기 때문에 잘못된 방향의 각도로 공이 나갈 수 있다.

👁 151, 156

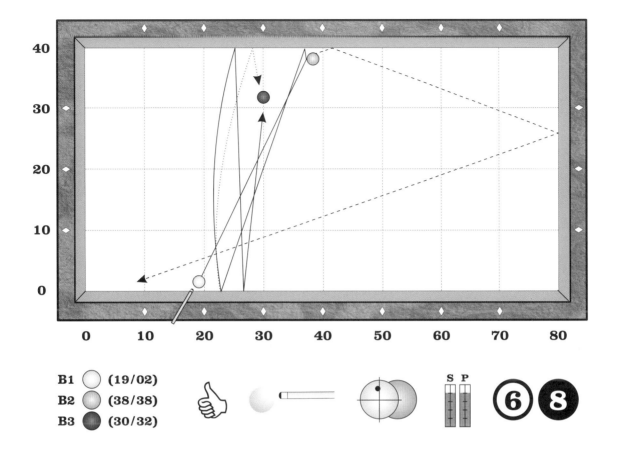

B1 ⚪ (19/02)
B2 ⚪ (38/38)
B3 ⚫ (30/32)

S P

⑥ ⑧

세계 대회에 참가 중이던 프레드릭 쿠드롱(Frédéric Caudron)은 횡단 샷으로 게임을 마무리하면서 자신의 천재성을 보여줬다. 만약 이 해법을 연구한다면, 다른 어떤 해법보다 이 해법이 뛰어나다는 사실을 알 수 있을 것이다. B2를 맞힌 후 강하게 팅겨 나온 수구는 빠르고 강한 스트로크 때문에 더욱 강한 에너지를 받게 된다. 이 덕분에 두 번째 쿠션을 맞힌 이후에야 공은 커브를 그린다. B2를 너무 두껍게 맞히면 커브가 커지기 때문에 쿠션 세 개만 맞히더라도 득점으로 연결될 수 있다.

👁 150, 156

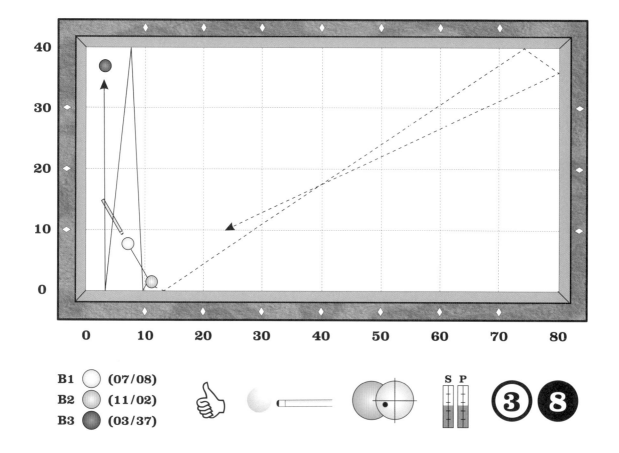

		B1 ◯ (07/08)
		B2 ◕ (11/02)
		B3 ⬤ (03/37)

B1에 회전을 주지 않고 B2를 얇게 맞히는 전형적인 횡단 샷 해법을 사용하는 경우에는 두 번째 쿠션 이후에 수구의 진행 경로가 너무 '일직선으로' 향하기 때문에 수구에 역회전을 줘야 한다. 이렇게 하면 두 번째 쿠션에 대한 각도가 약간 벌어지기 때문에 득점 기회가 늘어날 수 있다.

연습을 할 때, 왼쪽 회전과 두께를 적절하게 조합하는 방법을 찾아내야 하는데 이 점이 가장 어렵다. 게다가 수구가 점프하지 못하도록 반드시 속도를 최소한으로 낮춰 이 샷을 쳐야 한다. 그리고 새 당구대에서는 회전을 약간 줄여야 한다는 점을 잊어서는 안 된다.

 54

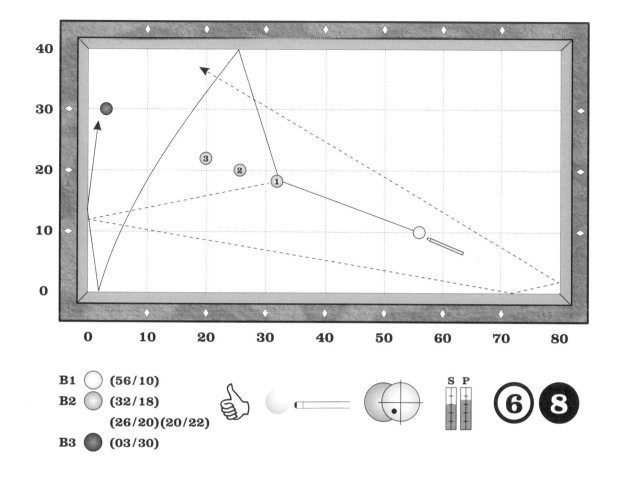

B1 ⚪ (56 / 10)
B2 ⚪ (32 / 18)
　　(26 / 20) (20 / 22)
B3 ⚫ (03 / 30)

S P

⑥ ⑧

끌어치기를 사용하여 B2를 절반 두께로 맞히면, 첫 번째 쿠션 이후에 커브가 나타난다. 이 덕분에 수구는 매우 '무난한' 각도로 세 번째 쿠션에 도달할 수 있다. 이 방법을 사용하면, B3을 빅 볼로 만들 수 있기 때문에 득점 기회를 높여준다.

침착하고 조심스러운 스트로크로 수구를 길게 밀면, 성공률을 높일 수 있다. 두 번째 위치에 있는 B2를 칠 때에는 반드시 회전을 줄여야 한다. 그리고 세 번째 위치에 있는 B2를 칠 때에는 회전을 전혀 주지 않아도 된다.

👁 147~149

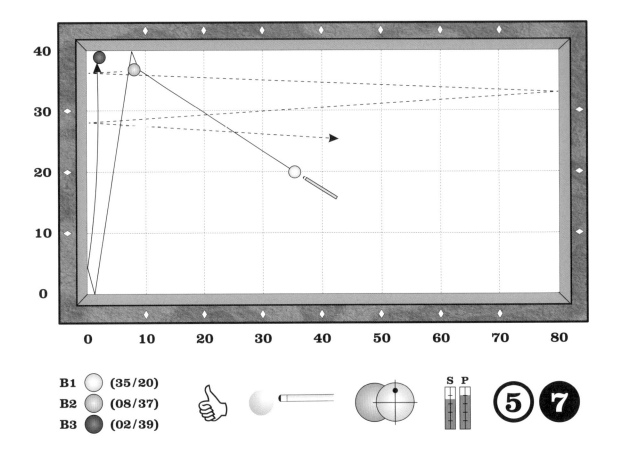

B1 ⚪ (35/20)
B2 ⚪ (08/37)
B3 ⚫ (02/39)

여기서 소개하는 횡단 샷을 이용하면 '스몰 볼' B3을 빅 볼로 만들 수 있다. 그 비결은 빠르고 강한 스트로크를 이용하여 코너에서 가장 가깝게 두 번째 쿠션을 맞히는 것이다. 이렇게 하면, 세 번째 쿠션 이후에 작은 커브가 나타나며 이 커브 때문에 수구는 세 번째 쿠션 가까이에 계속 머물게 된다.

이때 B2를 너무 두껍게 맞혀서는 절대 안 된다. 왜냐하면 이럴 경우 B1에 걸린 톱스핀이 너무 일찍 소진되기 때문이다. 그리고 이 해법은 미끄러짐 효과로 커브를 쉽게 만들 수 있는 새 당구대에서 특히 유용하다.

레이몽 쿨루망(벨기에)

Raymond Ceulemans

1963년(노이스, 독일), 1964년(오스탕트, 벨기에), 1965년(힐베르슘, 네덜란드), 1965년(부에노스아이레스, 아르헨티나), 1966년(리마, 페루), 1968년(뒤렌, 독일), 1969년(도쿄, 일본), 1970년(라스베이거스, 미국), 1971년(흐로닝겐, 네덜란드), 1972년(부에노스아이레스, 아르헨티나), 1973년(카이로, 이집트), 1975년(라파스, 볼리비아), 1976년(오스탕트, 벨기에), 1977년(도쿄, 일본), 1978년(라스베이거스, 미국), 1979년(리마, 페루), 1980년(부에노스아이레스, 아르헨티나), 1983년(엑스레뱅, 프랑스), 1985년(헤이스웨이크-딘테르, 네덜란드), 2001년(룩셈부르크) 세계 챔피언

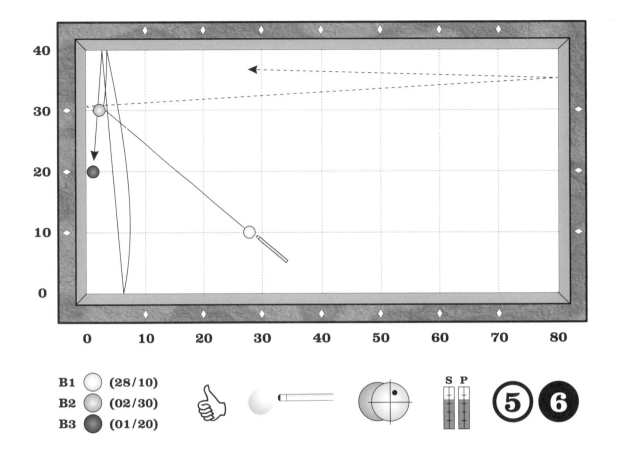

B1 ◯ (28/10)
B2 ◐ (02/30)
B3 ● (01/20)

S P

⑤ ⑥

위 그림과 같은 패턴을 보면, 보통 횡단 샷을 간과 하거나 치기 너무 어렵다고 생각할 것이다. 역회전 을 준 채 빠르고 강한 스트로크로 밀어치기를 하 면, 옆으로 튕겨 나간 B1은 커브 때문에 지그재그

라인으로 되돌아온다. 여기서는 커브가 너무 일찍 나타나거나 너무 길어지는 것을 막을 수 있도록 속 도를 충분히 높여야 한다.

👁 150, 151

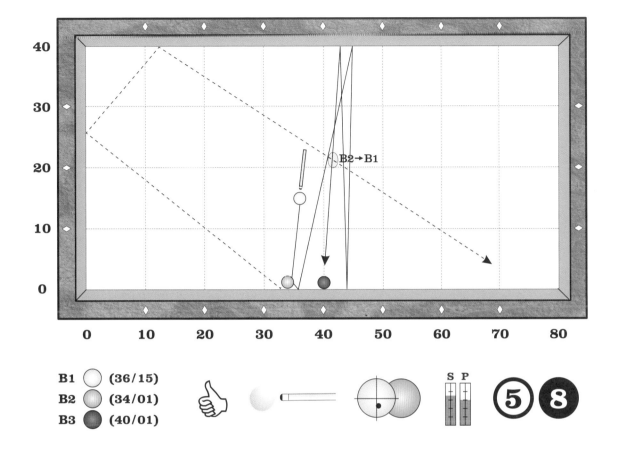

B1 ◯ (36/15)
B2 ◕ (34/01)
B3 ● (40/01)

위에서 소개하고 있는 독창적인 횡단 샷에 성공하기 위해서는 회전을 얼마나 줄지, B2를 어느 정도의 두께로 쳐야 할지 세심하게 고려해야 한다. 회전을 너무 줄 경우, 두 번째 쿠션에서 생기는 효과로 인해 회전은 순회전으로 변하게 되며 B1을 오른쪽으로 이동시킨다.

스트로크는 상당히 강하게 해야 한다. 이때 발생하는 수구의 가벼운 점프는 도움이 될 수 있다. 몇몇 당구대, 특히 새 당구대에서는 이 해법을 성공시키기가 매우 어려울 수 있다.

28

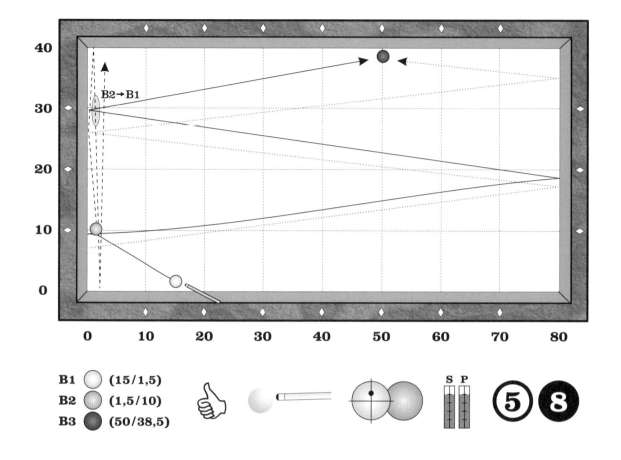

B1 ○ (15/1,5)
B2 ◔ (1,5/10)
B3 ● (50/38,5)

S P
⑤ ⑧

위 그림과 같은 패턴에서는 B1과 B2가 쿠션에 매우 가깝게 붙어 있기 때문에 B2의 왼쪽 면을 맞히는 '단-장-단' 돌려치기 해법을 사용하기가 매우 어렵다.

여기서 소개하는 횡단 샷을 이용할 경우에는 두 번째 득점 기회(가는 점선 참고)를 얻을 수 있지만 공이 잘 미끄러지는 당구대와 빠른 속도가 필요하다.

여기서 종종 B2를 두껍게 맞히는 경우가 있는데 그럴 때면 첫 번째 쿠션 이후에 불필요한 커브가 나타나며 그로 인해 수구의 속도가 줄어든다.

👁 159, 160

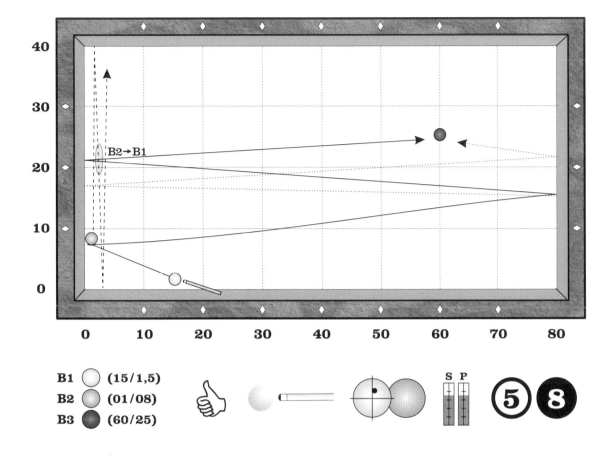

B1 ⚪ (15/1,5)
B2 ◗ (01/08)
B3 ⚫ (60/25)

여기서 소개하고 있는 해법은 앞에서 언급했던 해법의 변형으로 B2를 매우 얇게 맞혀야 한다. 그래야 키스를 피할 수 있다.

이 해법은 매우 효과적이다. 왜냐하면 득점을 할 경우 코너 지역에서 두 번째 득점 기회를 보상으로 받고, 미스를 하더라도 수구가 빨간 공 근처에 멈추기 때문에 좋은 견제를 할 수 있기 때문이다.

👁 158, 160

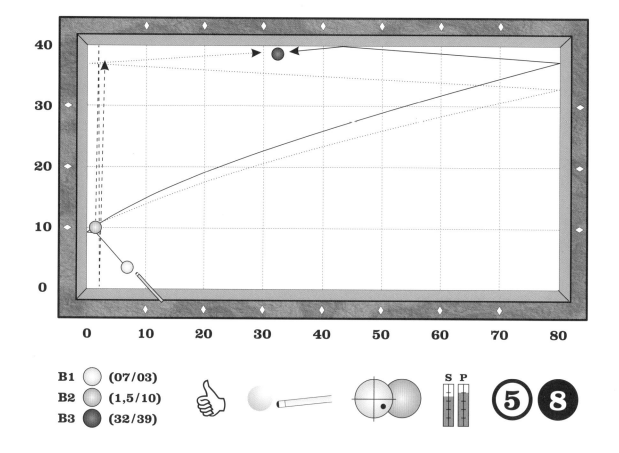

B1 ⚪ (07/03)
B2 🔘 (1,5/10)
B3 ⚫ (32/39)

⑤ ⑧

여기서 소개하는 횡단 샷은 앞에서 언급했던 두 가지 해법과 동일한 범주에 속하지만 완전히 다른 스트로크 기법을 사용한다. 당점을 중심에서 약간 아래로 잡는다. 그리고 회전을 줄 수 있도록 약간 오른쪽을 겨냥하여 B1을 맞힌다. 이렇게 하면 커브가 발생하고 그로 인해 B1은 두 번째 쿠션 이후에는 일직선으로 이동한다.

그리고 남아 있는 회전은 역회전처럼 작용한다.

수구가 점프하지 못하도록, 절대로 있는 힘을 다해 스트로크를 해서는 안 된다. 새 당구대에서는 B1이 세 번째 쿠션으로 향하는 경향이 있기 때문에 코너를 맞히기 바로 전에 두 번째 쿠션을 맞힌다면 이 해법에 쉽게 성공할 수 있을 것이다. 회전을 줄인다면, 세 번째 쿠션(가는 점선 참고)을 지나 두 번째 기회가 나타날 것이다.

—

원 뱅크 샷,
티키 샷

ONE-RAIL-FIRST SHOTS
&
TICKYS

앞으로 걸어치기
원 뱅크 샷
티키 샷
원 뱅크 넣어치기

—

고바야시 노부아키(일본)

Nobuaki Kobayashi

1974년(안트베르펜, 벨기에), 1984년(크레펠트, 독일) 세계 챔피언

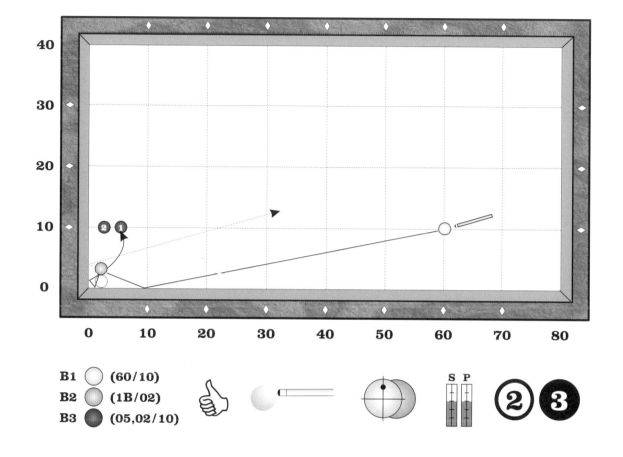

B1 ⚪ (60/10)
B2 ◐ (1B/02)
B3 ⚫ (05,02/10)

세 번째 쿠션 이후에 필요한 커브가 발생하기 때문에 B2가 단쿠션에 가까이 있을 때만 여기서 소개하는 티키 샷(ticky shot)을 사용할 수 있다. B2를 적절하게 맞힐 때 속도만이 커브 연장 여부를 결정할 수 있다. 두 번째 위치에 있는 B3을 맞히기 위해서는 왼쪽(역) 회전을 약간 추가하여 커브를 크게 만들어야 한다.

육안으로 거의 확인할 수 없을 정도로 순식간에 코너에 있는 두 쿠션을 맞히기 때문에 심판에게 이 해법을 미리 알려주는 것이 좋다.

👁 164~166

원 뱅크 샷, 티키 샷

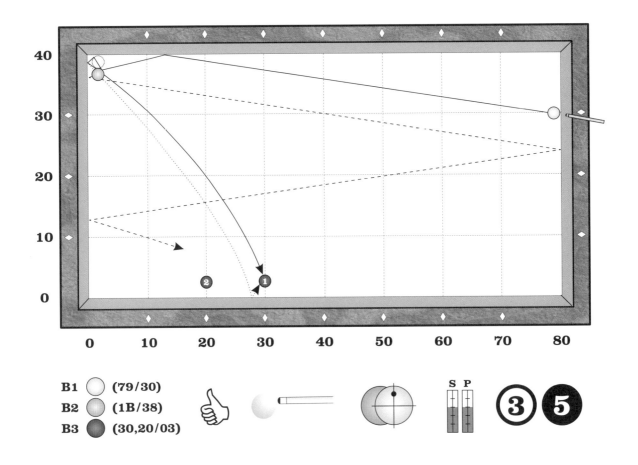

B1 ⚪ (79/30)
B2 🔘 (1B/38)
B3 ⚫ (30,20/03)

③ ❺

163쪽에서 소개한 패턴의 원리를 이용하면, 위 그림에서 보여주는 것처럼 수구가 쿠션 가까이에 있어서 치기 어려운 패턴을 해결할 수 있다. 여기서도 장쿠션(가는 점선 참고)을 맞힌 후에 득점을 할 수 있는 기회가 있기 때문에 B3은 '빅 볼'이 된다. 공이 잘 미끄러지는 새 당구대에서는 속도를 낮춰도 동일한 커브를 만들어낼 수 있다. 두 번째 위치에 있는 B3을 맞히기 위해서는 수구의 진행 경로가 훨씬 많이 휠 수 있도록 속도를 높여야 한다.

👁 163, 165, 166

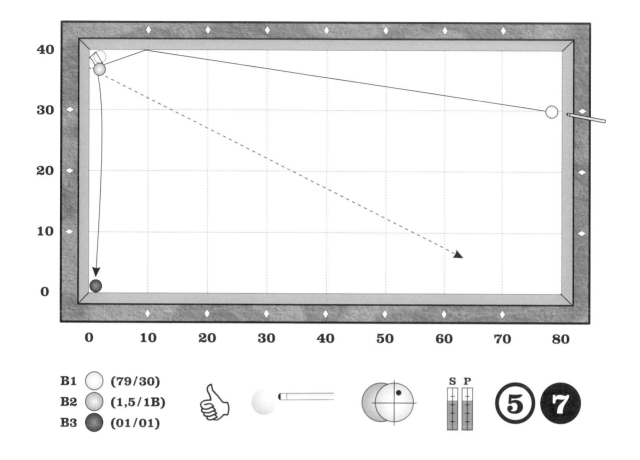

B1 ⚪ (79/30)		
B2 ◗ (1,5/1B)		
B3 ⚫ (01/01)		

앞에서 소개한 것과 동일한 방법으로 위 그림과 같은 극단적인 패턴을 해결할 수 있다. 다만 여기서는 수구가 세 번째 쿠션에 맞은 후 단쿠션을 벗어나지 않도록 오른쪽 회전을 줘야 한다. 위와 같은 패턴에서는 이 해법의 성공률이 가장 높다. (해법대로 칠 때 강한 스트로크가 필요하다.-감수자)

👁 163, 164, 166

원 뱅크 샷, 티키 샷

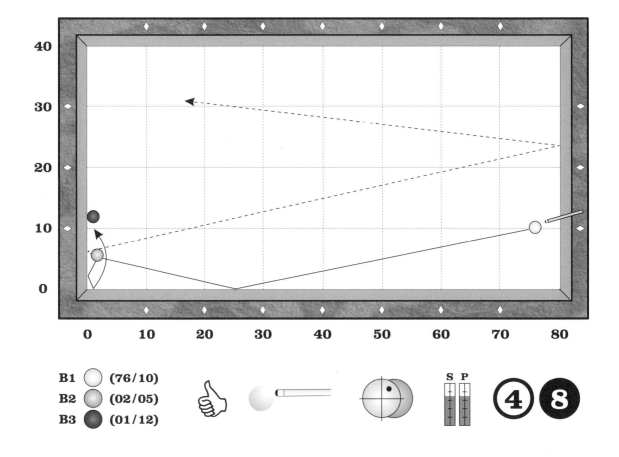

B1 ⚪ (76/10)
B2 🔵 (02/05)
B3 ⚫ (01/12)

위 그림과 같은 패턴에서는 B2의 왼쪽 면을 맞히는 고전적인 더블 레일 샷을 사용할 수 없다. 왜냐하면 그럴 경우, 수구가 먼저 B2를 맞힌 후 장쿠션을 맞히기 때문이다. 물론 이 샷을 빈쿠션처럼 칠 수 있다.

지금 소개하는 해법으로 칠 경우 수구가 두 번째로 장쿠션을 맞힐 때 이미 쿠션 세 개를 맞힐 수 있다는 장점이 있다. 이런 정교한 기술을 실제로 해내려면, 반드시 충분한 속도로 B2를 상당히 두껍게 맞혀야 한다.

👁 163~165

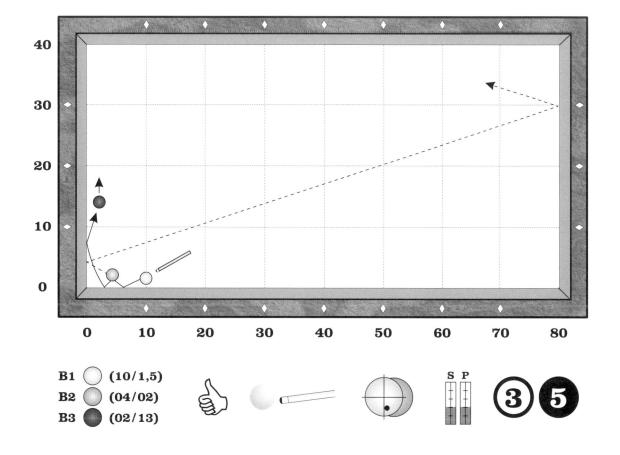

B1 (10/1,5)		
B2 (04/02)		
B3 (02/13)		

위 그림과 같이 B2가 장쿠션에서 공 반 개나 한 개 정도 떨어진 곳에 있다면 끌어치기를 적용한 티키 샷을 이용할 수 있다. 게다가 B2가 쿠션에서 공 한 개 반 정도 멀리 떨어진 위치에 있어도 이 샷을 칠 수 있다. 회전을 너무 많이 줄 경우에는 두 번째 쿠션에서 B1의 각도가 너무 많이 '벌어지기' 때문에 오히려 방해가 될 수 있다.

위 패턴에 익숙해진다면, 화살표를 따라 B3을 이동시키고 상황에 맞춰 속도를 올려 끌어치기의 강도를 높여보자.

👁 168, 169

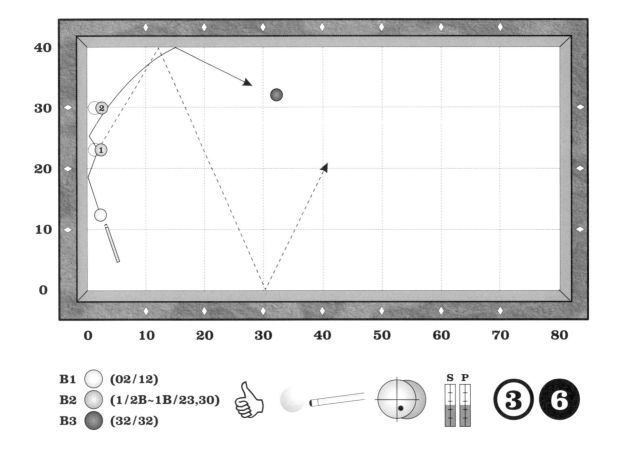

B1 ⚪ (02/12)
B2 ◐ (1/2B~1B/23,30)
B3 ● (32/32)

S P

③ ⑥

이 패턴에서 돌려치기 해법은 키스가 날 위험이 있기 때문에 치기가 까다롭다. 따라서 여기서는 끌어치기를 적용한 티키 샷이 효과적이고 치기도 수월하다. 위 패턴은 특히 B2에서 쿠션까지의 거리가 공 한 개와 공 반 개 사이인 사례를 보여주고 있다. 이 해법을 사용할 때, 회전을 너무 많이 주는 경우가 있는데 이럴 때에는 얼마나 적절한 두께로 B2를 맞혀야 하는지 감을 잡기가 어렵다.

두 번째 위치에 있는 B2를 맞히거나 B2가 쿠션에서 훨씬 멀리 떨어져 있다면, 반드시 당점을 약간 아래로 겨냥해서 B1을 맞혀야 한다. (브리지 거리를 상당히 짧게 잡은 다음 빠르고 짧은 스트로크를 한다.-감수자)

👁 167, 169

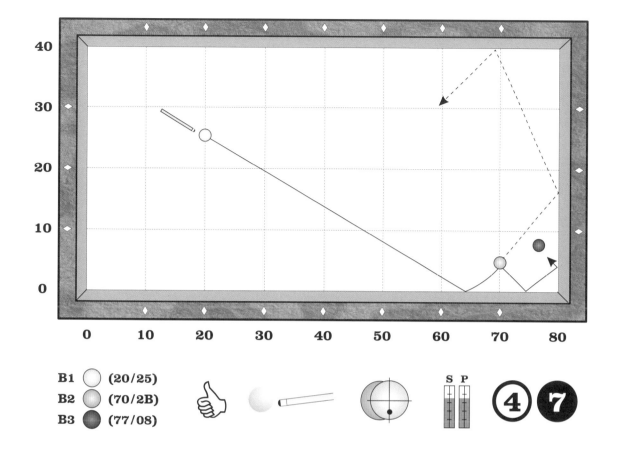

B1 ◯ (20/25)
B2 ◓ (70/2B)
B3 ● (77/08)

위 그림과 같은 패턴에서도 극단적인 티키 샷을 이용하면 B2와 B3의 키스를 쉽게 피할 수 있다. 이런 사실을 알게 되면 사람들은 대개 깜짝 놀란다. 첫 번째 쿠션 이후에 생기는 커브로 인해 B2를 다소 두껍게 맞히더라도 B2는 B3 왼쪽을 통과한다. 수구가 B2를 맞힐 때까지 끌기 효과가 지속될 수 있도록 이 샷을 매우 빠르고 강하게 쳐야 한다.

◎ 167, 168

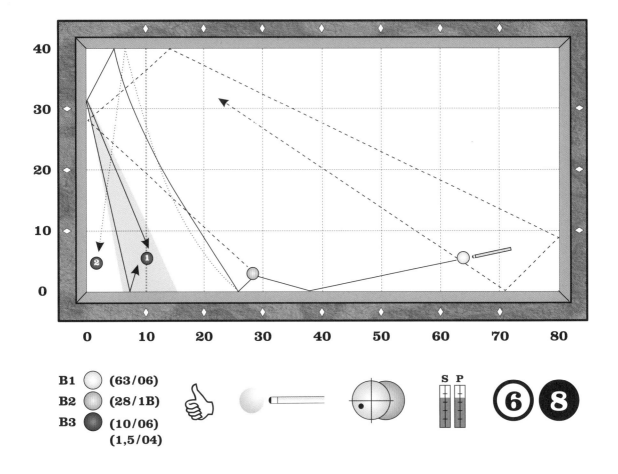

B1 ⚪ (63/06)
B2 🔘 (28/1B)
B3 ⚫ (10/06)
    (1,5/04)

S P

⑥ ⑧

위 그림에서 확인할 수 있는 환상적인 티키 샷은 다소 화려해 보이지만 그럼에도 매우 효과적이다. 하지만 역회전을 준 끌어치기로 B2를 상당히 두껍게 맞히면, 수구는 많은 에너지를 빼앗기게 된다. 이런 이유에서 빠른 속도로 강하게 스트로크를 해야 한다. 이렇게 적용된 왼쪽 회전 때문에 세 번째 쿠션에서 각도가 벌어지고 그로 인해 B3이 '빅 볼'(회색지역)이 된다.

두 번째 위치에 있는 B3을 맞히려면, 커브를 더 크게 만들어서 세 번째 쿠션 이후에 수구가 '일직선으로' 이동할 수 있도록 회전을 적게 주고 끌기 효과를 더 높여야 한다.

👁 171

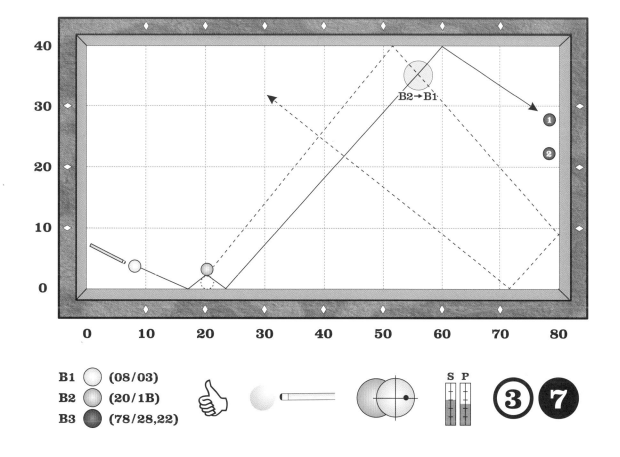

B1 ⚪ (08/03)
B2 ⚪ (20/1B)
B3 ⚫ (78/28,22)

여기서는 놀랍게도 당점을 낮게 겨냥하는 대신 중심을 겨냥하여 수구를 친다. 만약 B2를 잘 맞혔다면, 수구는 세 개의 쿠션을 지나 유리한 지역으로 향하기 때문에 추가 득점 기회를 얻을 수 있다. 두 번째 위치에 있는 B3을 맞히기 위해서는 반드시 당점을 약간 낮게 겨냥하여 B1을 쳐야 한다.

역회전을 이용한 뱅크 샷을 칠 때에는 B2를 어느 정도의 두께로 쳐야 하는지 감을 잡기 어려울 것이다. 두께에 대한 감을 계발하기 위해서는 상당히 많은 연습을 해야 한다.

👁 170

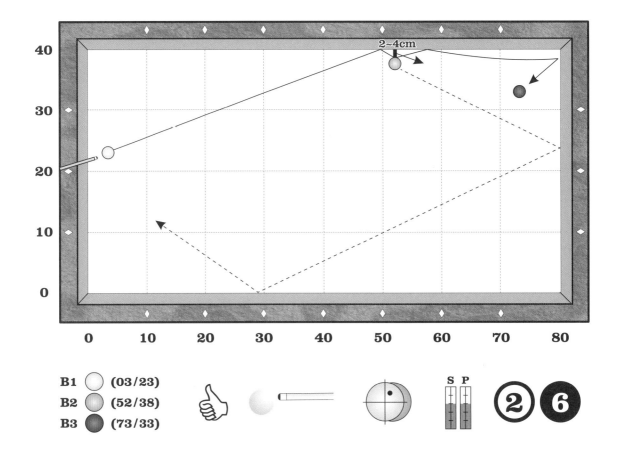

위 그림처럼 B2에서 쿠션까지의 거리가 짧더라도 (2~4센티미터) 티키 샷으로 해결할 수 있다. 이렇게 티키 샷에 성공하려면, 반드시 밀어치기로 B2를 상당히 두껍게 맞혀야 한다. 만약 B2를 다소 두껍게 맞히는 빈쿠션을 사용한다면, 조그마한 실수도 해서는 안 된다. 이때 수구가 장쿠션 주위에 머물 수 있도록 강하고 빠르게 스트로크를 해야 한다.

매 샷마다 B2와 쿠션과의 거리를 약간씩 벌리며 연습을 하자. 이렇게 하면 B2를 적절한 두께로 맞힐 수 있는 감각을 키울 수 있다.

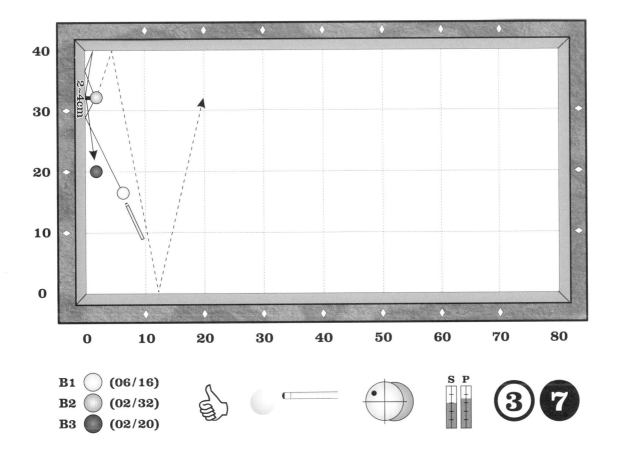

B1	⬤	(06/16)
B2	⬤	(02/32)
B3	⬤	(02/20)

위 사례처럼 밀어치기를 적용한 티키 샷을 칠 때 역회전을 줘야 하는 패턴도 있다. 이 해법에 익숙하지 않다면, 첫 번째 쿠션 이후에 B2를 너무 얇게 맞히게 될 것이다.

있는 힘껏 치면 안 되지만, 충분히 빠르고 강하게 스트로크를 해야 한다. 이때 수구를 길게 밀면 필요한 회전을 얻을 수 있다. B2에서 단쿠션까지의 거리는 2~4센티미터 정도가 가장 좋다.

👁 172, 174

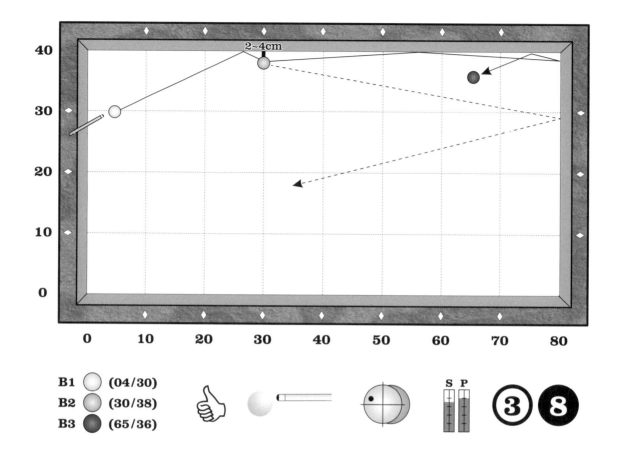

B1 ⚪ (04/30)
B2 🔵 (30/38)
B3 ⚫ (65/36)

여기서는 앞에서 언급한 패턴의 변형을 소개한다. 매우 매력적인 패턴이지만 사실 치기는 어렵다. B1은 쿠션을 맞을 때마다 순회전을 얻는 경향이 있기 때문에 수구가 세 번째 쿠션 이후에 장쿠션으로 되돌아갈 수 있도록 반드시 최대한 역회전을 주어야 한다.

이 패턴을 해결하려면 강하고 빠른 스트로크로 B2를 매우 두껍게 맞혀야 한다.

👁 172, 173

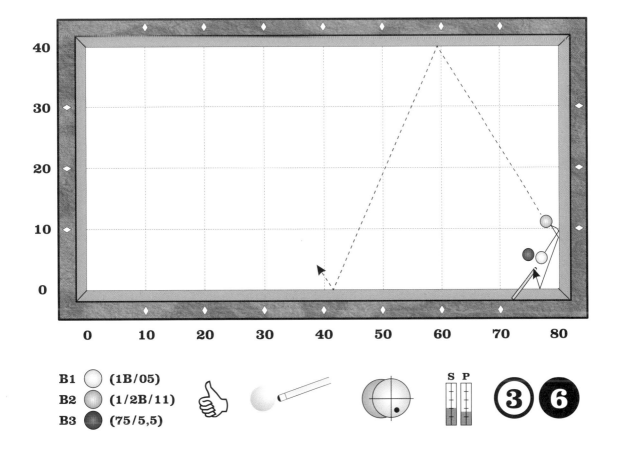

B1 ⚪ (1B/05)
B2 ⚪ (1/2B/11)
B3 ⚫ (75/5,5)

③ ⑥

지금 소개하는 티키 샷은 끌어치기를 적용한 것으로 짧은 시간 동안 쿠션-공-쿠션(rail-ball-rail)이 연속적으로 일어나며, 따라서 심판이 알아채기 어려울 수도 있다. 손목에 힘을 빼고 너무 빠르지 않은 속도로 이 샷을 쳐야 한다.

첫 번째 쿠션을 맞히기 위한 조준점(aiming point)에 대해 감을 잡을 수 있도록 B2를 센티미터 단위로 좌우로 이동시키면서 이 샷을 연습해보자. 이와 비슷한 패턴들은 304쪽에서 소개할 마세 샷(massé shot)으로도 처리할 수 있다.

👁 304

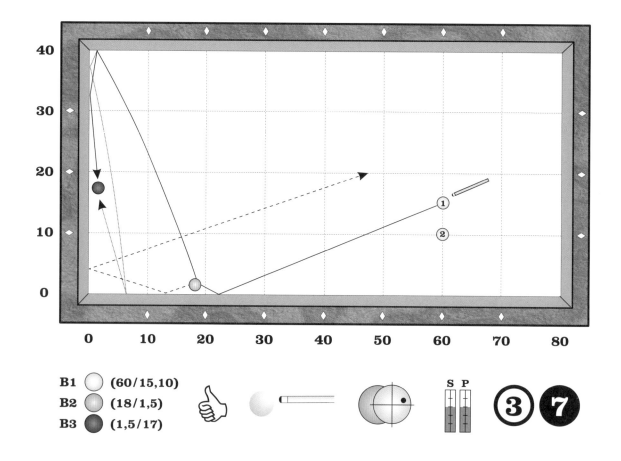

B1 ⬤ (60/15,10)
B2 ⬤ (18/1,5)
B3 ⬤ (1,5/17)

여기서 소개하는 해법을 사용하다 보면, 수구가 두 번째 쿠션 이후에 '일직선'으로 이동할 수 있도록 당점을 매우 아래로 겨냥하는 모습을 자주 보게 될 것이다. 그리고 이 샷에 밀어치기를 적용하면, B2를 맞힌 후 커브가 나타나기 때문에 두 번째 득점 기회(가는 점선 참고)를 얻을 수 있다.

두 번째 위치에 있는 B1을 칠 때에는 수구가 코너에서 가까운 장쿠션을 맞힐 수 있도록 밀기 효과를 줄여야 한다. 다음 쪽에서는 이 해법을 변형해 이용하는 사례를 살펴보겠다.

👁 177~179

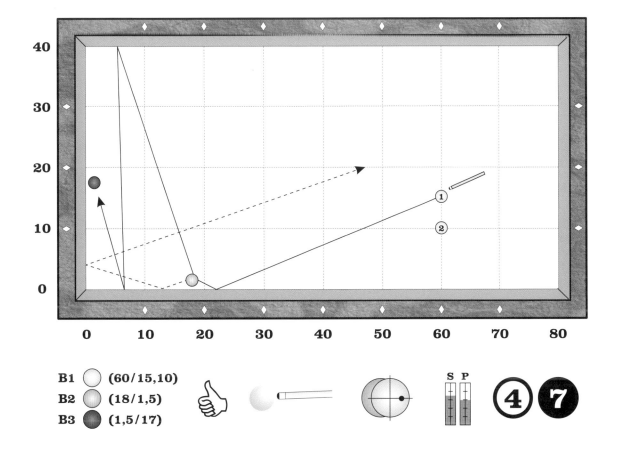

B1 ⚪ (60/15,10)
B2 ◓ (18/1,5)
B3 ⚫ (1,5/17)

S P

④ ❼

위 패턴은 앞에서 소개한 패턴의 변형으로 여기서는 세 번째 쿠션으로 장쿠션이 될 수 있도록 수구의 당점을 약간 아래로 겨냥하여 B2를 두껍게 맞혀야 한다. B2를 두껍게 맞히면, 회전이 증가하기 때문에 거기서 각도가 벌어진다.

여기서 소개하는 패턴과 해법은 오래된 당구대에서 사용해야 한다. 그리고 두 번째 위치에 있는 수구를 칠 때에는 당점을 약간 아래로 겨냥한다.

👁 176, 178, 179

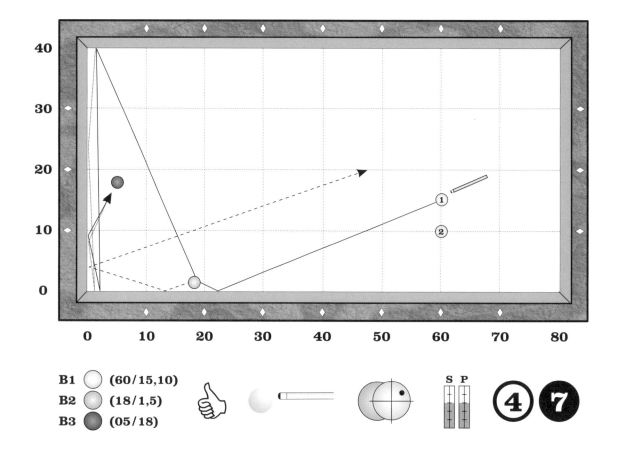

B1 ⚪ (60/15,10)
B2 ◐ (18/1,5)
B3 ⚫ (05/18)

여기서 소개하는 해법은 앞에서 소개했던 해법의 또 다른 변형으로 B3이 단쿠션으로부터 다이아 몬드 표시 절반만큼 떨어진 곳에 위치할 때 사용 할 수 있다. B3이 쿠션으로부터 떨어져 있기 때문 에 수구는 쿠션과 B3 사이에 있는 통로를 지나가

는 기회를 얻게 된다. 여기서 사용한 기술은 176쪽 의 패턴에 사용한 기술과 비슷하다. 두 번째 위치 에 있는 B1을 칠 때에도 밀기 효과를 줄인다면 이 패턴을 해결할 수 있을 것이다.

👁 176, 177, 179

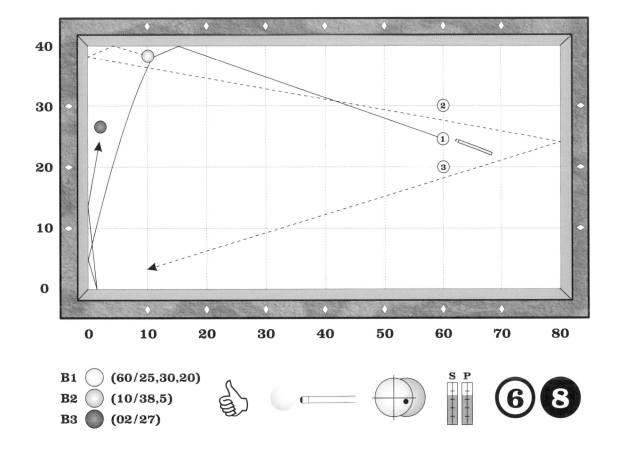

B1 ⚪ (60/25,30,20)
B2 ◐ (10/38,5)
B3 ⚫ (02/27)

위 그림과 같은 패턴에서 역회전으로 B2를 두껍게 맞히려면, 매우 빠른 속도로 쳐야 한다. 당점을 변화시키는 것만으로도 세 가지 다른 위치에 있는 B1을 해결할 수 있다. 다시 말하면, 두 번째 위치에 있는 B1을 칠 때 당점을 약간 낮게 겨냥하는 반면에

세 번째 위치에 있는 B1을 칠 때에는 당점을 약간 높게 겨냥해야 한다. B2를 충분히 두껍게 맞히면, 회전은 축적되어 마지막 쿠션까지 유지되기 때문에 득점 기회가 늘어난다.

👁 176~178

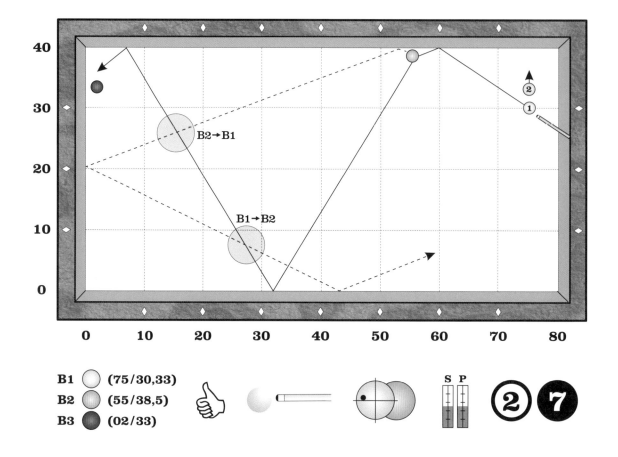

B1 ○ (75/30,33)
B2 ◐ (55/38,5)
B3 ● (02/33)

복잡한 해법을 사용하기가 싫거나 상당히 멀리 떨어져 있는 빨간 공을 치고 싶지 않다면, 여기서 소개하고 있는 해법을 사용하자. 여기서는 B2를 얼마나 두껍게 맞힐 것인가를 결정하는 것이 가장 큰 문제다. 이때 너무 빠르지 않은 속도로 부드럽게 쳐야 한다.

B3이 빨간 공일 경우, 캐롬을 한다면 추가 득점 기회를 얻을 것이고 미스를 하더라도 좋은 견제가 될 수 있기 때문에 전술상으로도 유리해진다.

두 번째 위치에 있는 B1을 칠 때에는 반드시 당점을 약간 아래로 겨냥해서 수구를 쳐야 한다. 다음 단계로 이 해법에 알맞은 최대 포인트를 파악할 수 있도록 화살표를 따라 수구를 이동시키며 연습해보자.

👁 181, 182 🔍 225

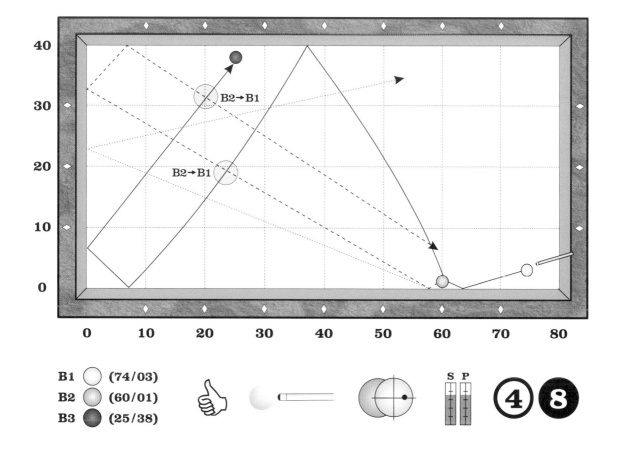

B1	⚪	(74/03)
B2	◯	(60/01)
B3	⚫	(25/38)

위 그림의 패턴에서는 당점과 B2의 두께를 적절하게 조합하는 것이 중요하다. 키스를 피하기 위해서는 반드시 B2를 위 그림이 보여주는 경로로 정확하게 이동시켜야 한다.

새 당구대에서 이 패턴을 해결하려면, 회전을 많이 줘서 B3을 '빅 볼'으로 만들 수 있도록 B2를 두껍게 맞혀야 한다.

👁 180, 182

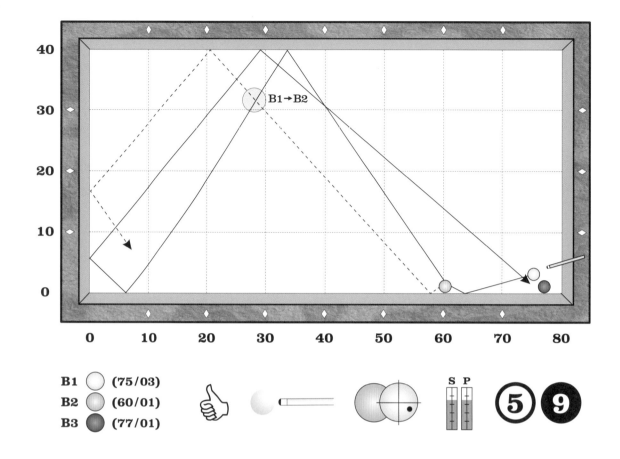

B1 ⚪ (75/03)
B2 ◐ (60/01)
B3 ⚫ (77/01)

S P

⑤ ❾

이 해법은 앞에서 언급한 패턴의 확장형으로 B2를 거의 제어할 수 없기 때문에 키스를 피하지 못한다. 많이 사용한 오래된 당구대에서는 위 그림의 기호에 따라 끌어치기를 약간 적용하여 B2를 얇게 맞혀야만 한다. 반면에 공이 빠르게 굴러가는 새 당구대에서는 위험한 교차 지역을 먼저 통과할 수 있도록 B2를 두껍게 맞혀야 한다. 이 해법을 연습할 때 당점과 B2의 두께를 완벽하게 조합하는 방법에 중점을 두는 것이 좋다.

👁 180, 181

루도 딜스(벨기에)

Ludo Diels

1981년(카이로, 이집트) 세계 챔피언

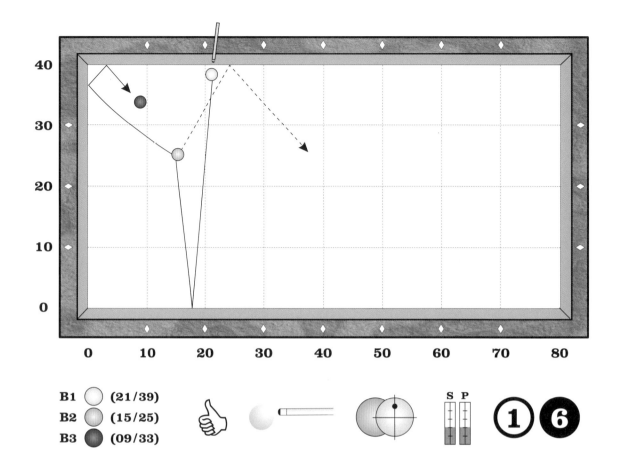

B1 ⚪ (21/39)
B2 ⚪ (15/25)
B3 ⚫ (09/33)

S P

①⑥

이 해법에서 가장 어려운 점은 바로 이 해법이 어렵다는 사실을 깨닫는 것이다. B2의 두께에 대한 허용 오차가 크기 때문에 B1이 단쿠션과 장쿠션으로 이동했다 마지막으로 B3을 맞힐 수 있도록 1/3과 2/3 두께 사이로 맞히면 된다. 이때 불필요한 효과가 나타나지 않게 제어할 수 있도록 너무 빠르지 않은 속도로 스트로크를 해야 한다. (평소에 무회전으로 공 굴리는 훈련을 충분히 해두어야 한다. –감수자)

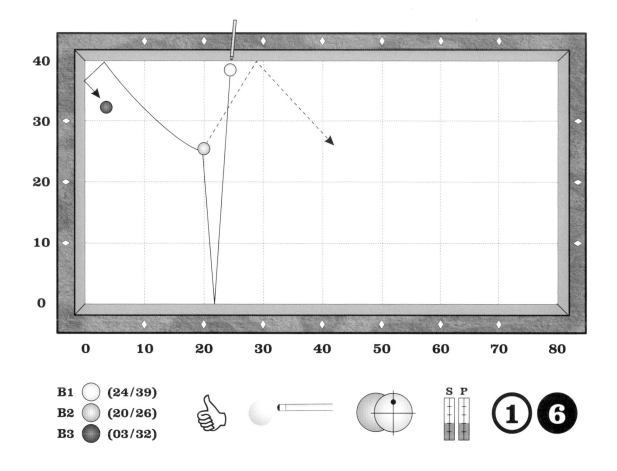

B1 ⚪	(24/39)	
B2 ◯	(20/26)	
B3 ⚫	(03/32)	

여기서 소개하고 있는 해법은 앞에서 언급했던 패턴의 변형으로 매우 유용하다. 게다가 여기서도 B2의 두께에 대한 '허용 오차'를 이용할 수 있다.

만약 B3이 빨간 공이라면, 전술상으로도 유리해진다. B2의 측면을 적절하게 맞히기만 해도, 대부분의 경우 상대 선수가 치기 매우 불편한 공 배치가 되어버린다. 그리고 득점을 한다면, 추가 득점 기회를 얻을 것이다.

👁 184

원 뱅크 샷, 티키 샷

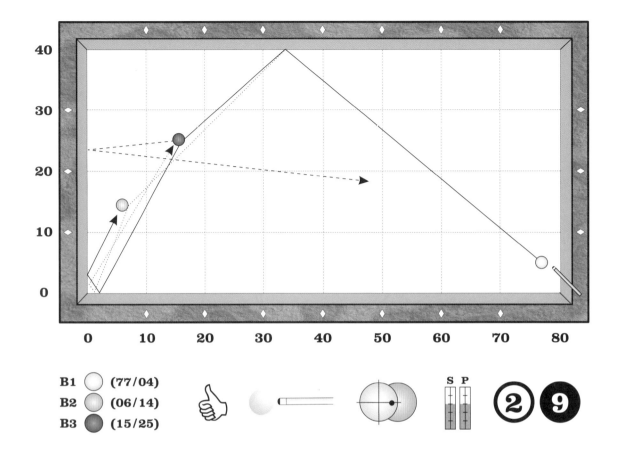

B1 ⚪ (77/04)
B2 ◯ (06/14)
B3 ⚫ (15/25)

이 해법에서 소개하고 있는 역회전을 적용한 빈쿠션은 토브욘 브롬달이 전문이다. 위 그림에서 보여주고 있는 사례에는 두 번째 기회가 존재한다. 만약 빨간 공을 미스한다면, B1은 먼저 노란 공을 맞힐 것이다. 그리고 장쿠션과 단쿠션을 맞히고 난 후 곧바로 B3을 향해 나아간다. 첫 번째 쿠션의 조준점을 알아채기 위해서는 연습을 많이 해야 할 뿐만 아니라 당구대 상태도 다양하게 경험해야 한다.

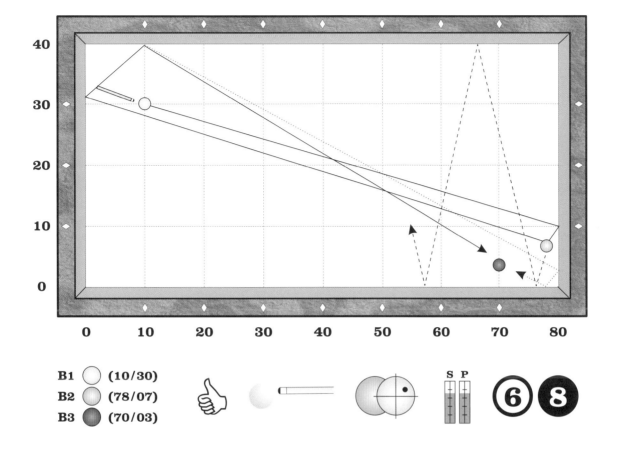

B1 ⚪ (10/30)
B2 ⚪ (78/07)
B3 ⚫ (70/03)

여기서는 B2와 B3의 위치가 서로에게 좋지 않기 때문에 고전적인 빈쿠션을 사용할 수 없다. 위 그림에서 소개하는 해법에는 장점이 있는데, 단쿠션과 장쿠션(가는 점선 참고) 모두, 혹은 한쪽 쿠션을 통해 잠재적인 득점 기회를 얻을 수 있다는 점이다.

그리고 B2를 적절하게 맞히면, 키스를 피할 수 있다.

첫 번째 쿠션의 조준점에 대한 감을 키울 수 있도록 B2에서 단쿠션까지의 거리를 센티미터 단위로 바꿔가며 연습하는 것이 좋다.

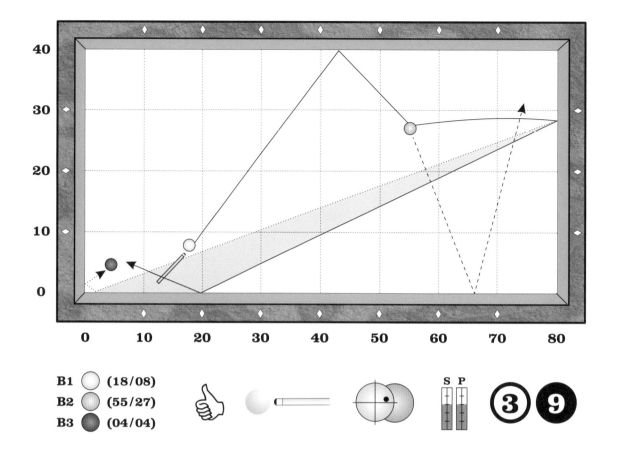

B1 ⚪	(18/08)
B2 ⚪	(55/27)
B3 ⚫	(04/04)

위 그림처럼 공 세 개가 한 줄로 대각선을 그리고 있는 패턴은 선수로 하여금 특이한 패턴을 치게 한다. 따라서 스리쿠션 선수에게는 결코 반갑지 않은 상황이라고 할 수 있다. 여기서 소개하고 있는 해법은 '빅 볼' B3을 제공하기 때문에 B2를 맞힐 때 생기는 허용 오차(회색 지역)가 크다.

반드시 당구대 상태에 따라 속도를 조절해야 한다. 예를 들면, 많이 사용한 오래된 당구대는 쿠션에 대한 접지력이 훨씬 더 좋기 때문에 수구가 B2에 맞고 튕겨 나올 수 있도록 훨씬 더 빠른 속도로 쳐야 한다. (무회전 각을 잡고 오른쪽 회전과 빠른 스피드로 노잉글리시 효과를 낼 수 있다.-감수자)

👁 189, 204

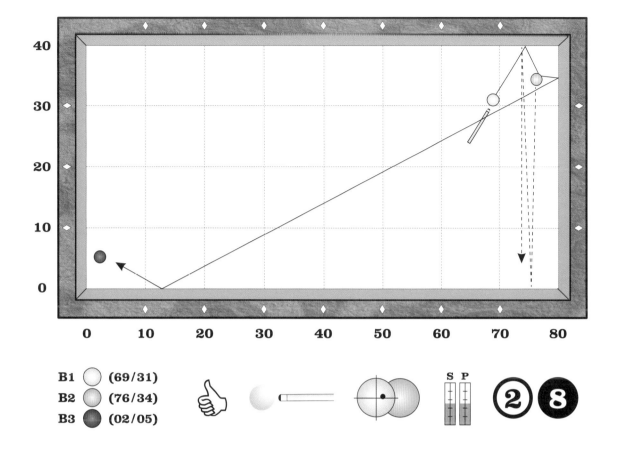

B1 ⚪ (69/31)
B2 ◓ (76/34)
B3 ⚫ (02/05)

S P

②⑧

여기서도 앞에서 소개한 패턴의 원리를 적용할 수 있기 때문에 쉽게 칠 수 있을 것이다. 특히 새 당구대에서는 B2에 맞고 가능한 한 적게 튕겨 나올 수 있도록 B2를 얇게 맞히는 것이 유리하다.

만약 B3이 빨간 공인 경우, 이 해법을 사용해 득점을 하면 추가 득점 기회를 얻을 수 있고 미스를 하더라도 좋은 견제가 된다. 따라서 전술상으로 유리해진다.

👁 188, 204

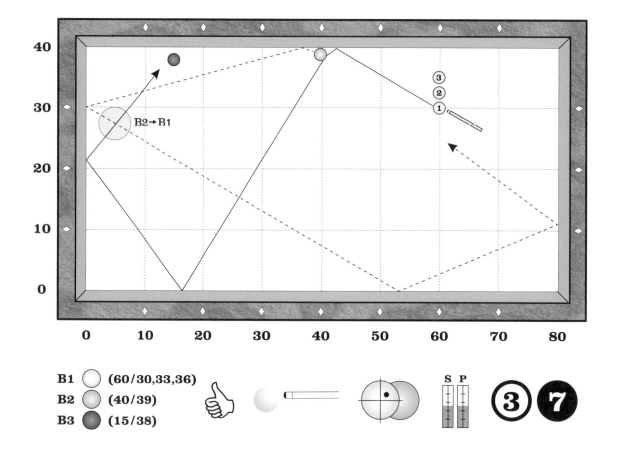

B1 ◯ (60/30,33,36)
B2 ◯ (40/39)
B3 ● (15/38)

위 그림과 같은 패턴에서 키스를 확실하게 피하기 위해서는 반드시 B2가 B3 가까이로 향해야 한다. 그래야 B1이 지나가기 전에 B2는 위험 지역을 통과할 수 있다.

두 번째 위치와 세 번째 위치에 있는 B1을 칠 때에는 반드시 오른쪽 회전을 적절하게 더 줘야 한다. 그리고 수구의 당점을 약간 아래로 겨냥하여 B2를 조금 두껍게 맞혀야 한다.

👁 191

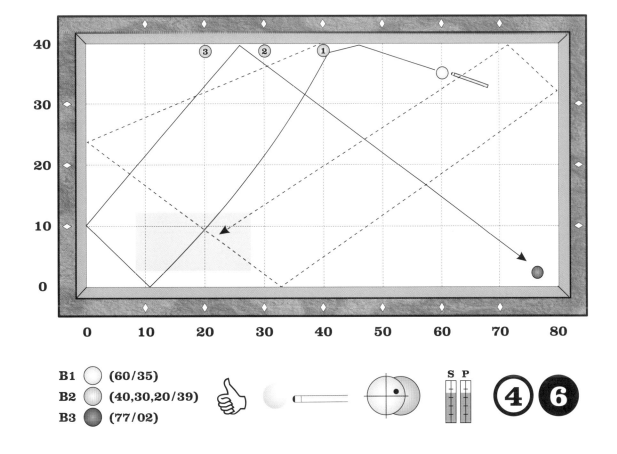

B1 ⚪ (60/35)
B2 ⚫ (40,30,20/39)
B3 ⚫ (77/02)

S P
④ ❻

위 그림을 보자. B2를 처리하는 방법이 흥미롭다. 만약 B2를 너무 두껍게 맞히면, B2는 B3과 키스를 일으키게 될 것이다. 하지만 충분한 속도로 B2를 완벽하게 맞히면, 키스를 피할 수 있을 뿐만 아니라 회색 지역에서 추가 득점 기회도 만들어낼 수 있다.

두 번째 위치와 세 번째 위치에 있는 B2를 맞힐 때에는 반드시 수구의 당점을 약간 아래로 겨냥하여 B2를 두껍게 맞혀야 한다. 하지만 세 번째 위치에 있는 B2를 맞히는 것은 상당히 까다롭다. 왜냐하면 수구의 진행 경로가 충분히 길어질 수 있도록 수구가 반드시 코너에 가까운 장쿠션을 맞혀야 하기 때문이다.

👁 190

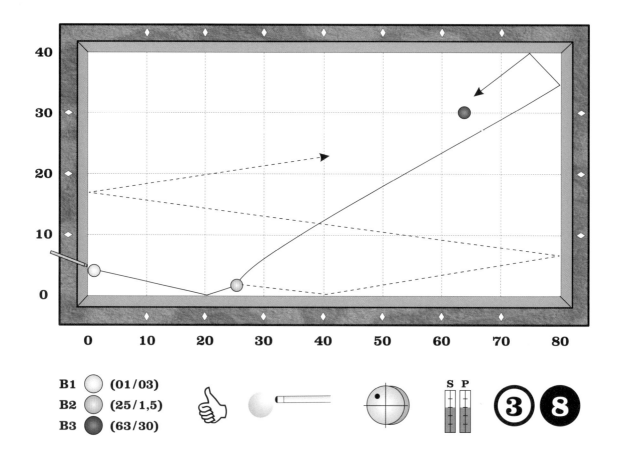

B1 ⚪ (01/03)
B2 🔘 (25/1,5)
B3 ⚫ (63/30)

S P

③ ⑧

B2의 왼쪽 면을 맞히는 대회전 해법은 키스가 발생할 위험이 매우 높기 때문에 여기서 소개하는 뱅크 샷이 좋은 대안이 되어줄 것이다. 이 샷을 칠 때에는 반드시 B2를 두껍게 맞혀야 한다. 이렇게 맞히면 주로 두 번째 쿠션에서 효과가 나타나는 회전을 증가시킬 수 있다. 따라서 차분하고 아주 조심스럽게 이 샷을 쳐야 한다. B2가 쿠션에 프로즌되는 경우도 있는데 이때 B2를 어느 정도의 두께로 맞혀야 하는지 감을 잡기가 힘들어진다.

👁 98, 193

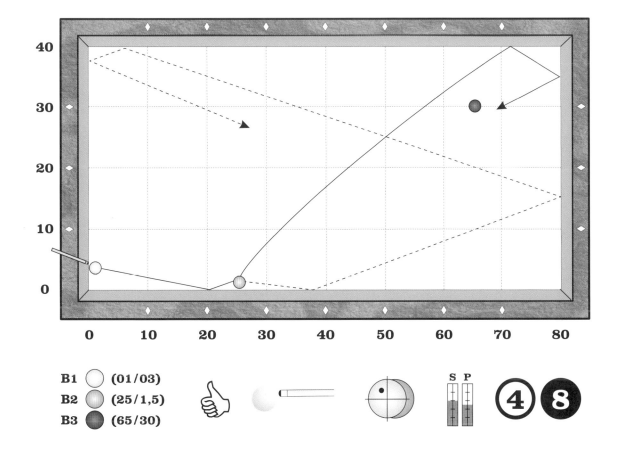

B1 ⚪ (01/03)
B2 ⚪ (25/1,5)
B3 ⚫ (65/30)

S P
④ ⑧

앞에서 언급했던 패턴과 비교했을 때, 여기서는 더는 '장-단-장'이 발생하지 않도록 B3이 단쿠션에 조금 더 가까이 위치해야 한다.

위 그림과 같은 패턴에서는 B1이 B2에 맞고 튕겨 나온 후 '장-단'을 통해 B3에 도달할 수 있도록 보다 탄력 있게 쳐야 한다.

이때 B2를 약간 더 얇게 하지만 여전히 두껍게 맞혀야 한다. 그렇지 않으면 B3과 키스가 발생할 것이다. 그리고 192쪽의 해법보다는 왼쪽 회전을 더 줄여야 한다.

🔍 98, 192

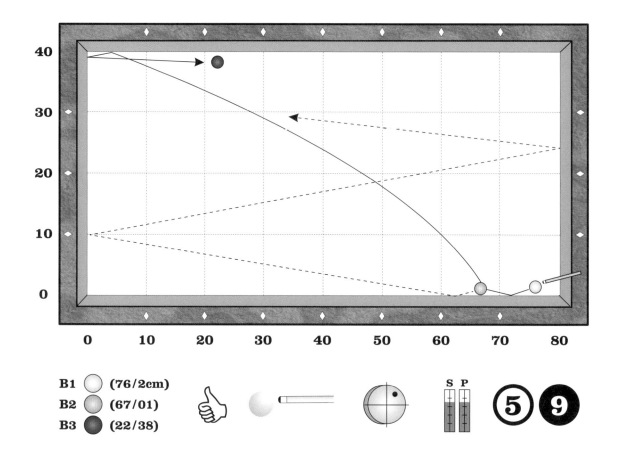

B1 ◯ (76/2cm)
B2 ◯ (67/01)
B3 ⚫ (22/38)

S P

⑤ ❾

이 해법은 용감한 스리쿠션 선수들을 위한 것으로 굉장히 멋진 방법이다. 뱅크 샷으로 밀어치기를 할 때 가장 큰 문제는 B2를 완벽한 두께로 쳐야 한다는 점이다. 이 샷을 처음 시도한다면, 아마도 너무 얇게 맞혀 커브를 충분히 크게 만들지 못할 것이다. 수구의 진행 경로를 적절하게 휘어지게 하려면 빠르고 강하게 치는 것이 중요하다. 물론 무턱대고 거칠게 쳐서는 안 된다.

👁 123~127, 195

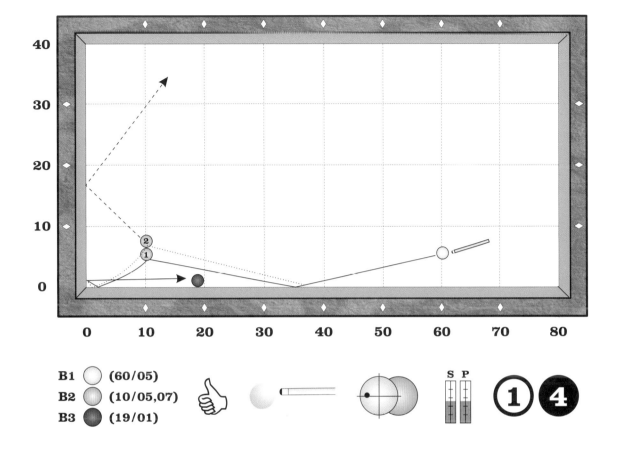

B1 ⚪ (60/05)
B2 ◐ (10/05,07)
B3 ⚫ (19/01)

첫 번째 위치에 있는 B2를 맞힐 때에는 너무 빠르지 않은 속도로 부드럽게 치는 것이 가장 중요하다. 너무 강하게 친다면, B1은 B2에 맞은 후 너무 많이 튕겨 나오기 때문에 두 번째 쿠션에 너무 일찍 맞게 될 것이다.

그렇게 되면 세 번째 쿠션에서 B3으로 되돌아가기 위한 회전이 충분하게 남아 있지 않는다.

반면에 두 번째 위치에 있는 B2를 맞힐 때에는 수구가 반드시 B2에 맞고 튕겨 나와야 두 번째 장 쿠션에 도달할 수 있다. 이때 커브가 만들어지는데 이 커브 덕분에 수구는 더 좋은 접근각으로 두 번째 쿠션에 도달할 수 있다.

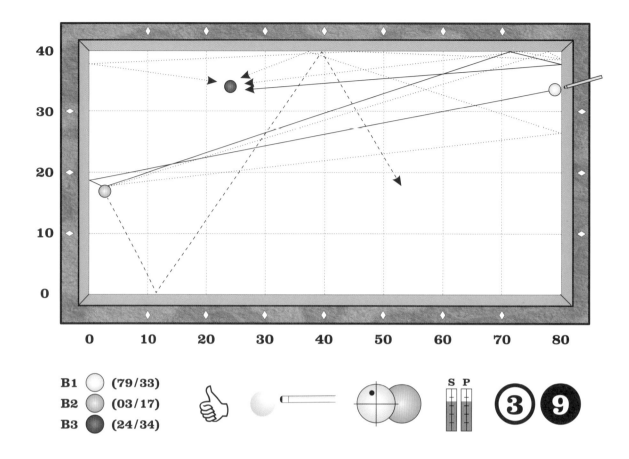

B1	⚪	(79/33)
B2	◯	(03/17)
B3	⚫	(24/34)

위 그림에서 소개하는 패턴은 스리쿠션 선수들에게 악몽과도 같다. 그렇긴 해도, 여기서 소개하는 해법을 사용하면 수구가 B3에 도달할 수 있는 네 가지 득점 기회를 얻게 된다. B2까지의 거리가 길기 때문에 첫 번째 쿠션의 조준점에 대한 감을 잡기가 어렵다. 만약 '빨간 공'이 B3이라면, 이 샷을 미스하더라도 상대에게 좋은 견제가 될 것이다.

238

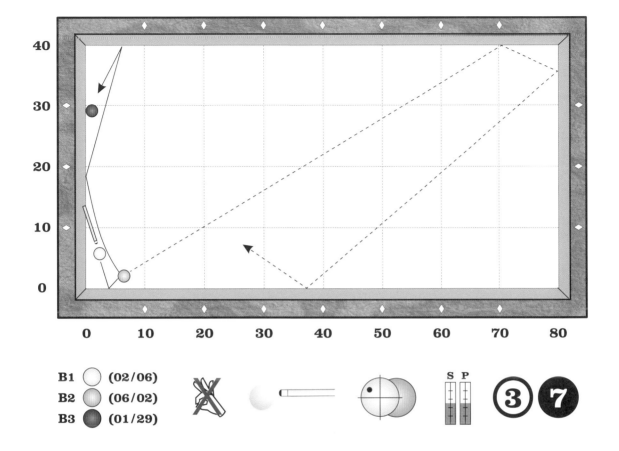

B1 ○ (02/06)
B2 ◐ (06/02)
B3 ● (01/29)

③ ⑦

위 그림의 패턴을 해결할 수 있는 최초의 해법을 여기서 확인할 수 있다. 심지어 이 해법은 다른 방법보다 쉽게 칠 수도 있다. B2를 상당히 두껍게 맞혀야 원하는 회전을 얻을 수 있을 것이다.

공이 잘 미끄러지는 새 당구대에서는 회전이 세

번째 쿠션에서 접지력을 얻을 수 없기 때문에 이 해법을 사용할 수 없다. 따라서 수구가 B2에 맞고 충분히 튕겨 나오지 않으면 두 번째 쿠션에 맞은 후 B3을 지날 수 없기 때문에 너무 약하게 쳐서는 안 된다.

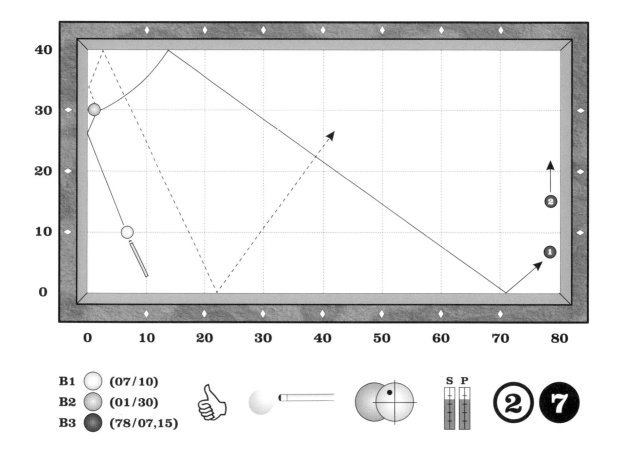

B1 ⚪ (07/10)
B2 ◯ (01/30)
B3 ⚫ (78/07,15)

S P

② ⑦

이 해법은 아주 명백하다. 즉, 거리가 긴 빨간 공을 처서는 안 된다. 위 그림의 패턴에는 재미있는 점이 있는데, 바로 역회전을 사용한다는 것이다. 이렇게 역회전을 사용하면, B2를 절반 두께로 수월하게 맞힐 수 있다는 점에서 유리하다. 여기에서 역회전을 얼마만큼 줄 수 있는지가 결정적인 요소인 만큼 많은 연습이 필요하다.

두 번째 위치에 있는 B3을 맞히기 위해서는 회전만 증가시키면 된다. 위 패턴에 익숙해졌다면, 이 해법에 성공할 수 있는 최대 포인트를 파악할 수 있도록 화살표를 따라 B3을 이동시키며 연습해보자. 이때 회전을 계속해서 증가시켜야 한다는 점에 유의한다.

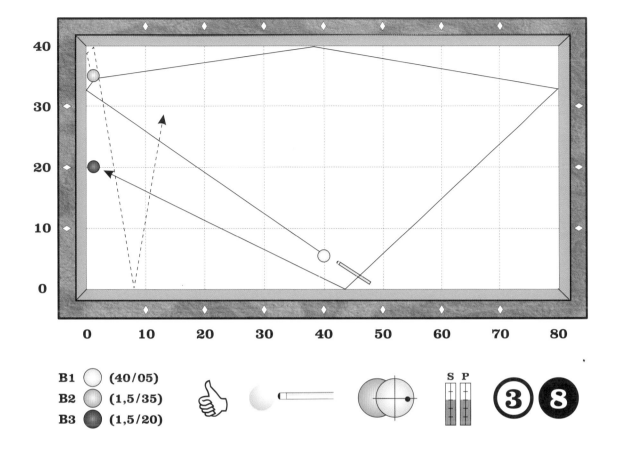

B1 ⚪ (40/05)		
B2 ◯ (1,5/35)		
B3 ⚫ (1,5/20)		

이 패턴에서 마주할 가장 큰 문제는 B3을 지날 수 있도록 B2의 진행 경로를 제어하는 것이다. B2를 너무 두껍게 맞히면, B3과의 키스는 피할 수가 없다. B2의 두께에 대한 오차 범위가 좁지만 이 패턴을 철저하게 연습하면 좋은 결과를 얻을 것이다.

여기서는 75쪽에서 소개한 '단-장-장'이나 빨간 공에 대한 키스백 샷(kiss-back shot)을 대안으로 사용할 수 있다.

 👁 200 🔍 75

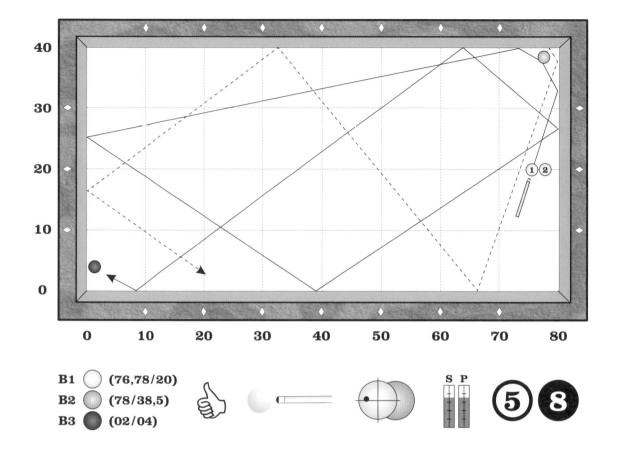

B1 ⚪ (76,78/20)
B2 ◍ (78/38,5)
B3 ⚫ (02/04)

S P

⑤ ❽

이런 종류의 해법을 사용할 때에는 확실하게 키스를 피할 수 있도록 B2를 잘 제어해야 하는데 이 점이 가장 어렵다. B2를 맞히는 두께에 작은 변화를 주는 것만으로도 B2의 진로에 상당히 많은 영향을 준다.

이때 큐는 가능한 한 수평을 유지해야 한다. 그

렇지 않으면, B2가 당구대 밖으로 점프할 위험이 있다.

두 번째 위치에 있는 B1을 칠 때에는 당점을 약간 위로 겨냥하여 수구를 쳐야 한다. 이렇게 치면, 두 번째 쿠션 이후에 커브가 만들어지고 이 커브 때문에 수구의 진행 경로가 충분히 길어진다.

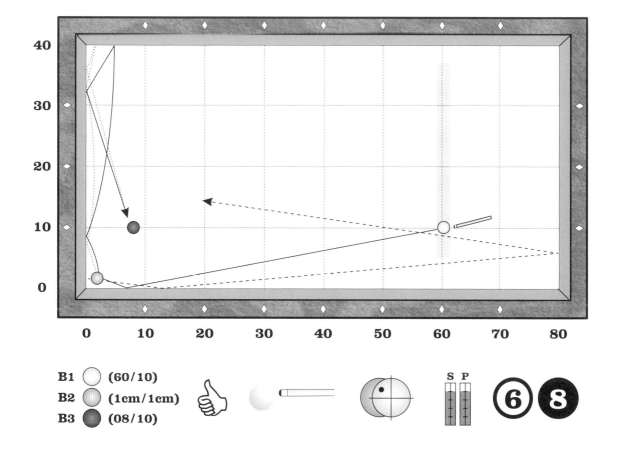

B1 ⚪ (60/10)
B2 ◯ (1cm/1cm)
B3 ⚫ (08/10)

S P

⑥ ⑧

처음 이 해법을 보면 B2까지의 긴 거리, 역회전을 적용한 빈쿠션, 빠른 속도의 극단적인 밀어치기 같은 기술 때문에 겁을 먹을지도 모른다. 하지만 연습을 몇 번만 해보면 이 해법에 추가 득점 기회를 얻을 수 있는 장점이 있다는 사실을 알게 될 것이다. 바운딩 샷 외에도(가는 점선 참고), B2를 더 얇

게 맞히면 상단 쿠션이나 하단 왼쪽 코너를 통해서도 B3에 직접 도달할 수 있다.

연습을 할 때 회색 지역 안에서 수구를 이동시켜보자. 유지 보수가 잘된 당구대에서는 B1이 위쪽 장쿠션 가까이에 있을 때 이 해법을 성공시킬 가능성이 훨씬 커진다.

🔍 291

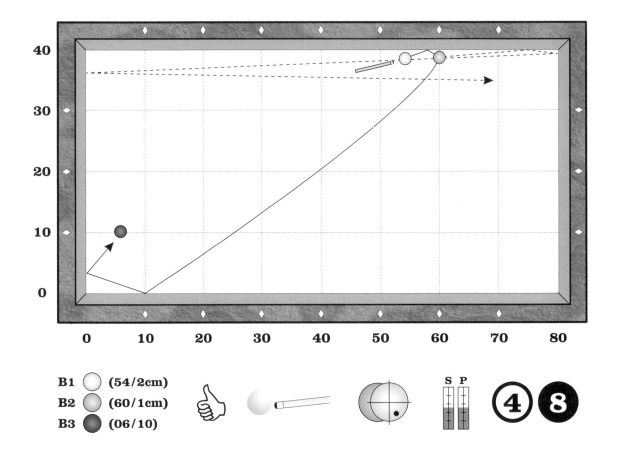

B1 ⚪ (54/2cm)
B2 ⚪ (60/1cm)
B3 ⚫ (06/10)

S P

④ ❽

물론 지금 소개하는 해법보다 적절한 다른 해법도
있을 것이다. 당구란 원래 무한한 가능성을 품고
있는 스포츠다. 그래도 이 기발한 아이디어를 자세
히 살펴볼 가치는 있다. 얼핏 보면, 보기보다 어렵

지 않은 샷이라고 생각할지 모른다.

B2를 상당히 두껍게 맞히면, B1이 멈출 때까지
유지될 정도의 회전을 만들어낼 수 있다. 너무 강한
힘과 속도로 스트로크를 하지 않도록 주의한다.

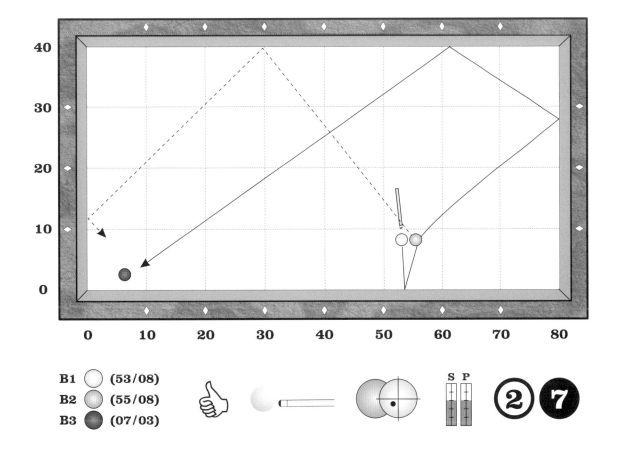

B1 ◯ (53/08)
B2 ◐ (55/08)
B3 ● (07/03)

S P
② ⑦

여기서는 '빅 볼' B3을 활용할 수 있는 멋진 해법을 볼 수 있다. 회전을 전혀 주지 않을 경우, B1은 B2를 맞히고 나서 역회전을 얻게 된다는 사실을 잊어서는 안 된다. 이렇게 치면, 두 번째 쿠션에 맞을 때 나쁜 영향을 받는다. 그리고 회전을 너무 많이 주게 되면, 첫 번째 쿠션의 조준점을 파악하기가 어려워진다. 또한 첫 번째 쿠션에 맞은 후 끌어치기가 밀어치기처럼 되어버리기 때문에 당점을 공의 중심에서 약간 아래를 겨냥하여 B1을 쳐야 한다.

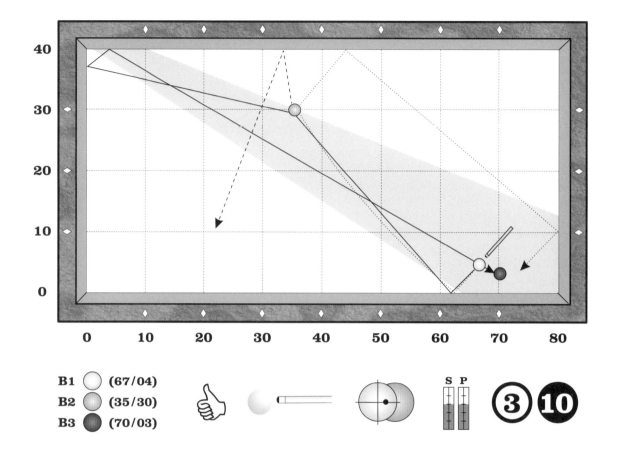

B1 ⚪	(67/04)	
B2 🔵	(35/30)	
B3 ⚫	(70/03)	

여기서 소개하는 해법은 기발하지만 말도 안 되는 상상 속의 샷이 아니라는 사실을 알아야 한다. 1/3과 2/3 사이의 두께로 B2를 맞힐 수 있다. 다르게 말하자면, 위 그림에서 회색 지역으로 표시한 것처럼 B3은 축구공 크기만큼이나 큰 빅 볼이다. 첫 번째 쿠션의 조준점에 대한 감을 잡는 것이 가장 어렵기 때문에 연습을 많이 해야 한다.

여기서는 회전을 거의 주지 않은 채 당점을 매우 낮게 겨냥하여 B1을 쳐야 한다. 그리고 첫 번째 쿠션 이후에 생긴 커브 덕분에 B2에 대한 접근각이 좋아진다. 참고로 위 그림의 점선은 토너먼트에 참가한 세미 세이기너가 보여준 해법으로(여기서 소개한 해법의 변형이다) 매우 흥미롭다.

👁 188, 189

투 뱅크 샷

TWO-RAIL-FIRST SHOTS

시스템을 이용한 투 뱅크 샷
입사각과 반사각을 이용한 투 뱅크 샷

리니 반 브라하트(네덜란드)

Rini van Bracht

1982년(과야킬, 에콰도르), 1993년(올보르, 덴마크) 세계 챔피언

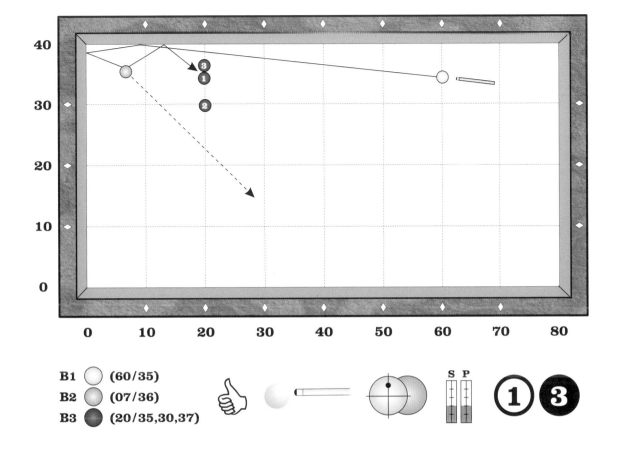

B1 ⚪ (60/35)
B2 ⚪ (07/36)
B3 ⚫ (20/35,30,37)

여기서 소개하는 투 뱅크 샷은 주로 속도로 제어한다. 즉, 여기에서는 속도가 B1이 B2에 맞고 튕겨나오는 세기를 결정하는 데 중요한 역할을 한다. 평범한 속도로 첫 번째 위치에 있는 B3을 맞힐 수 있지만, 두 번째 위치에 있는 B3을 맞히기 위해서는 강하게 튀어나올 수 있도록 반드시 더 빠른 속도로 쳐야 한다. 이때 B2를 여전히 절반 두께로 맞혀야 한다. 그리고 세 번째 위치에 있는 B3을 맞히기 위해서는 반드시 B2에 맞은 후 가능한 한 적게 튕겨나와야 한다. 따라서 매우 약한 속도로 B2를 약간 얇게 맞혀야 한다.

투 뱅크 샷

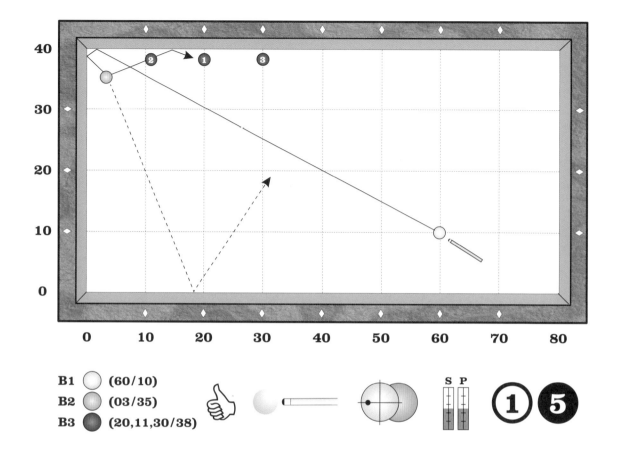

B1 ⬜ (60/10)
B2 ◔ (03/35)
B3 ⬤ (20,11,30/38)

이 해법에서는 속도뿐만이 아니라 B2에 맞고 튕겨 나오는 세기도 결정적인 역할을 한다. 두 번째 위치에 있는 B3을 맞히기 위해서는 첫 번째 B3을 맞힐 때와 다르게 더 빠른 속도로 당점을 약간 높게 겨냥하여 B1을 쳐야 한다.

그리고 세 번째 위치에 있는 B3을 맞히기 위해서는 매우 느리고 부드럽게 스트로크를 해야 한다.

👁 207

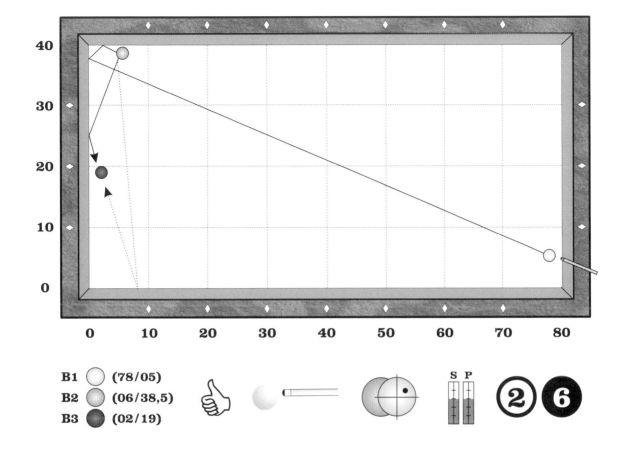

B1	(78/05)
B2	(06/38,5)
B3	(02/19)

S P

②6

위에서 소개하는 멋진 해법을 사용하면, 빨간 공의 오른쪽 면을 맞히는 치기 까다로운 4쿠션 돌리기를 피할 수 있다. 여기서도 속도가 중요한 역할을 한다. 이것은 세 번째 쿠션의 히트 포인트가 속도 변화에 따라 바뀐다는 것을 의미한다. 이 해법에서는 B2를 충분히 두껍게 맞히는 것이 가장 중요하다. 물론 B2를 너무 얇게 맞히더라도 장쿠션을 통해 또 다른 득점 기회를 얻을 수 있을 것이다(가는 점선 참고).

👁 210, 211

투 뱅크 샷

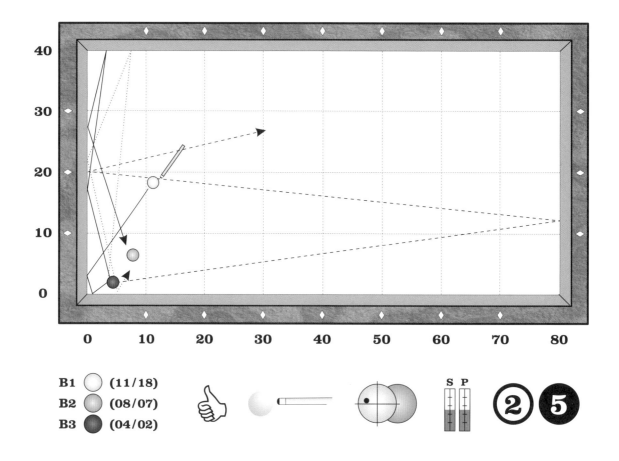

B1 ⚪ (11/18)
B2 ⚪ (08/07)
B3 ⚫ (04/02)

위 그림과 같은 패턴에서는 고전적인 빈쿠션인 '장-단-장'을 사용하지 않는 편이 좋다. 대신 여기서 소개하는 빈쿠션을 사용할 경우, 수구는 여러 가지 방법으로 B3에 도달할 수 있다(가는 점선 참고).

새 당구대에서는 B1에 준 회전이 마지막 쿠션까지 여전히 많이 남아 있고, 이로 인해 B1이 움직이는 방향으로 이동 중인 B3의 왼쪽 면을 맞힐 수 있기 때문에 득점률을 높일 수 있다. 물론 대부분의 경우 추가 득점 기회를 얻을 수 있다.

👁 209, 211

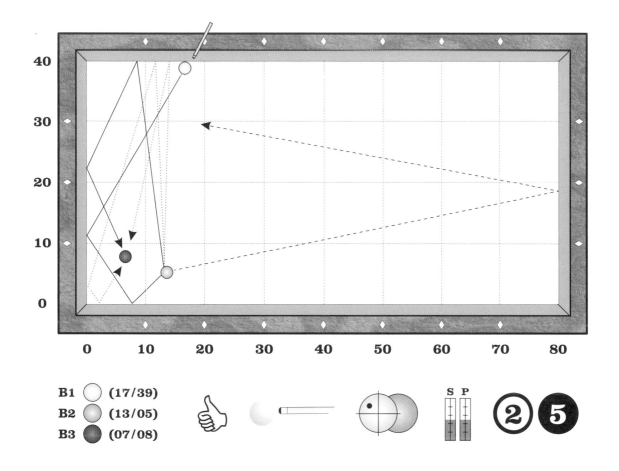

B1 ⚪ (17/39)
B2 🔘 (13/05)
B3 ⚫ (07/08)

여기서 소개하고 있는 문제와 해법은 앞에서 소개했던 패턴과 상당히 비슷하다. 위 그림과 같은 패턴은 보통 두 가지 문제를 안고 있다. 바로 키스 위험과 쿠션에 프로즌된 수구다. 이런 문제 때문에 노란 공에 대한 돌려치기 해법은 좋은 생각이 아니다. 그리고 기본적인 빈쿠션 해법도 알맞지 않다.

여기서 소개하는 샷을 사용하면, 수구가 세 번째 쿠션을 지나서 B3에 도달할 수 있는 기회가 많기 때문에 높은 성공률을 기대할 수 있다. B2를 맞히는 이상적인 두께는 1/4과 1/2 사이다. 만약 B2를 더 두껍게 맞힌다면, B1이 너무 많이 튕겨 나오기 때문에 코너에 상당히 가까운 곳에 세 번째 쿠션을 맞히게 될 것이다.

👁 209, 210

투 뱅크 샷

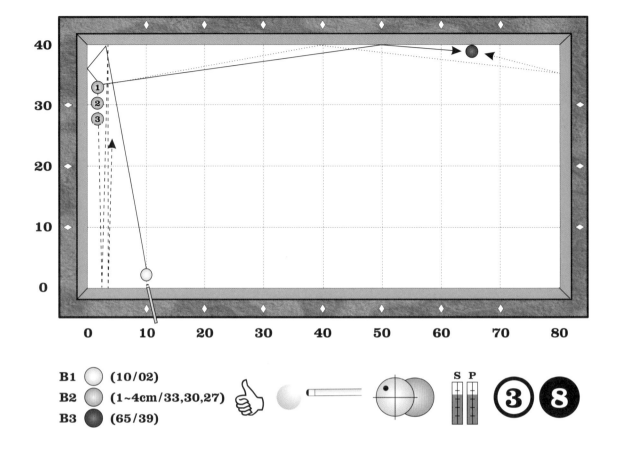

B1 ⚪ (10/02)
B2 🔘 (1~4cm/33,30,27)
B3 ⚫ (65/39)

S P ③ ⑧

두 가지 득점 기회(가는 점선 참고)를 우리에게 안겨 줄 멋진 해법이 바로 여기서 소개하고 있는 투 뱅크 샷이다. B1이 자연스럽게 튕겨 나와 장쿠션으로 되돌아갈 수 있도록 B2를 절반보다 약간 더 두껍게 맞혀야 한다.

두 번째 위치와 세 번째 위치에 있는 B2를 맞히기 위해서는 반드시 좀 더 빠르게 쳐야 한다. 당구대 천의 상태에 따라, 세 번째 위치에 있는 B2를 칠 때 문제가 발생할 수 있다. 왜냐하면 지저분하고 오래 된 당구대에서는 수구가 B2에 맞고 충분히 튕겨 나오지 않기 때문이다. 즉, 수구가 장쿠션으로 되돌아가지 못한다.

👁 209, 213

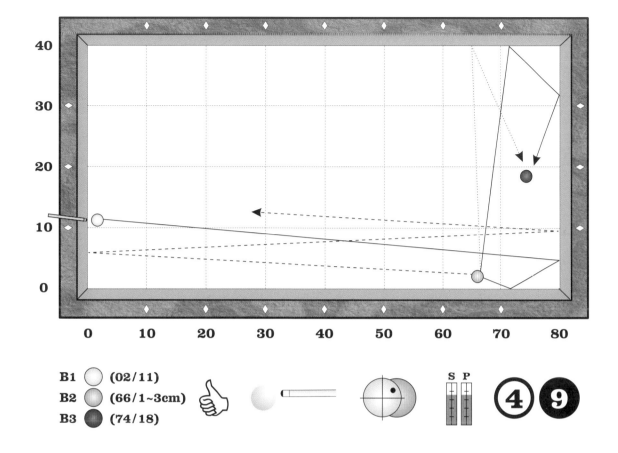

B1 ⚪ (02/11)
B2 🔵 (66/1~3cm)
B3 ⚫ (74/18)

S P

④ ❾

여기서 소개하는 패턴은 필자의 제자가 발견한 것으로 앞에서 소개했던 패턴의 변형이다. 물론 원래의 패턴과 마찬가지로 독창적이며 효과적이다.

　빠른 속도로 B2를 상당히 두껍게 맞히면, B1은 B2에 맞고 강하게 튕겨 나온 후 그림에서 보는 것처럼 움직인다. 반대로 B2를 너무 얇게 맞히면, 네

번째 쿠션(가는 점선 참고) 없이 또 다른 득점 기회를 만들어낸다. 과도하게 힘을 주면, 평상시처럼 첫 번째 쿠션에서 오른쪽 회전이 발생하지 않기 때문에 반드시 처음에 생각했던 것보다 코너에 가깝게 조준점을 선택해야 한다.

👁 214

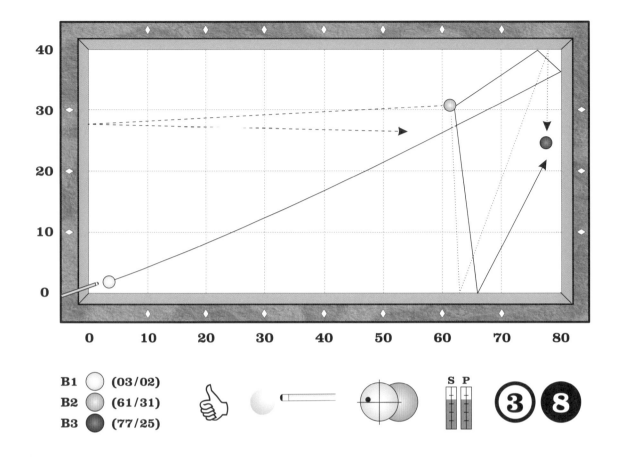

B1 ⚪ (03/02)
B2 🔵 (61/31)
B3 ⚫ (77/25)

S P

③ ⑧

위 그림과 같은 패턴에서 횡단 샷 해법을 시도할 경우, 키스가 날 위험이 있고 빨간 공에 대한 적절한 해법도 없기 때문에 뱅크 샷이 가장 좋은 대안이다. 여러 번 연습한다면, 장쿠션(가는 점선 참고)을 통해 좋은 추가 득점 기회를 발견하게 될 것이다.

이 해법은 B2를 맞히는 두께를 결정할 때에 상당한 범위를 허용한다. 다시 말해, 40%에서 75% 사이의 두께로 B2를 맞혀도 된다는 것을 의미한다.

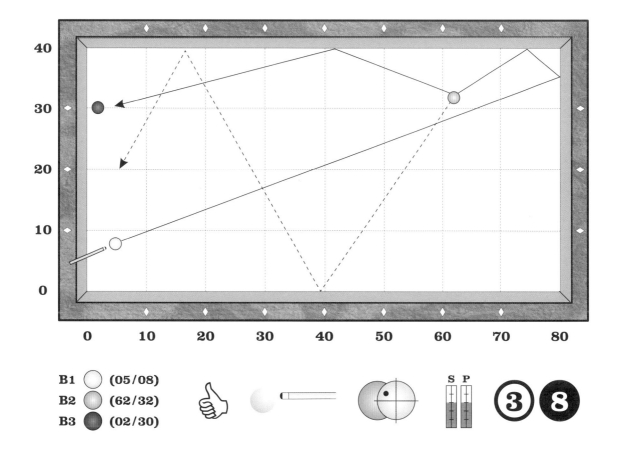

B1 ◯ (05/08)
B2 ◔ (62/32)
B3 ● (02/30)

S P

③ ⑧

위 그림의 패턴을 분석하면, 빨간 공을 처리할 수 있는 좋은 해법을 거의 찾을 수 없다는 사실을 알게 될 것이다. 그뿐만 아니라, 키스 위험 때문에 노란 공을 맞히는 일도 쉽지 않다.

적절한 대안은 여기서 소개하고 있는 투 뱅크 샷으로 207쪽에서 소개했던 해법과 거의 유사하다. B2를 절반 두께로 맞히면, 수구는 장쿠션으로 쉽게 되돌아갈 수 있기 때문에 결국 B3에 도달하게 될 것이다. 새 당구대에서는 수구가 B2에 맞고 충분히 튕겨 나올 수 있을 정도로 속도를 줄여야 한다.

👁 207

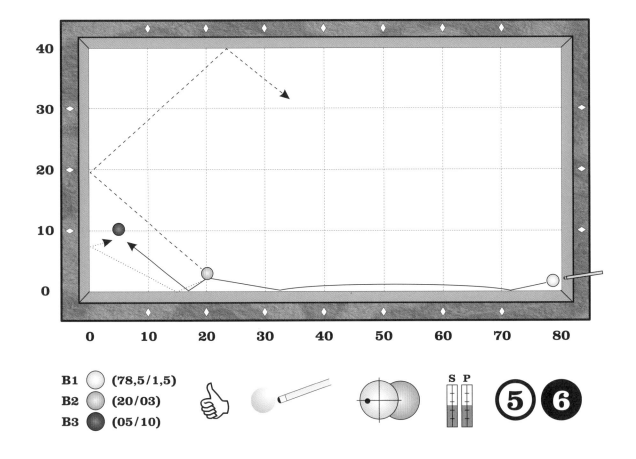

B1 ⚪ (78,5/1,5)
B2 ⚪ (20/03)
B3 ⚫ (05/10)

여기서 소개하는 치기 까다로운 패턴을 간단하고 멋진 방법으로 해결해보자. 큐를 약간 높게 잡고 빠르고 강하지만 너무 힘이 들어가지 않게 스트로크를 하면, 수구는 쿠션으로 되돌아온다. 이때 손목에 힘을 빼고 샷을 쳐야 한다. 그리고 첫 번째 쿠션의 정확한 조준점을 찾을 수 있도록 연습을 많이 해야 한다.

이 해법을 실행하기 위한 전제 조건은 수구가 장쿠션과 매우 가까이 있어야 한다는 것이다. 오심을 피할 수 있도록 사전에 투 뱅크 샷을 심판에게 언급하는 것이 좋다.

👁 296, 297

아벨리노 리코(에스파냐)

Avelino Rico

1986년(라스베이거스, 미국) 세계 챔피언

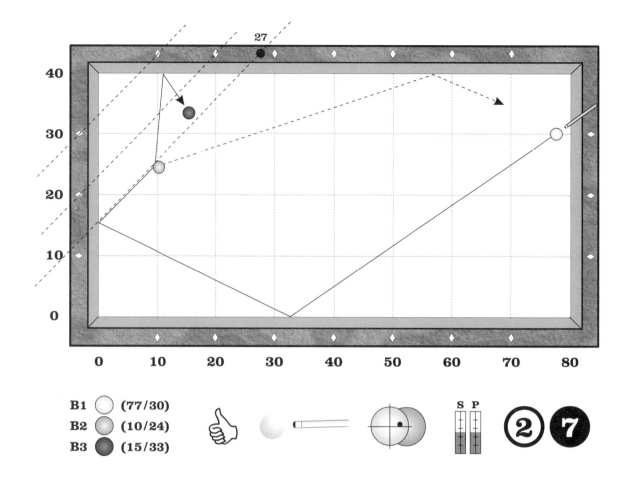

B1 ⚪ (77/30)
B2 ⚫ (10/24)
B3 ⚫ (15/33)

여기서 소개하는 고전적인 투 뱅크 샷 해법은 유사한 패턴에 사용될 수 있다. B2를 절반 두께로 맞힐 것을 고려한다면, 속도가 성공과 실패를 결정할 것이다. 선수는 세 번째 쿠션의 적절한 포인트를 맞힐 수 있도록 B1이 B2에 맞고 얼마나 튕겨 나올지에 대해 반드시 점검해야 한다. 위에서 보여주고 있는 사례에서는 일반적인 수준의 속도를 유지한다.

계산법에 대해 확고한 지식을 가지고 있다면, 세 번째 쿠션의 도착 포인트를 계산할 때 위 그림에 표시되어 있는 평행한 연결선을 매우 유용하게 사용할 수 있다. 이 상황에서는 27이 될 것이다.

파이브 앤드 하프 시스템에 따라, 57(출발)-27(도착)=30(조준점) 공식을 적용할 수 있다.

👁 219, 220

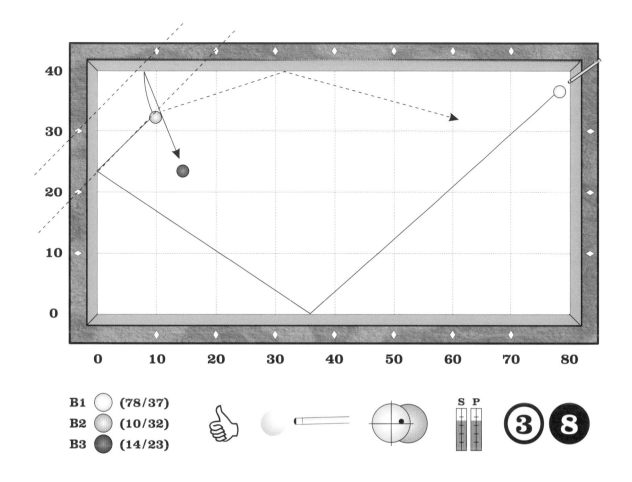

B1 ⬤ (78/37)
B2 ⬤ (10/32)
B3 ⬤ (14/23)

S P

③ ❽

이 패턴에서는 앞에서 언급했던 사례와 공의 위치가 다르기 때문에 B1은 반드시 B2를 맞고 강하게 튕겨 나와야 한다. 그래야 세 번째 쿠션의 적절한 포인트를 맞힐 수 있다. 그리고 이렇게 하기 위해서는 속도를 높여야 한다.

계산 시스템을 사용하고 싶다면, 빠른 속도가 수구의 진행 경로를 짧게 만든다는 사실을 잊지 말자. 계산할 때 이 요소를 반드시 고려한다.

👁 218, 220

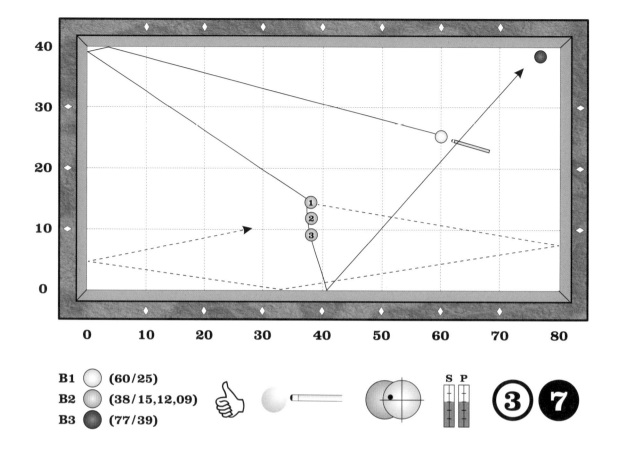

B1 ⚪ (60/25)
B2 🔘 (38/15,12,09)
B3 ⚫ (77/39)

S P

③ 7

여기서 소개하고 있는 해법은 위 그림에서처럼 공 배치가 대각선을 그리고 있어서 치기 어려운 상황일 때 상당히 효과적이다.

앞에서 언급했던 패턴과 비슷하게, 여기서도 B2를 절반 두께로 맞혀야 한다. 이것은 B3이 코너에서 '빅 볼'이 되기 때문에 1/3과 2/3 사이의 두께로 B2를 맞힐 수 있다는 것을 의미한다.

이 패턴에 대한 감을 잡을 수 있도록, 그림에서 보여주는 것처럼 B2의 위치에 변화를 주고 그에 따라 첫 번째 쿠션의 조준점을 바꿔야 한다. 이때 회전과 속도는 동일하게 적용한다.

👁 218, 219

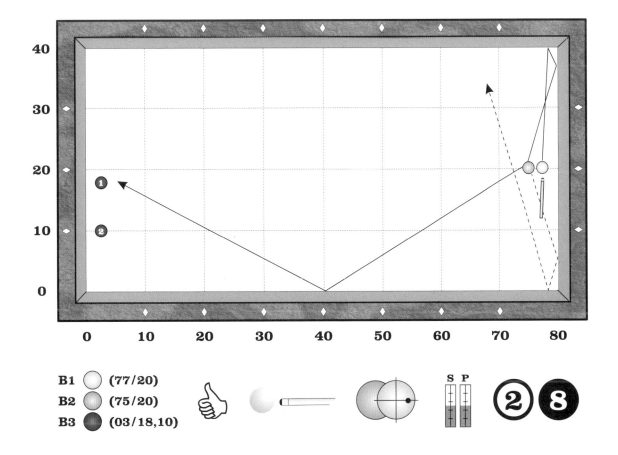

B1 ⚪ (77/20)
B2 ⚫ (75/20)
B3 ⚫ (03/18,10)

확실히 투 뱅크 샷으로 B2를 맞히는 방법을 평가하는 것은 쉽지 않다. 하지만 세 번째 쿠션과 B3을 향한 방향을 크게 변화시키지 않고 B2를 1/3과 2/3 사이의 두께로 맞혀야 하기 때문에 이 패턴에 대한 허용 오차는 상당히 크다.

두 번째 위치에 있는 B3을 맞히기 위해서는 수구가 B2에 맞은 후 훨씬 더 튕겨 나올 수 있도록 반드시 속도를 올려야 한다.

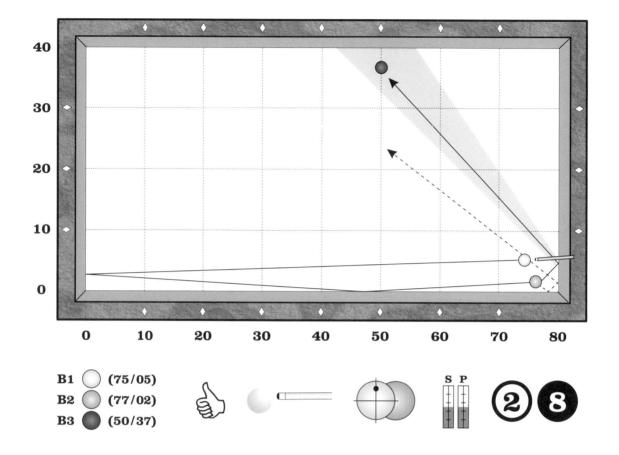

B1 ⬜ (75/05)
B2 ◐ (77/02)
B3 ⚫ (50/37)

② ⑧

위 그림과 같은 패턴의 경우, 빨간 공을 처리하는 해법은 복잡하며 노란 공 때문에 큐를 내려놓아야 하는 상황이다. 게다가 노란 공을 적절히 처리할 해법도 찾기 힘들기 때문에 여기서 소개하는 빈쿠션을 추천한다.

이 샷을 칠 때 B2를 절반 두께로 맞혀야 하기 때문에 허용 오차 범위가 상당히 크다. 그리고 B3을 향하는 수구의 진행 경로를 변경하지 않고 B2를 약간 얇게 또는 두껍게 맞혀야 한다.

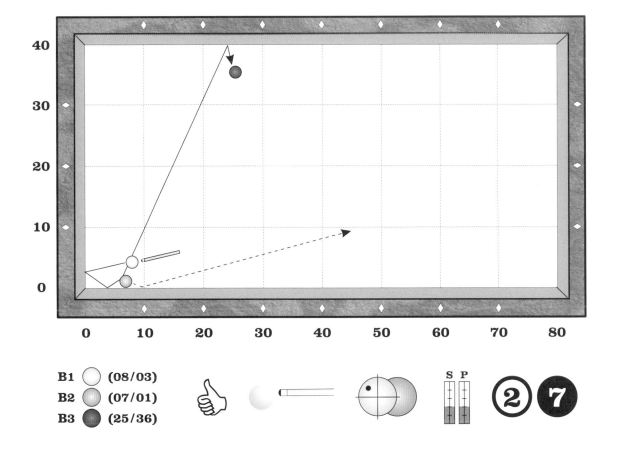

B1 (08/03)		
B2 (07/01)		
B3 (25/36)		

여기서 소개하는 샷이 예상외로 쉽고 효과적이라는 사실을 알게 될 것이다. 세 번째 쿠션에서 수구는 역회전처럼 움직이는 왼쪽 회전을 끼고 돌고 있기 때문에 '곧장' 쿠션으로 되돌아올 수 있지만, 그로 인해 득점에 대한 허용 오차가 매우 적어진다.

너무 빠르지 않게 샷을 하길 바란다. 이렇게 공을 치면 당구대 천과의 마찰 때문에 회전이 지속적으로 줄어들고, 이 덕분에 세 번째 쿠션에서 수구의 반사각이 '벌어질' 것이다.

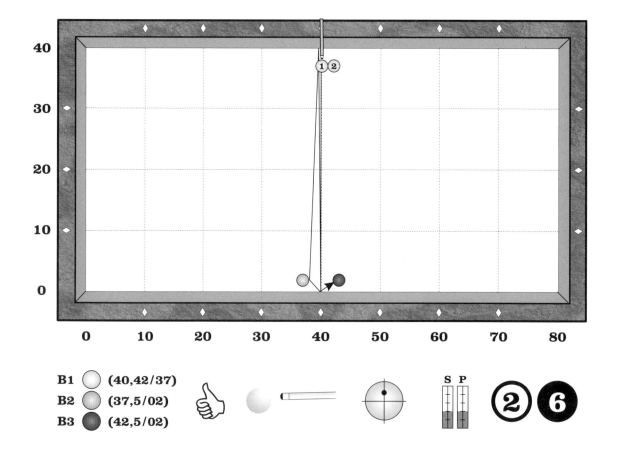

B1 ◯ (40,42/37)
B2 ◯ (37,5/02)
B3 ● (42,5/02)

S P

② ❻

위 그림과 같은 패턴에서 득점하고 싶다면, 사소한 실수를 조심해야 한다. 그리고 무회전으로 반드시 두 목적구 사이를 겨냥해야 한다. 두 개의 장쿠션을 지나 두 목적구들 중 하나를 맞힌 수구는 세 번째 쿠션을 통해 다른 공을 맞힐 것이다. 하지만 대부분의 경우에 선수는 원치 않은 회전을 조금이라도 주게 될 것이다. 역설적이지만 이런 상황은 득점에 도움이 된다. 따라서 조그마한 회전도 주지 않을 정도로 완벽한 기술을 가진 선수라도 반드시 한쪽을 결정해야만 한다.

두 번째 위치에 있는 B1을 칠 때에는 반드시 왼쪽 회전을 조금 줘야 한다. 물론 단쿠션을 세 번 맞혀 길게 돌리는 해법을 사용할 때에도 이 원리를 적용할 수 있다.

👁 232

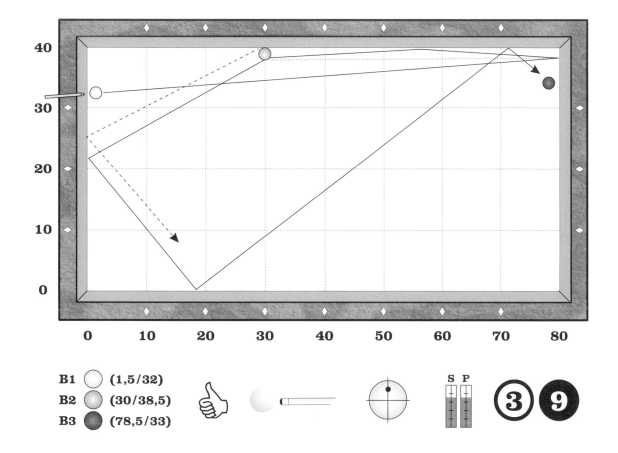

B1	⚪	(1,5/32)
B2	🔘	(30/38,5)
B3	🔴	(78,5/33)

S P

③ ⑨

여기서 소개하는 해법대로 공을 친다면, 빠른 속도에도 불구하고 수구에 회전을 최소한으로 주는 일이 가장 어려운 문제가 아니라는 사실을 알게 될 것이다. 물론 원하는 만큼 회전을 줄 수 있으려면, 탄탄한 기술이 뒷받침되어야 한다. 그리고 먼저 쿠션을 한 개만 맞힌 후 B2를 맞히는 경우(가는 점선 참고)에도, 수구는 단쿠션과 장쿠션을 통해 B3에 도달할 수 있는 기회가 여전히 있다. 물론 180쪽에서 언급했던 다른 해법도 가능하지만 여기서 소개하는 해법을 시험할 가치는 충분하다.

🔍 180

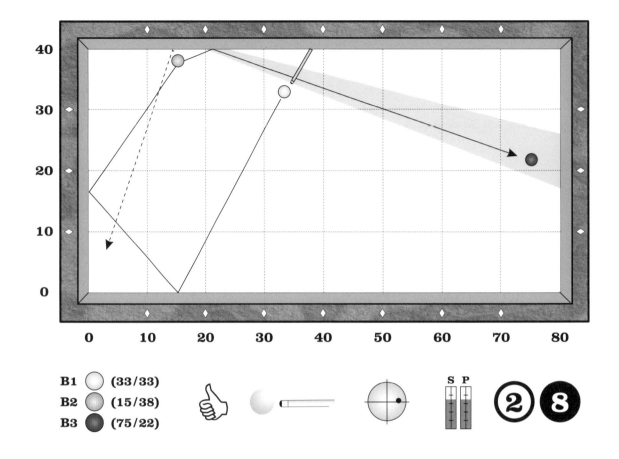

B1 ◯ (33/33)
B2 ◐ (15/38)
B3 ● (75/22)

이 패턴에서는 오른손잡이든 왼손잡이든 상관없이 수구를 편안하게 칠 수 없기 때문에 노란 공을 맞히는 어떤 해법을 시도하더라도 어렵긴 마찬가지다. 게다가 빨간 공의 오른쪽 면을 맞히는 돌려치기 해법도 상당히 까다롭다.

기발한 방법으로 이 문제를 해결하고 싶다면, 여기서 소개하는 투 뱅크 샷을 쳐보자. B2를 1/3과 2/3 사이의 두께로 맞힐 수 있기 때문에 허용 오차가 상당히 크다. 계산법에 대한 지식이 있다면 여기서도 많은 도움이 될 것이다.

👁 227, 228

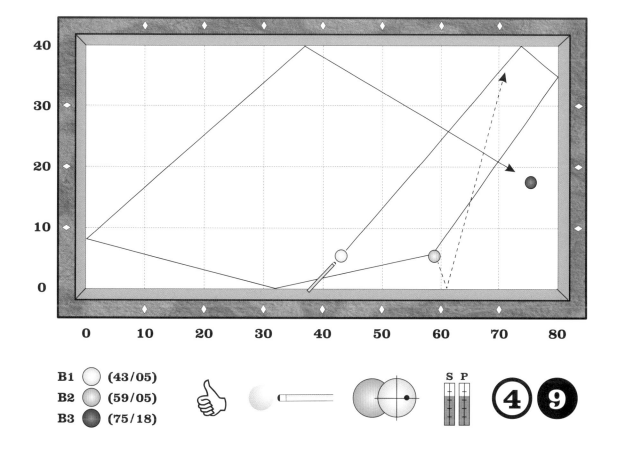

B1 ○ (43/05)
B2 ◐ (59/05)
B3 ● (75/18)

이 해법을 사용하면, "어떻게 하면 이런 난장판 속에서 수구로 돌려치기 해법을 칠 수 있을까?"라는 질문에 대한 대답을 얻을 수 있을 것이다.

　여기서 결정적인 요소는 B2를 완벽한 두께로 맞히는 것으로 이렇게 하려면 비슷한 패턴을 많이 경험해보고 또 감도 필요하다. 이보다 기술적으로 어려운 점은 없다. 다만 작은 속도 변화에도 수구의 진행 경로가 많은 영향을 받을 수 있다는 점을 고려해야 한다.

👁 226, 228

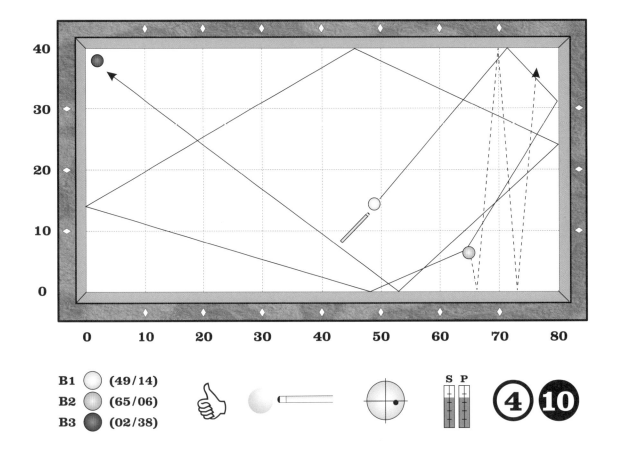

B1 ◯ (49/14)
B2 ◖ (65/06)
B3 ● (02/38)

여기서 소개하는 패턴은 앞에서 언급했던 패턴을 확장한 형태다. 이 패턴에서 확인할 수 있는 것은 독특한 패턴을 해결하기 위해서는 종종 보기 드문 해법을 사용해야 한다는 점이다.

빠른 속도가 필요한데 이 때문에 첫 번째 쿠션의 조준점과 관련해서 감을 잡기가 더 어렵다. 게다가 키스가 일어날 위험을 완벽하게 제거할 수도 없다. 이런 문제점에도 불구하고 여전히 다른 대안이 없는 관계로 현실적으로 이 해법을 사용할 수밖에 없다.

스리 뱅크 샷

THREE-RAIL-FIRST SHOTS

시스템을 이용한 스리 뱅크 샷

입사각과 반사각을 이용한 스리 뱅크 샷

토브욘 브롬달(스웨덴)

Torbjörn Blomdahl

1987년(카이로, 이집트), 1997년(흐뤼벤보르스트, 네덜란드), 2015년(보르도, 프랑스) 세계 챔피언

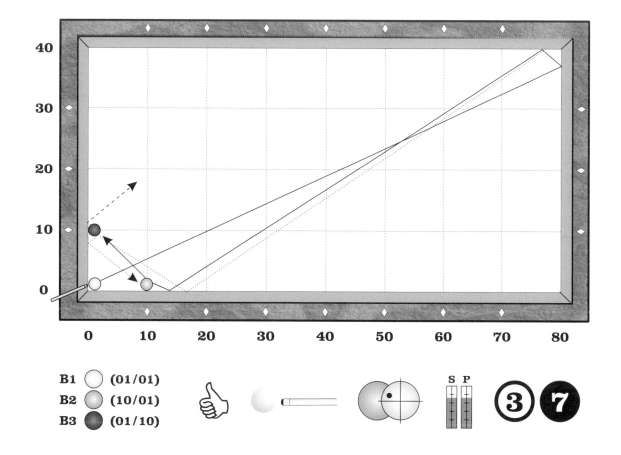

B1 ⚪ (01/01)
B2 🔘 (10/01)
B3 ⚫ (01/10)

여기서 소개하는 해법은 다소 간단하기 때문에 숨겨진 추가 득점 기회에 초점을 맞추도록 하자. 만약 이런 득점 기회들을 인식하고 잡을 수 있는 능력을 기른다면, 성공률이 상당히 높아질 것이다.

위 그림이 보여주는 것처럼 빨간 공을 이용한 추가 득점 기회(가는 점선 참고)를 얻기 위해서는 B1이 두 공들 사이의 '공간'(gap)으로 미끄러져 들어가지 못하도록 반드시 더 빠른 속도로 쳐야 한다. (그러면 B3의 왼쪽에 맞더라도 득점이 가능하다. – 감수자)

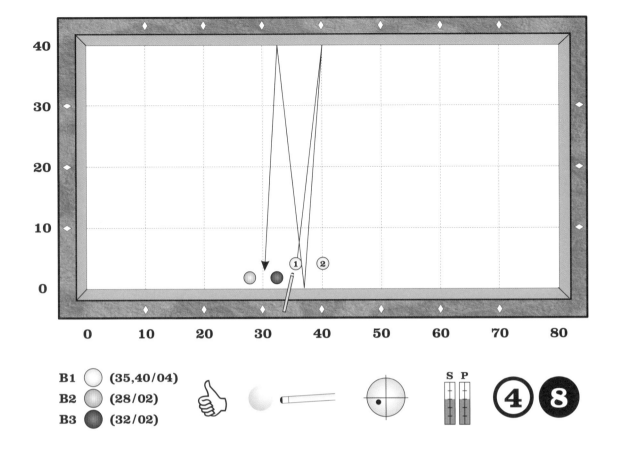

B1 ◯ (35,40/04)
B2 ◔ (28/02)
B3 ● (32/02)

S P

④⑧

지금 소개하는 횡단 뱅크 샷(cross-table bank shot)은 특별한 해법들 중에서도 조금 고전적인 해법이다. 이 샷은 쿠션 고무(rubber)의 상태에 많이 좌우되기 때문에 당점을 중심에서 약간 아래로 겨냥한 채 왼쪽 회전을 절반만 주고 수구를 쳐야 한다. 특히 새 당구대에서는 수구가 두 번째 쿠션에서도 여전히 사이드 스핀에 걸려 있기 때문에 회전을 너무 많이 줄 경우, 수구는 잘못된 방향으로 이동하게 될 것이다.

이런 종류의 패턴을 해결하기 위해서는 무엇보다 직감이 필요하다. 예를 들면 진 페르보르스트(Jean Verworst)의 저서인 《BEREKEND BILJARTEN》 (1987년, 벨기에)에서 소개한 계산법을 알고 있더라도 B1이 두 번째 위치에 있을 때 회전과 당점을 고려하고 속도가 변하지 않는 첫 번째 쿠션에서 각도를 어떻게 만들어내야 하는지 감을 잡을 필요가 있다.

 224

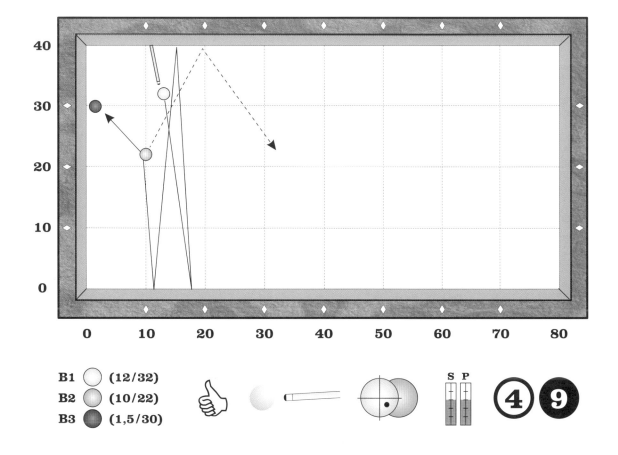

B1 ⚪ (12/32)
B2 ⚪ (10/22)
B3 ⚫ (1,5/30)

S P

④ ⑨

위 그림에서는 232쪽에서 언급했던 횡단 뱅크 샷을 재미있게 사용하는 방법을 보여주고 있다. 여기서는 1/3과 2/3 사이의 두께로 B2를 맞힐 수 있기 때문에 B2의 두께에 대한 허용 오차는 다른 어떤 해법들보다 뛰어나다.

새 당구대에서는 두 번째 쿠션에서 발생하는 '역효과'(reverse effect)를 피할 수 있도록 회전을 적게 주고 쳐야 한다.

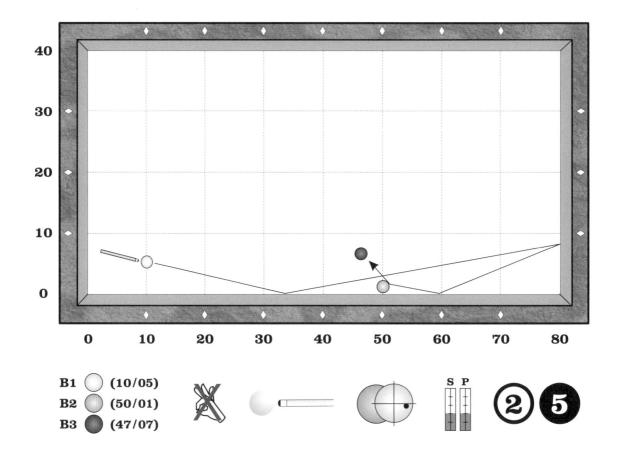

여기서 소개하는 더블 레일 뱅크 샷은 자주 간과되고 있는 해법이다. 기술적인 측면에서 봤을 때 이 샷은 매우 쉽다. 게다가 대부분의 경우 추가 득점 기회를 만들어낼 수도 있다. 이런 장점들만으로도 이 해법은 다른 해법보다 뛰어나다고 할 수 있다.

참고로, 회전이 두 번째 쿠션에서 나타나는 오래된 당구대에서 치는 것이 훨씬 쉬울 것이다. 수구의 위치를 좌우로 약간씩 바꾸면서 이 원리의 적용 범위를 파악해보자. (이 해법은 수구 위치의 한계치를 외워서 적용한다.—감수자)

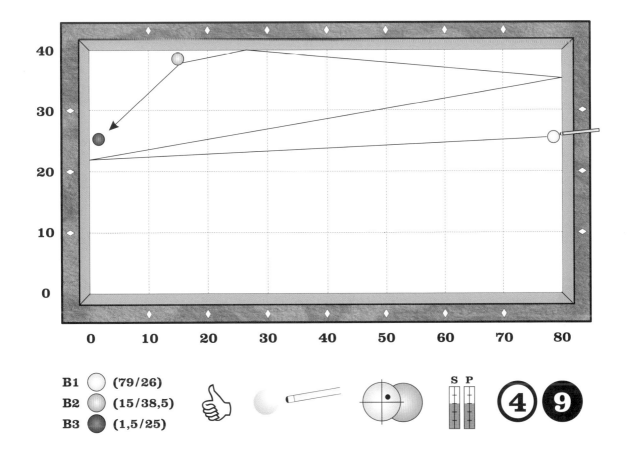

B1 ◯ (79/26)
B2 ◑ (15/38,5)
B3 ● (1,5/25)

위 그림에서처럼 B1이 쿠션에 프로즌되었거나 쿠션 가까이에 있는 경우, 이 문제를 해결할 수 있는 적절한 해법은 없다. 특히 공이 잘 미끄러지는 새 당구대에서는 큐를 약간 들어 올린 채 회전을 적게 주고 치는 것이 좋다.

만약 회전을 매우 많이 준다면, B1은 두 번째 쿠션에서 너무 '똑바로' 움직일 것이다. B2를 약간 두껍게 맞히더라도 수구가 B3에 도달할 수 있을 정도의 에너지를 얻을 수 있도록 부드러우면서 약간 강하게 스트로크를 해야 한다.

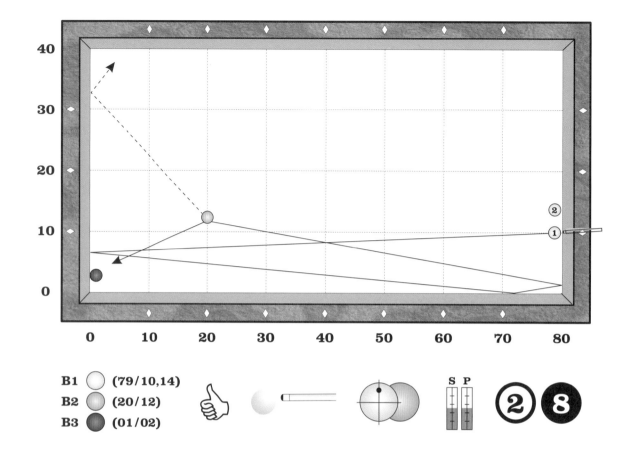

B1 ⚪ (79/10,14)
B2 ◐ (20/12)
B3 ⚫ (01/02)

이 뱅크 샷은 위 그림과 같은 패턴처럼 치기 불편한 공 배치를 해결할 수 있는 유일한 해법이다. 만약 세 개의 쿠션을 지난 후 1/3과 2/3 사이의 두께로 B2를 맞힌다면, B3을 미스하기가 불가능하다.

두 번째 위치에 있는 B1을 칠 때에는 B1이 세 번째 쿠션까지 휘지 않도록 반드시 오른쪽 회전(역회전)을 최소로 줘야 한다.

👁 238

제프 필리품(벨기에)

Jef Philipoom

1995년(흐뤼벤보르스트, 네덜란드) 세계 챔피언

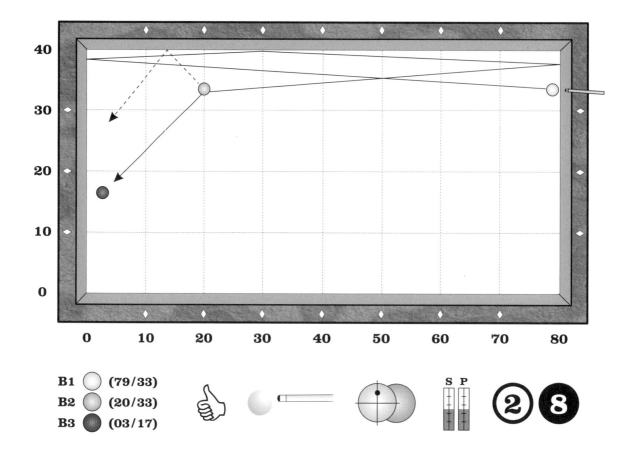

B1 ⚪ (79/33)
B2 ◯ (20/33)
B3 ⚫ (03/17)

S P
② ⑧

여기서 소개하는 해법은 196쪽에서 언급했던 패턴의 변형으로 B2의 두께에 대한 허용 오차가 대단히 크다. 처음에는 이 해법이 복잡해 보일 수 있지만 성공률이 굉장히 높다는 사실에 놀랄 것이다.

단 한 번도 사용하지 않은 새 당구대에서는 B1이 휘지 않고 장쿠션을 따라 이동하는 경우가 일어날 수 있다. 이때 오른쪽 회전을 최소로 주면 이 문제를 해결할 수 있다.

 236  196

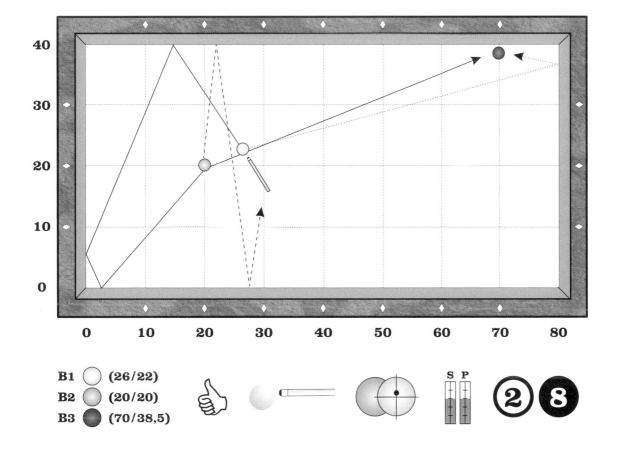

B1 ⚪ (26/22)
B2 🔘 (20/20)
B3 ⚫ (70/38,5)

여기서 소개하고 있는 빈쿠션은 굉장히 유용한 해법이다. 특히 다른 해법을 치려는 오른손잡이 선수가 수구에 손이 쉽게 닿지 않을 때 유용하게 사용할 수 있다. 세 개의 쿠션들을 지난 후 B2를 적절하게 맞힐 수 있도록 뱅크 샷에 대한 감을 잡는 것이 가장 중요하다.

B3은 '빅 볼'이기 때문에 단쿠션(가는 점선 참고)을 통해서도 수구는 B3에 도달할 수 있다. 당연하겠지만 위 그림처럼 불편한 패턴을 칠 때 높은 성공률을 기대해서는 안 된다.

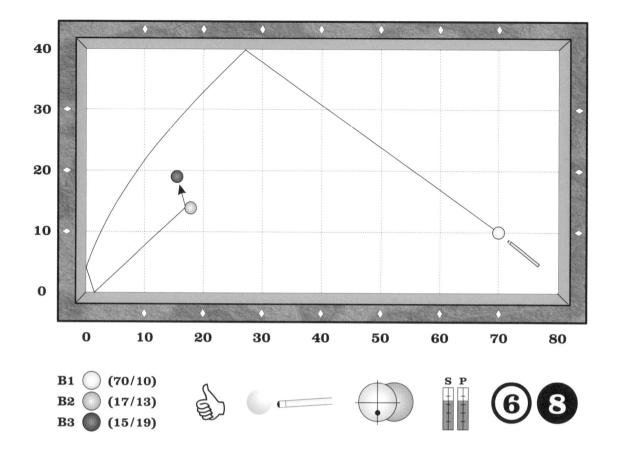

B1 ⚪ (70/10)
B2 ⚪ (17/13)
B3 ⚫ (15/19)

빈쿠션을 칠 수 있는 적절한 '기회'를 얻으려면, 반드시 요령 있게 쿠션 끌어치기를 해야 한다. 이렇게 하려면, 빠르고 강한 스트로크로 회전 없이 당점을 아래로 겨냥하여 B1을 쳐야 한다. 이 결과 발생한 커브 때문에 수구의 진행 경로가 짧아질 것이다.

연습을 할 때 적절한 속도와 함께 첫 번째 쿠션의 정확한 조준점에 대한 감을 반드시 잡아야 한다. 이렇게 하기 위해서는 B1 위치를 약간 바꿔주는 것이 좋다.

👁 15~18, 19~26, 51, 241

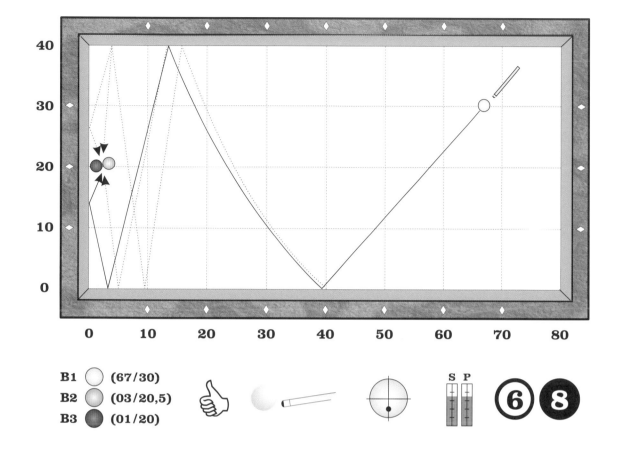

B1 ◯ (67/30)
B2 ◔ (03/20,5)
B3 ● (01/20)

S P

⑥ ❽

고전적인 빈쿠션 해법을 사용하면, 득점 기회가 적기 때문에 위 그림과 같은 패턴을 해결할 가장 좋은 해법은 여기서 소개하는 빈쿠션 끌어치기 횡단 샷(rail-first draw-back cross-table shot)이다. 쿠션 끌어치기는 수구의 진행 경로가 각 쿠션을 지날 때마다 '일직선'으로 공을 향하게 만드는 커브를 만들기 때문에 몇 가지 득점 기회(가는 점선 참고)가 생긴다. 커브를 최대한 연장시킬 수 있도록 반드시 빠른 속도와 강한 스트로크로 수구를 길게 밀어 쳐야 한다.

👁 15~18, 19~26, 51, 149, 240

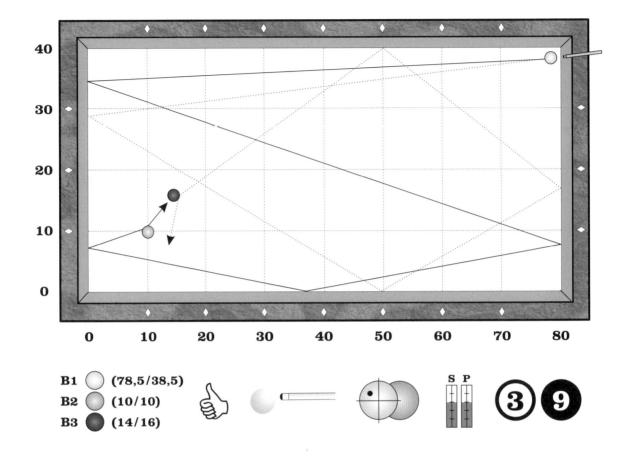

B1 ⚪ (78,5/38,5)
B2 🔘 (10/10)
B3 ⚫ (14/16)

고전적인 4쿠션 뱅크 샷(가는 점선 참고)은 좋은 '기회'를 제공하지 않기 때문에 여기서 소개하는 횡단 뱅크 샷을 대안으로 사용할 수 있다. B2의 측면을 제대로 맞힐 경우, B2를 1/4과 3/4 사이의 두께로 맞힐 수 있기 때문에 허용 오차가 상당히 크다. 그리고 수구의 진행 경로가 두 번째 쿠션 이후에 너무

'일직선'으로 진행되는 것을 막으려면, 회전을 충분히 주고 첫 번째 쿠션을 맞혀야 한다.

위 그림과 같은 패턴을 만나는 경우가 매우 드물기 때문에 얼마만큼의 회전을 줘야 할지 감을 잃을 수도 있지만, 몇 번 시도해보면 기대했던 것보다 성공률이 높다는 사실을 알게 될 것이다.

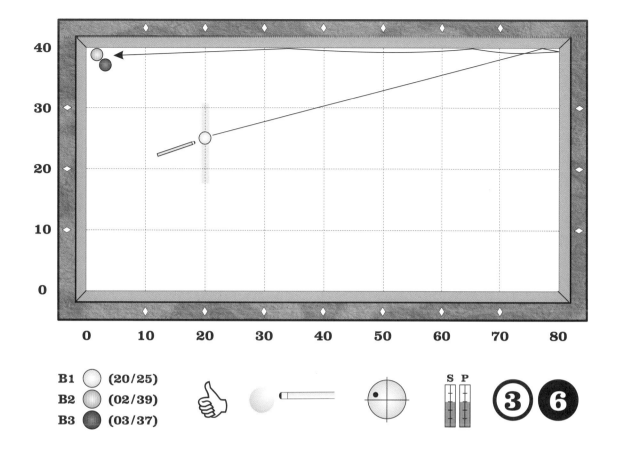

B1 ⚪ (20/25)
B2 ◐ (02/39)
B3 ⚫ (03/37)

필자는 여기서 소개하는 더블 레일 샷을 '보험'이라고 부른다. 특히 공이 잘 미끄러지는 새 당구대에서 '기본 뱅크 샷'으로 좋은 득점 기회를 잡을 수 없는 패턴을 해결할 수 있는 매우 효과적인 해법이다. 위 그림에서처럼 왼쪽 회전을 많이 주고 강한 스트로크로 코너에 가능한 한 가깝게 장쿠션을 맞혀야 한다. 그리고 장쿠션으로 되돌아온 B1은 장

쿠션에 가깝게 머물면서 한 번 이상 장쿠션을 맞히게 될 것이다.

이 샷을 연습할 때 수구가 쿠션에 가장 잘 붙어 있을 수 있는 완벽한 속도를 찾아야 한다. 그런 후, 수구를 위 그림에 표시된 회색 바를 따라 조금씩 이동시키면서 그에 따라 수구에 얼마만큼의 회전을 줄지 조절하는 연습도 해보자.

👁 121, 122, 244

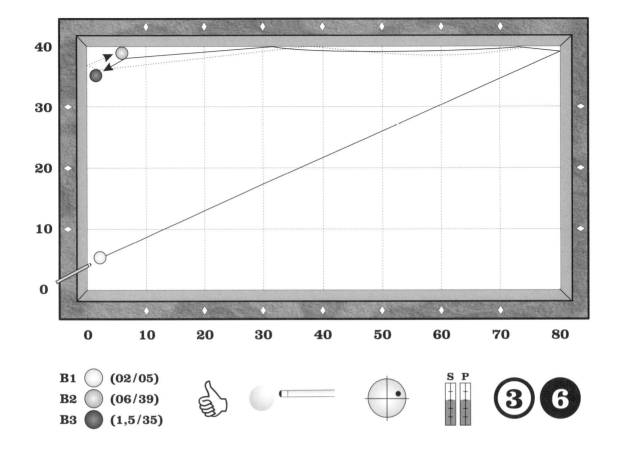

B1 ⚪ (02/05)
B2 ◐ (06/39)
B3 ⚫ (1,5/35)

S P
③ ⑥

두 목적구를 맞히기 위한 돌려치기 해법은 상당히 까다로울 뿐만 아니라 키스를 일으킬 위험도 있다. 게다가 고전적인 빈쿠션도 여기에 적합하지 않기 때문에 여기서 소개하는 특별한 해법을 사용해야 한다. 특히 공이 잘 미끄러지는 새 당구대에서는 높은 득점률을 확실하게 보장할 것이다.

여기서 가장 중요한 부분은 빠르고 강한 스트로크를 사용해서 앞에서 소개했던 사례와 비슷하게 수구를 코너에 가장 가까운 단쿠션에 맞히는 것이다. 여기서 장쿠션을 두 번 맞힌 수구가 다른 두 공들 중 어떤 공을 먼저 맞혀야 하는지는 중요하지 않다. 오히려 연습 중에는 이 해법을 성공시키려면 어느 정도의 속도가 필요한지를 파악하는 것이 중요하다.

👁 243

바운딩 샷

BACK-TO-THE-RAIL SHOTS

밀어치기를 이용한 바운딩 샷

크리스티앙 루돌프(독일)

Christian Rudolph

1996년(하팅겐, 독일) 세계 챔피언

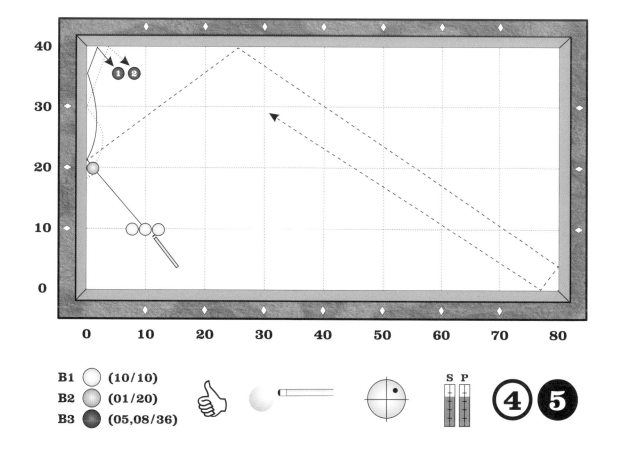

B1 ⚪ (10/10)
B2 ◖ (01/20)
B3 ⚫ (05,08/36)

S P

④ ❺

B2가 쿠션에 프로즌되어 있을 경우에는 치기 쉬운 바운딩 샷으로 해결할 수 있다. 빠르고 강한 스트로크로 B2를 가능한 한 두껍게 맞히면, 수구는 거의 자동적으로 쿠션을 왕복할 것이다.

두 번째 위치에 있는 B3을 맞히기 위해서는 먼저 옆으로 이동한 수구가 첫 번째 쿠션에 맞은 후 커브(가는 점선 참고)를 강하게 발생시킬 수 있도록 회전을 약간 줄여서 100%보다 약간 적은 두께로 B2

의 왼쪽 면을 맞혀야 한다. 이때 B1에서 B2까지의 경로와 단쿠션 사이의 각도가 결정적인 요소로 작용한다. 다시 말하면, 이것은 단쿠션으로 향하는 접근각이 너무 작기 때문에 좌표 (08/10)에 위치한 B1이 두 번째 위치에 있는 B3에 절대로 도달할 수 없다는 것을 의미한다. 반면에 B1이 좌표 (12/10)에 위치한 경우에는 이 해법을 훨씬 쉽게 성공시킬 수 있다.

👁 248~250

바운딩 샷

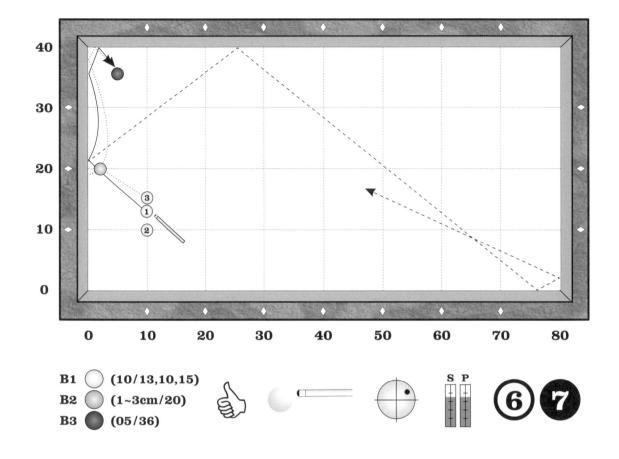

B1 ⬜ (10/13,10,15)
B2 ◯ (1~3cm/20)
B3 ⬤ (05/36)

⑥ ❼

앞에서 소개했던 패턴과는 달리, B2가 쿠션에서 1~3센티미터 정도 떨어진 경우에는 첫 번째 쿠션까지의 긴 거리로 인해 수구가 톱스핀을 어느 정도 사용한다. 이 때문에 반드시 두껍게 맞혀야 한다.

첫 번째 위치와 세 번째 위치에 있는 B1을 칠 때에는 최대한 두껍게 맞히거나 약간 왼쪽으로 맞힐 수 있기 때문에 B2의 두께에 대한 허용 오차가 크

다. 하지만 두 번째 위치에 있는 B1을 칠 때에는 적어도 95% 두께로 B2의 왼쪽 면만 맞혀야 한다.

B2가 단쿠션에서 얼마나 멀리 떨어지는지는 여러 가지 요소에 의해 결정된다. 이 요소들은 예를 들면 스트로크의 세기, 당구대 천의 상태, 첫 번째 쿠션에 대한 접근각 등이다. 따라서 연습할 때는 이런 요소들을 생각해봐야 한다.

👁 247, 249, 250

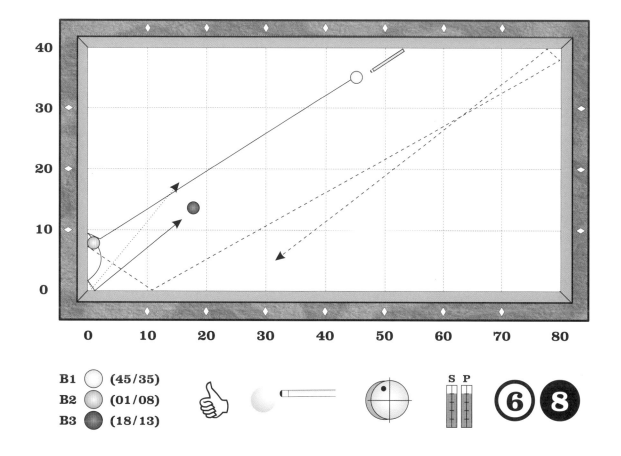

B1 ◯ (45/35)
B2 ◓ (01/08)
B3 ● (18/13)

여기서는 강력한 바운딩 샷을 유용하게 사용하는 법을 소개하고 있다. 이 패턴에서 횡단 샷 해법으로 빨간 공을 처리하려면 키스가 일어날 위험이 있기 때문에 치기가 어렵다.

세 번째 쿠션에서의 각도가 상당히 벌어지기 때문에 첫 번째 쿠션 이후에 생기는 커브를 연장시키는 것이 상당히 중요하다. 그리고 커브를 연장시키기 위해서는 빠르고 강한 스트로크로 B2의 오른쪽 면을 상당히 두껍게 맞혀야 한다.

이때 B2를 너무 두껍게 맞히거나 회전을 너무 많이 주어선 안 된다. 왜냐하면 그 때문에 B1이 빨간 공 '안쪽'으로 통과(가는 점선 참고)할 수 있기 때문이다.

👁 247, 248, 250

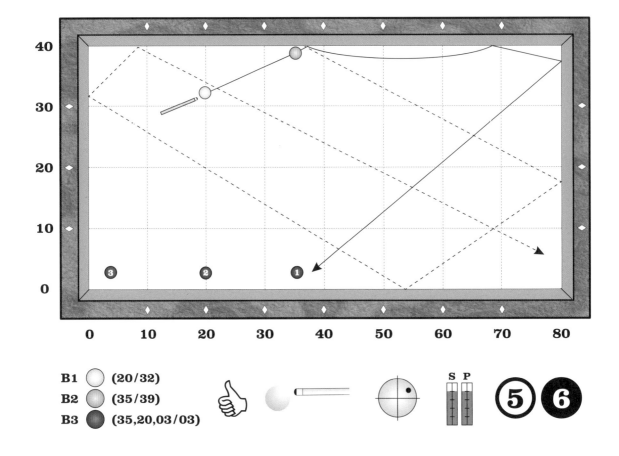

B1 ⚪ (20/32)
B2 ⚫ (35/39)
B3 ⚫ (35,20,03/03)

S P

⑤ ❻

위 그림과 같은 패턴에 바운딩 샷을 사용한다면, 성공률이 높을 것이다. B2를 가능한 한 두껍게 맞히는 것이 이상적이지만 수구의 진행 경로를 너무 많이 변경하지 않고 B2의 왼쪽 면을 약간 두껍게 맞히는 방법도 있다.

두 번째 위치와 세 번째 위치에 있는 B3을 맞히기 위해서는 반드시 회전을 줄여야 한다. 위 그림과 같은 패턴을 성공적으로 해결한다면, 이 해법을 적용할 수 있는 범위를 파악할 수 있도록 쿠션에서 B2를 센티미터 단위로 멀리 떨어뜨려 보자. 하지만 이렇게 하면 기술적으로 요구되는 사항들이 상당히 많아질 것이다.

👁 247~249

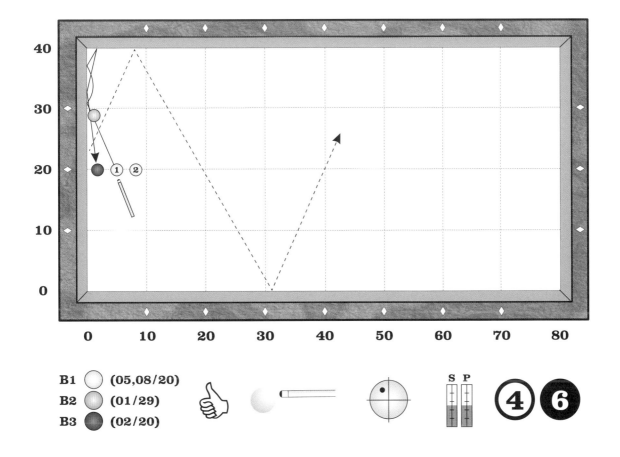

B1 ⚪ (05,08/20)
B2 🔵 (01/29)
B3 ⚫ (02/20)

두 번째 위치에 있는 B1을 칠 때에도 정확히 동일한 방법을 사용할 수 있다. 만약 B2가 지금보다 장쿠션에 가깝게 위치한다면,(포인트 30 이상에 위치) 단쿠션을 반복(단-장-단)하지 않고 이 패턴을 해결할 수 있다.

여기서 소개하는 바운딩 샷을 칠 때면 왼쪽 회전을 많이 주는 실수를 자주 하게 된다. 하지만 수구가 쿠션에서 매우 가까운 곳에 머물기 때문에 회전이 매우 적게 필요하다. 장쿠션이 이미 세 번째 쿠션이고 이로 인해 B1이 추가로 단쿠션을 맞힌 후 B3을 맞히거나 아니면 직접 B3을 맞혀 캐롬을 할 수 있기 때문에 B3은 '빅 볼'이 될 수 있다.

 252, 254 265

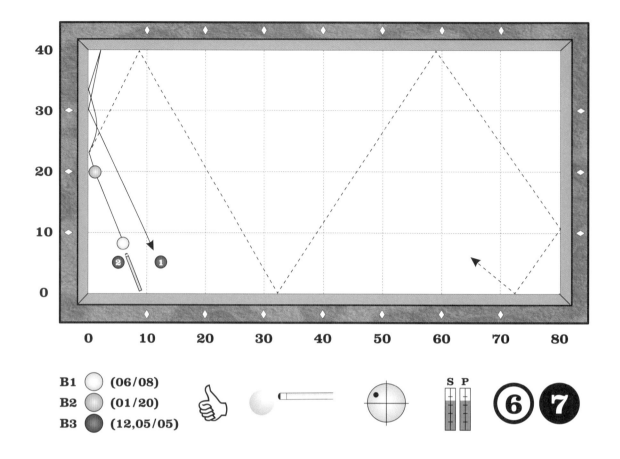

B1 ⚪ (06/08)
B2 🔘 (01/20)
B3 ⚫ (12,05/05)

S P

⑥ ⑦

여기서 소개하는 해법은 앞에서 언급했던 패턴의 확장형으로 '빅 볼' B3이 있기 때문에 믿을 수 있고 효과적이다. 이 패턴에서는 굉장히 강한 사이드 스핀으로 인해 네 번째 쿠션에서도 수구의 속도가 줄지 않기 때문에 톱스핀과 역회전의 균형 잡힌 조합

이 결정적인 역할을 한다. 다른 바운딩 샷들과 마찬가지로, 여기서도 필요한 회전을 얻을 수 있도록 스트로크를 강하고 빠르게 해야 한다. 그리고 두 번째 위치에 있는 B3을 맞히기 위해서는 역회전을 확실히 줄이기만 하면 된다.

👁 251, 254

다니엘 산체스(에스파냐)

Daniel Sanchez

1998년(흐제, 프랑스), 2005년(루고, 에스파냐), 2016년(보르도, 프랑스) 세계 챔피언

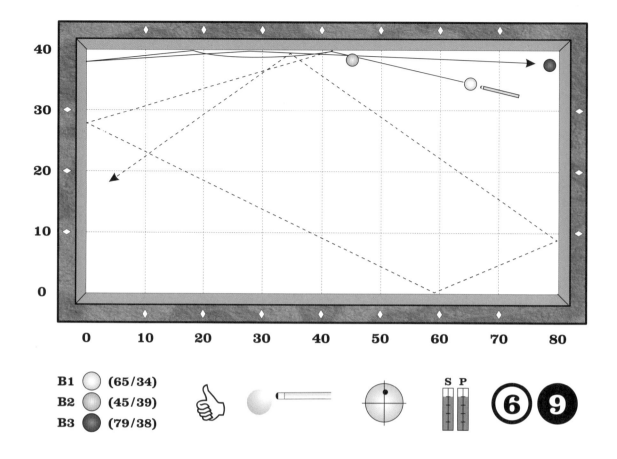

B1 ⚪ (65/34)
B2 ◐ (45/39)
B3 ⚫ (79/38)

앞에서 소개한 패턴에서 사용했던 것과 동일한 해법을 여기서도 장쿠선에 적용할 수 있다. 물론 거리가 더 길어졌기 때문에 성공하기는 훨씬 어렵다.

위 그림의 공 배치를 마주한 선수는 적절한 대안을 찾기가 어렵다. 만약 B3이 빨간 공이라면, 샷을 미스하더라도 대부분의 경우에는 좋은 견제가 될

것이다.

회전은 반드시 매우 적게 줘야 한다. 회전이나 B2의 두께와 관련된 사소한 실수를 발견할 수 있기 때문에 이 해법은 기술을 향상할 수 있는 좋은 연습이 될 것이다.

👁 251, 252 🔍 46

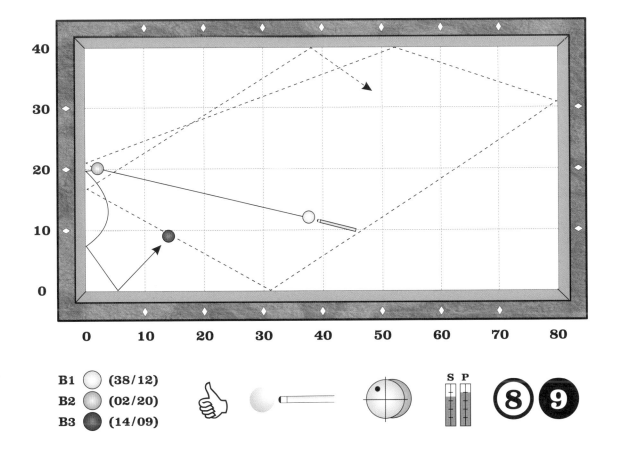

B1 ◯ (38/12)
B2 ◯ (02/20)
B3 ● (14/09)

B2의 왼쪽 면을 맞히는 '단-장-단-장'(short-long-short-long)인 4쿠션 돌리기가 B3 때문에 막혔다면, 133쪽에서 언급했던 더블 레일 샷 외에도 여기서 소개하는 바운딩 샷이 가능하다.

수구에 충분한 효과를 줄 수 있도록, 빠르고 강하면서 효과적인 스트로크로 수구를 굉장히 세게 쳐서 B2를 매우 두껍게 맞혀야 한다.

134

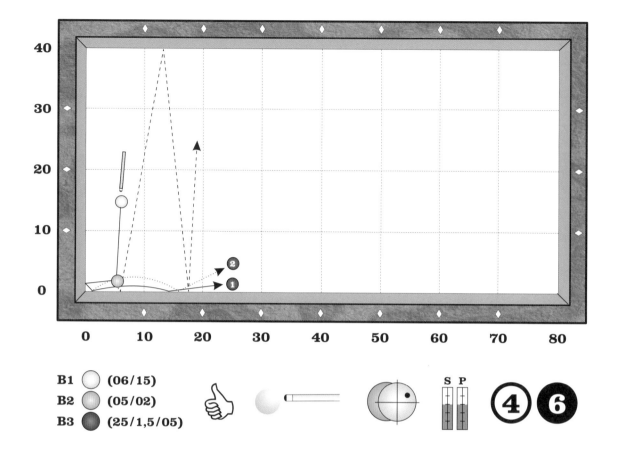

B1 ⚪ (06/15)
B2 ◐ (05/02)
B3 ⚫ (25/1,5/05)

여기서는 쉬운 형태의 바운딩 샷을 소개하고 있다. 톱스핀을 주고 B2를 매우 두껍게 맞히면, 수구에 밀기 효과를 많이 적용할 수 있기 때문에 수구는 단쿠션 이후에 장쿠션을 두 번 만나게 된다. 그리고 공에 준 역회전 때문에 B1은 쿠션 주위에 머물게 된다. 스트로크는 반드시 빠르고 강하게 하지만 너무 힘을 줘서 있는 힘껏 치지는 않는다.

첫 번째 위치보다 쿠션에서 멀리 떨어진 두 번째 위치에 있는 B3에 도달하기 위해서는 반드시 무회전으로 쳐야 한다. 이렇게 치면, 수구는 쿠션에서 보다 멀리 떨어질 것이다.

 257, 258 38

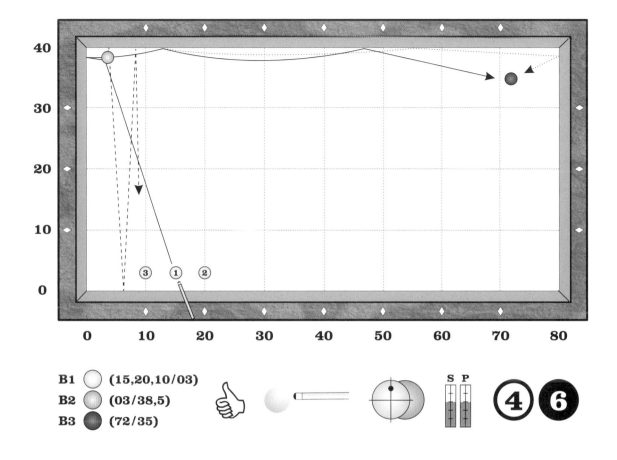

B1 ⚪	**(15,20,10/03)**
B2 ◖	**(03/38,5)**
B3 ⚫	**(72/35)**

S P

④ ❻

위 그림의 해법은 앞에서 언급했던 원리를 응용한 것으로 전형적이지만 매우 효과적이며 유용하다. 게다가 다른 어떤 해법보다 성공률이 높다.

　여기서는 회전을 전혀 사용해서는 안 된다. B1 은 쿠션에서 순회전을 일으키기 때문에 단쿠션(가

는 점선 참고)을 통해 두 번째 득점 기회를 얻는다.

　두 번째 위치에 있는 B1을 칠 때에는 키스를 피 할 수 있도록 반드시 B2를 약간 얇게 맞혀야 한다. 그리고 세 번째 위치에 있는 B1을 칠 때 왼쪽 회전 을 약간 주면, 수구는 쿠션 가까이에 머물 것이다.

👁 **256, 258**

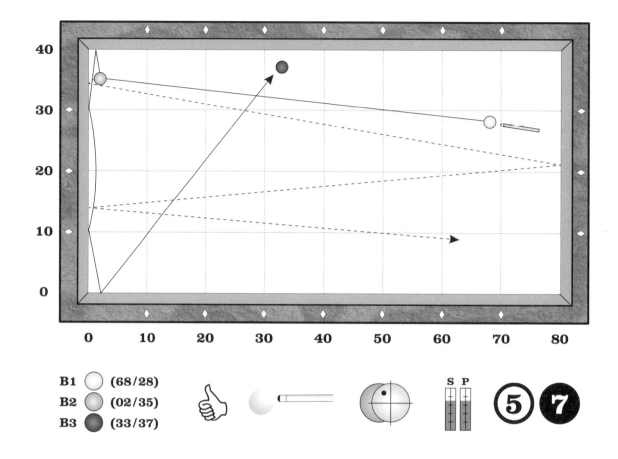

B1 ⚪ (68/28)
B2 🔘 (02/35)
B3 ⚫ (33/37)

여기서 소개하는 바운딩 샷은 앞에서 언급했던 패턴의 확장형으로 이 문제를 풀 수 있는 유일한 해법이 아니지만 가장 효과적이다. 톱스핀을 많이 주고 B2를 두껍게 맞힌다면, 수구를 쿠션으로 쉽게 되돌릴 수 있을 것이다. 여기서 회전은 쿠션에 닿을 때 생기기 때문에 하단 장쿠션의 각도가 충분히 벌어진다. 이런 이유에서 회전을 중간만 줘도 충분하다. B3은 '빅 볼'이 되기 때문에 성공률은 그런대로 괜찮은 편이다.

 256, 257  88

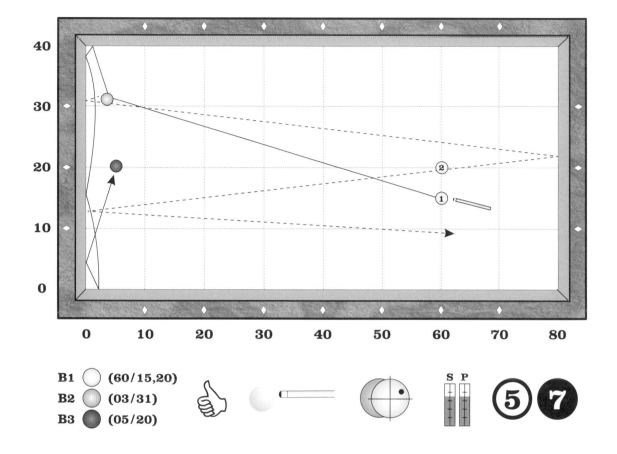

B1 ⚪ (60/15,20)
B2 ◯ (03/31)
B3 ⚫ (05/20)

이 패턴에서도 수구가 쿠션으로 되돌아올 수 있도록 반드시 코너에 가까운 단쿠션을 맞혀야 한다. 따라서 커브를 작게 그리면서 쿠션 가까이에 머물도록 당점을 포기하더라도 회전을 많이 줘야 한다. 왜냐하면 스핀만이 하단 장쿠션의 각도를 벌어지게 만들기 때문이다.

두 번째 위치에 있는 B1을 칠 때에는 당점을 약간 아래로 하지만 여전히 중심 위를 겨냥하여 수구를 쳐야 한다. 이때 수구가 쿠션에 머물 수 있도록 오른쪽 회전을 조금 더 줘야 한다. 새 당구대에서는 수구가 B3과 단쿠션 사이의 공간을 '통과'할지도 모른다.

🔍 92

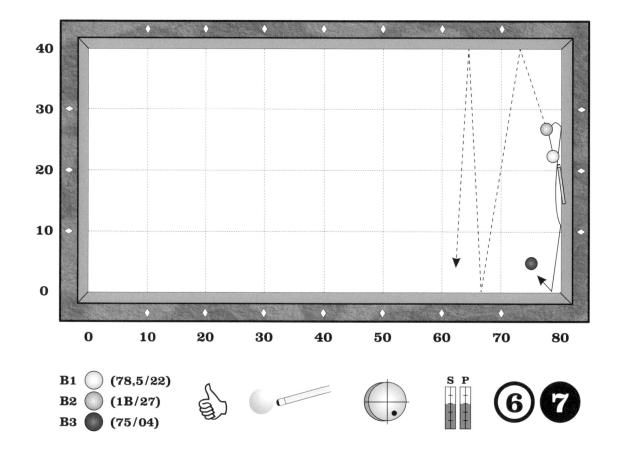

B1 ⚪ (78,5/22)
B2 ⚪ (1B/27)
B3 ⚫ (75/04)

면, B1은 단쿠션으로 되돌아간다. 이렇듯 B2의 두께에 대한 허용 오차가 매우 적기 때문에 연습을 많이 해야 한다. 하지만 수구가 너무 높이 점프할 만큼 빠른 속도로 치는 경우가 많다는 사실에 유의해야 한다.

여기서 소개하는 바운딩 끌어치기를 사용하면, B2를 맞힌 수구는 앞으로 튕겨 나간 후 단쿠션을 맞힌다. 이때 수구가 약간 점프하게 두는 것이 유리하기 때문에 큐를 약간 올리는 것이 좋다. 그리고 빠르고 강한 스트로크로 B2를 아주 두껍게 맞히

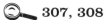 307, 308

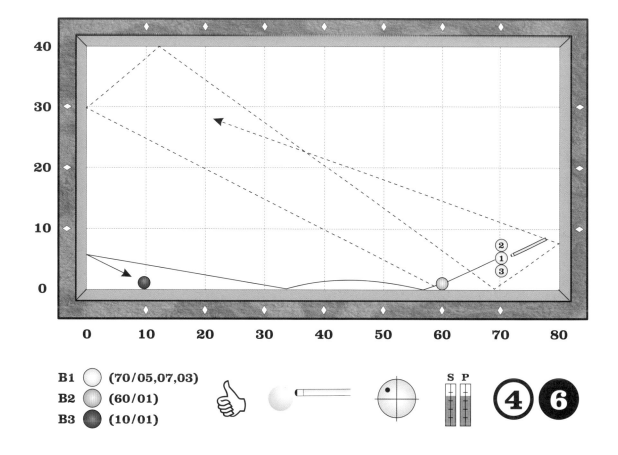

B1 ⚪ (70/05,07,03)
B2 ◓ (60/01)
B3 ⚫ (10/01)

S P

④ ❻

위 그림의 패턴을 해결할 이 멋진 바운딩 샷을 칠 때에는 왼쪽 회전을 굉장히 많이 주고 B2를 완전히 두껍게 맞혀야 한다. 이때 생긴 굉장히 강한 사이드 스핀 덕분에 단쿠션을 맞히기 위한 수구에 대한 허용 오차 범위가 넓어진다.

스트로크를 빠르고 강하게 해야 한다. 하지만 두 번째 위치에 있는 B1을 칠 때에는 너무 두껍게 맞혀서는 안 된다. 왜냐하면 B1이 쿠션에 머물며

쿠션 두 개만을 이용하여 B3을 맞힐 수 있기 때문이다. 이미 B2의 왼쪽 면을 살짝 맞혔다면, 수구는 쿠션에서 멀리 떨어질 것이다. 물론 이렇게 치더라도 득점 가능성은 조금 낮아질 뿐이다.

세 번째 위치에 있는 B1을 칠 때 수구가 쿠션에서 매우 조금 떨어지는 것을 보게 될 것이다. 이런 이유에서 B2를 100% 두께로 맞힐 필요가 있다.

👁 262

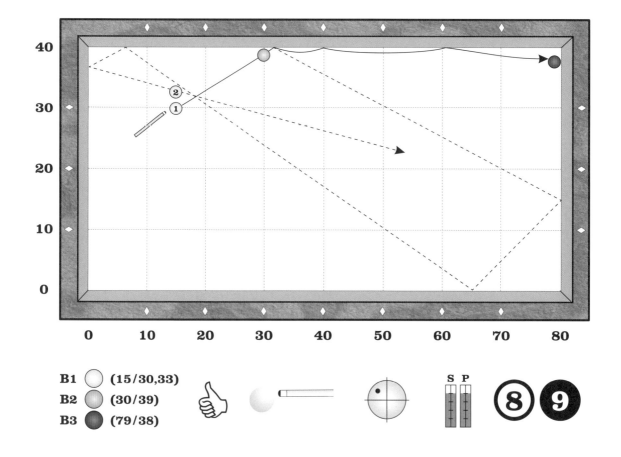

B1 ⚪ (15/30,33)
B2 ⚪ (30/39)
B3 ⚫ (79/38)

앞에서 소개한 패턴과 다르게, 여기서는 수구를 장 쿠션에 세 번 맞힐 수 있도록 반드시 톱스핀, 두께, 속도를 최대로 사용해야 한다. 이때 있는 힘을 다하거나 격렬하게 치지 않고 손목에 힘을 뺀 채 밀어 치기를 강하게 쳐야 한다. 그리고 여기서도 반드시 B2를 100% 두께로 맞혀야 한다.

많이 사용한 오래된 당구공을 사용하는 경우에는 이 패턴을 성공시키기 어려울 것이다. 그리고 두 번째 위치에 있는 B1을 칠 때, B1로 쿠션을 세 번 맞히는 것이 훨씬 더 어렵다. 장쿠션에 대한 접근각이 작기 때문에 스트로크를 할 때 훨씬 더 신중해야 한다.

타임 샷

TIME-SHOTS

다양한 아이디어를 이용한 시간차 공격

분리각과 입사각, 반사각을 이용한 시간차 공격

© H. 비데만(WIEDEMANN)

프레드릭 쿠드롱(벨기에)

Frédéric Caudron

1999년(보고타, 콜롬비아), 2013년(앤트워프, 벨기에) 세계 챔피언

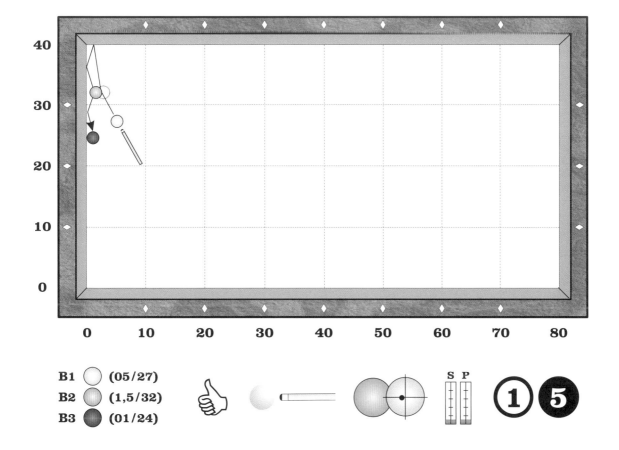

B1 ⚪ (05/27)		
B2 ◗ (1,5/32)		
B3 ⚫ (01/24)		

이 독창적인 해법을 보다 정확하게 이해할 수 있도록 순차적으로 설명하도록 하겠다. 먼저 수구로 B2를 매우 얇게 맞히면 B2는 정확히 공 한 개 거리만큼 쿠션에서 멀어지게 된다. 그리고 쿠션들, 즉 '장-단'을 맞힌 B1은 살짝 이동한 B2에 맞고 튕겨

나와 세 번째 쿠션인 단쿠션으로 다시 되돌아갈 것이다. 이때 속도를 최대한 낮춘 채 부드럽게 스트로크를 해야 한다. 토너먼트에서 이 해법을 사용할 경우에는 오심을 피할 수 있도록 미리 심판에게 해법을 언급하는 것이 좋다.

🔍 251

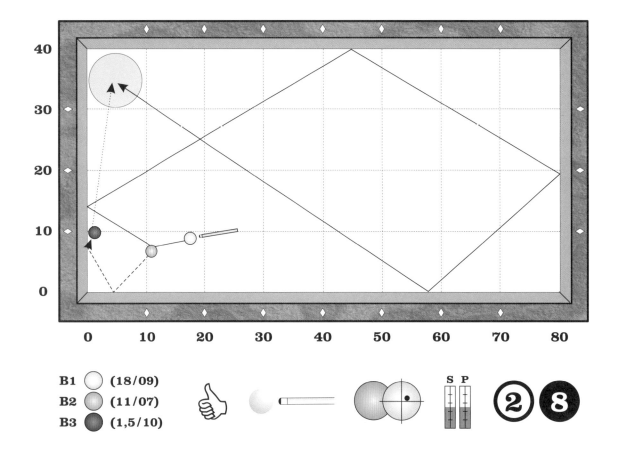

B1		(18/09)
B2		(11/07)
B3		(1,5/10)

언뜻 보기에 이 해법은 복잡할 것 같지만 몇 번 시도해보면 매우 효과적이고 멋진 해법이라는 사실을 알게 될 것이다. B3이 B2에 의해 반대편 코너로 이동하는 사이, B1은 쿠션 네 개를 돌아다니다가 결국 코너에서 B3을 만나기 때문에 거기서 B3은 '빅 볼'이 된다.

연습을 하면서 B2를 얼마나 적절한 두께로 맞힐지 감을 잡아야 한다. 이것 이외에 기술적으로 어려운 점은 없을 것이다.

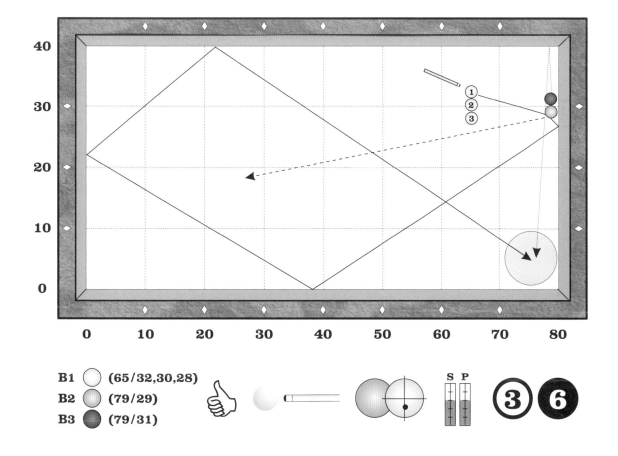

B1 ⬤ (65/32,30,28)
B2 ◓ (79/29)
B3 ⬤ (79/31)

③ ⑥

여기서 소개하는 쉽고 효과적인 타임 샷을 칠 때에 도 B2를 어느 정도의 적절한 두께로 맞혀야 하는지 가 성공과 실패를 결정한다.

회전을 적게 주면, 수구의 진행 경로를 길어지게 할 수 있는 쿠션 끌어치기가 된다. 그리고 두 번째 위치와 세 번째 위치에 있는 B1을 칠 때에는 오른쪽 회전을 각각 조금씩 더 줘야 한다. B2와 B3이 프로즌되어 있진 않지만 서로 가까이 위치한 경우에 도 이 해법을 사용할 수 있다.

 51 275

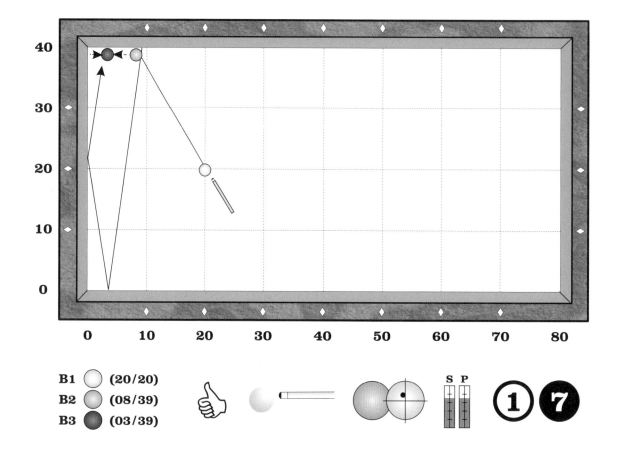

B1 ⚪ (20/20)
B2 ◯ (08/39)
B3 ● (03/39)

위 패턴에서처럼 치기 매우 불편한 공 배치를 만날 때가 있다. B2와 B3 모두 쿠션에 프로즌되어 있거나 둘 중 하나만 프로즌된 상태일 때 고전적인 뱅크 샷은 그야말로 도박이다.

여기서 소개하는 해법은 목적구인 B2가 B3에 의해 막혀 있는 타임 샷으로 흥미롭지만 치기가 까다롭긴 하다. 이 경우에는 B3을 단쿠션으로 보낼 수 있도록 B2의 두께를 조절해야 한다. 그런 후, B3을 원래 위치로 되돌릴 수 있도록 B2로 막는다. 그 동안에 수구는 조용하고 조심스럽게 당구대를 가로질러 B3으로 향하고 있을 것이다.

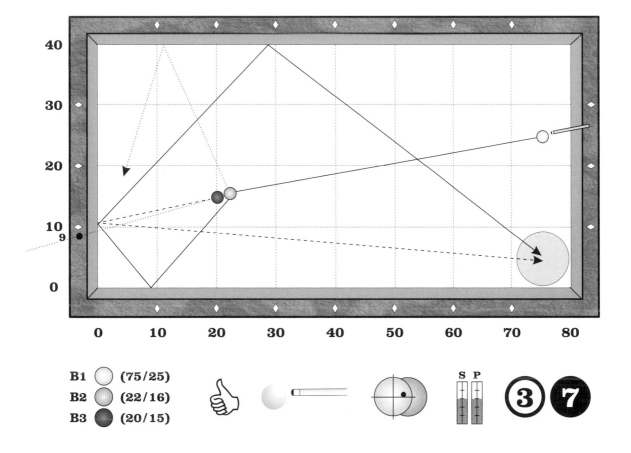

B1 ⬜ (75/25)
B2 ◗ (22/16)
B3 ● (20/15)

S P ③ ❼

위 그림에서처럼 B2와 B3이 서로 프로즌된 경우, 이 공들의 중심을 잇는 선을 그려본다. 이런 방법을 이용하면, 그 선은 단쿠션(가는 점선 참고)의 좌표 9를 향한다. 다른 모든 타임 샷과 마찬가지로 여기서도 B1과 B3이 동시에 하단 오른쪽 코너 지역으로 모일 수 있도록 B2를 적절한 두께로 맞히는 것이 필수적이다.

수구에 오른쪽 회전을 주면 B2에는 왼쪽 회전을 줄 수가 있다. 하지만 결국 B3에게는 오른쪽 회전을 준 꼴이 되므로 B3은 단쿠션에 맞은 후 작은 각도로 튀어 나온다. 이 해법에 익숙해졌다면, B2와 B3의 위치를 약간씩 바꾸거나 공들을 약간 떨어뜨려놓고 이 해법을 어느 범위까지 적용할 수 있는지 시험해보자.

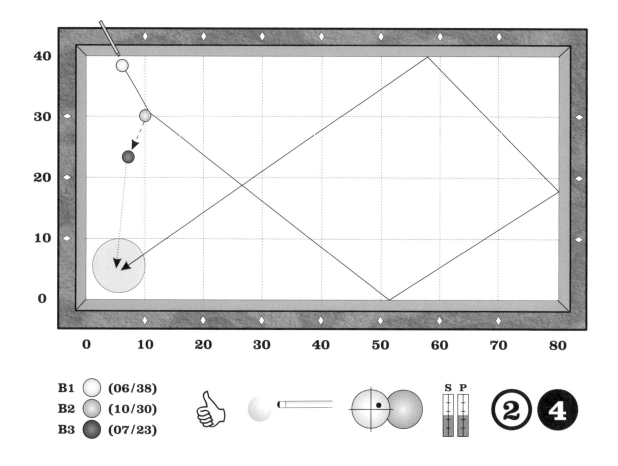

B1 ⬤ (06/38)
B2 ⬤ (10/30)
B3 ⬤ (07/23)

S P
② ④

여기서 소개하는 타임 샷을 칠 때에는 B2가 B3의 왼쪽 면을 맞히지 않아야 한다. 대신 B3을 상당히 두껍게 맞힌다. 그렇지 않다면, B2는 득점하기 바로 전에 수구의 진행 경로와 만나게 될 것이다.

수구를 좌우로 센티미터 단위로 이동시켜 회전과

B2의 두께를 조절하다 보면, 이런 종류의 해법들을 자세히 파악할 수 있을 것이다. (이 패턴에서는 분리 각이 90도라는 점에 착안하여 키스를 정확히 예측할 수 있다.-감수자)

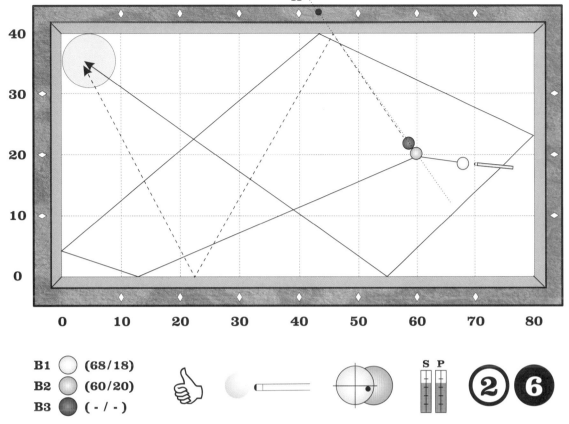

B1 ◯ (68/18)
B2 ◐ (60/20)
B3 ● (- / -)

S P

② ⑥

위 그림에서 보여주는 것처럼 B2와 B3의 중심을 잇는 연장선(가는 점선 참고)이 장쿠션의 좌표 43을 향하고 있다. 이 연장선에 B2와 B3이 반드시 있어야 한다.

B2를 어느 정도의 두께로 맞혀야 하는지를 고민해야 한다. B2와 프로즌된 B3이 너무 많이 움직이지 않을 정도의 두께로 B2를 맞혀야 이상적이다. 이렇게 해야 키스가 일어날 위험이 없다.

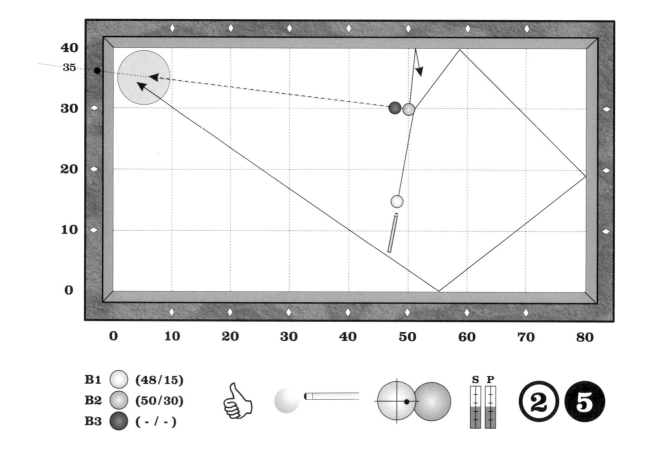

B1	(48/15)	
B2	(50/30)	
B3	(- / -)	

B2와 B3의 중심을 잇는 일직선(가는 점선 참고)을 그린다. 여기서 B2와 B3은 단쿠션의 좌표 35를 향하는 이 일직선에 반드시 위치해야 한다. 이때 B2를 적절하게 맞힌다면, B3은 코너에서 '빅 볼'이 될 것이다. (이때 B3의 이동거리는 짧고 B1의 속도는 살아 있도록 조절한다.-감수자)

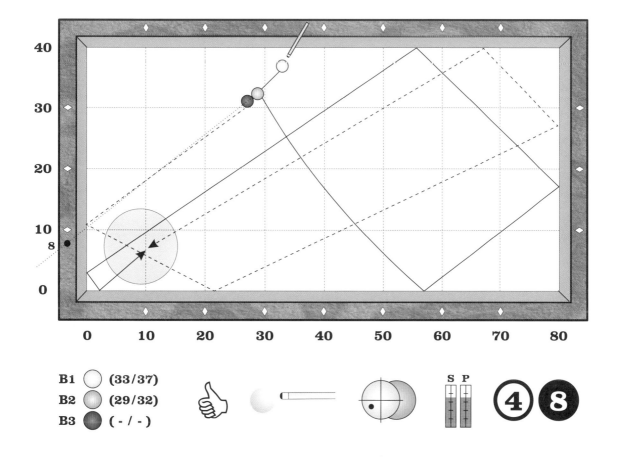

B1 ⬜ (33/37)
B2 🔘 (29/32)
B3 ⚫ (- / -)

위 그림의 패턴에서도 B2와 B3은 단쿠션의 좌표 8을 향하는 일직선, 즉 두 공의 중심을 잇는 일직선(가는 점선 참고)에 서로 반드시 프로즌된 상태로 위치해야 한다.

'톱니바퀴 원리'에 따라 B3도 수구에 준 왼쪽 회전에 영향을 받기 때문에 자연스럽게 쿠션 네 개를 만나게 된다. 이때 B1이 네 번째 쿠션으로 단쿠션을 만나면 득점할 수 있는 가장 좋은 기회를 얻을 것이다. 여기서는 B2의 적절한 두께에 대한 허용오차 범위가 매우 작다.

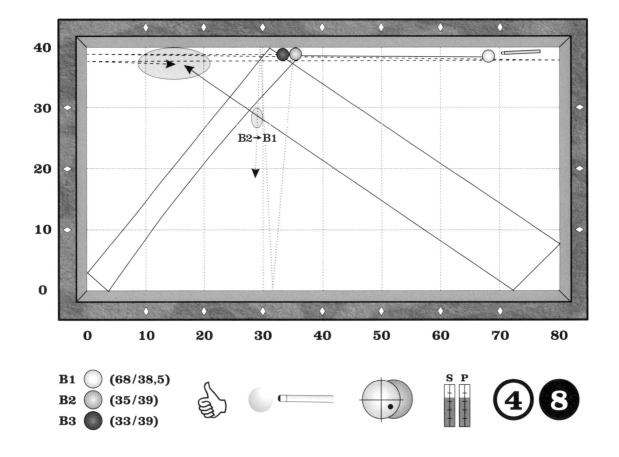

B1 ⃝ (68/38,5)
B2 ◐ (35/39)
B3 ● (33/39)

S P

④ ❽

타임 샷을 사용하면, 기발한 해법들을 만들 수 있다. 그리고 그중 하나가 바로 여기서 소개하는 5쿠션 돌리기다. B2는 키스를 일으킬 위험이 있기 때문에 수구가 B3에 다가갈 때 B2가 확실하게 위험 지역을 벗어날 수 있도록 B2를 너무 두껍게 맞혀서는 안 된다. 이때 수구가 빠르게 이동하기 위해서는 손목에 힘을 뺀 채 강하고 탄력적으로 스트로크를 해야 한다.

👁 67

274

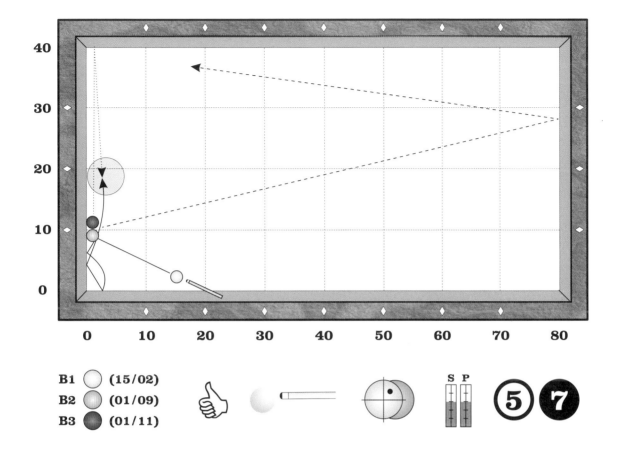

B1 ⚪ (15/02)
B2 ◯ (01/09)
B3 ⚫ (01/11)

위 그림에서 소개하는 샷은 극단적인 각도로 치는 더블 레일 타임 샷으로, 두 공의 저항으로 인해 수구가 훨씬 많이 튕겨 나오는 경우에만 가능하다. 여기서는 두 목적구가 반드시 프로즌될 필요 없이 1~2밀리미터 정도 떨어질 수 있다는 점이 흥미롭다. 수구의 진행 경로가 첫 번째 쿠션 이후에 충분

히 휠 수 있도록 스트로크를 빠르고 강하게 해야 한다.

연습을 하면 B2를 적절한 두께로 맞힐 수 있는 감을 잡을 수 있을 것이다. 물론 처음에는 B2를 너무 얇게 맞히는 경우가 종종 있다.

👁 267

키스백 샷

KISS-BACK SHOTS

키스백 샷을 응용한 되돌아오기 샷

돌려치기 샷

© J. 링겔

딕 야스퍼스(네덜란드)

Dick Jaspers

2000년(생테티엔, 프랑스), 2004년(로테르담, 네덜란드), 2011년(리마, 페루) 세계 챔피언

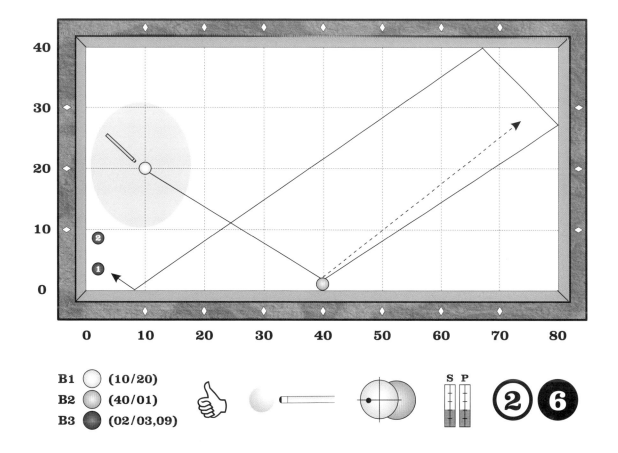

B1 ◯ (10/20)
B2 ◕ (40/01)
B3 ● (02/03,09)

위 그림을 보면 B2가 쿠션에 프로즌된 덕분에 수구는 큰 반발력을 받아 튕겨 나갈 수 있다. 따라서 여기서 소개하는 해법과 비슷한 다른 모든 키스백 샷도 너무 빠른 속도로 치지 않아도 된다.

두 번째 위치에 있는 B3을 맞히기 위해서는 반드시 B2를 약간 두껍게 맞혀야 한다. 그리고 B2가 쿠션에 프로즌되지 않고 1~3밀리미터 떨어져 있다면, 반드시 B2를 훨씬 더 두껍게 맞혀야 한다. 하지만 이렇게 떨어진 상태에서 B2를 적절한 두께로 맞히는 일은 어렵다.

만약 B3이 빨간 공이라면, 미스를 하더라도 좋은 견제가 될 것이다. 그리고 수구를 회색 지역 안에 놓은 다음 매번 샷을 칠 때마다 위치를 변경하면서 연습하면, B2를 어느 정도의 두께로 맞혀야 하는지에 대한 감을 계발할 수 있을 것이다. (키스백 샷의 핵심은 두께를 정확히 맞히는 데에 있다. –감수자)

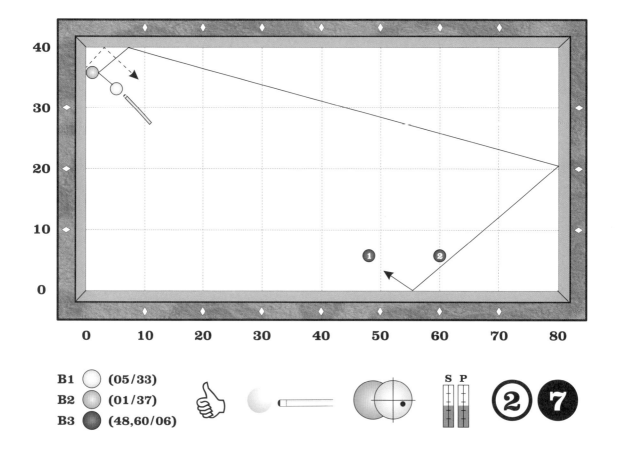

B1 ⬜ (05/33)
B2 ◐ (01/37)
B3 ⚫ (48,60/06)

S P

② ❼

필자는 적절하면서도 멋지게 구사한 키스백 샷을 좋아한다. 이 샷은 언뜻 선수에게 굉장히 불리해 보이는 패턴도 해결해주기 때문이다.

　너무 빠르지 않은 속도로 키스백 샷을 아주 조심스럽게 친다면, 공이 제대로 맞았을 때 추가 득점 기회를 얻을 수 있고 운이 나빠 미스를 할 경우라

도 좋은 견제가 될 것이다.

　두 번째 위치에 있는 B3을 맞히기 위해서는 반드시 B2를 약간 얇게 맞혀야 한다. B2가 쿠션에서 밀리미터 단위로 조금 떨어진 곳에 있어도 된다. 다만 그때에는 B2를 더 두껍게 맞힌다.

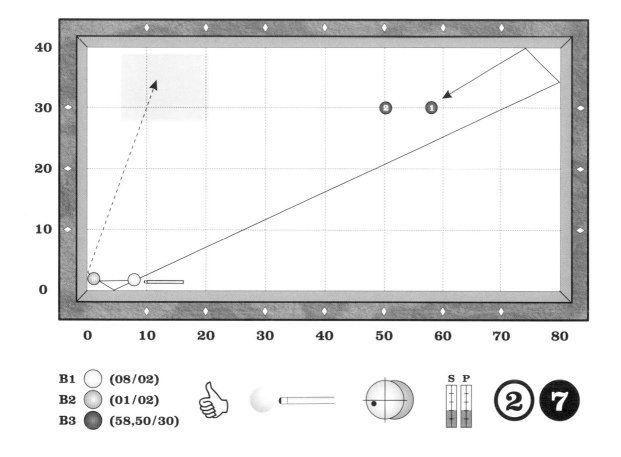

B1 ⚪	(08/02)	
B2 ◐	(01/02)	
B3 ⚫	(58,50/30)	

앞에서 언급했던 패턴에서처럼, 여기서도 키스백 샷 이 가장 효과적인 해법이며 전술상 동일한 이점이 있다. 힘보다는 정확도에 신경을 써야 하기 때문에 너무 빠른 속도로 치지만 않는다면 성공률이 높아 질 것이다.

정확하게 쳤다면, B2는 유리한 위치로 매우 천천 히 이동할 것이다. 그리고 두 번째 위치에 있는 B3 을 맞히기 위해서는 반드시 B2를 약간 두껍게 맞혀 야 한다.

👁 282, 283

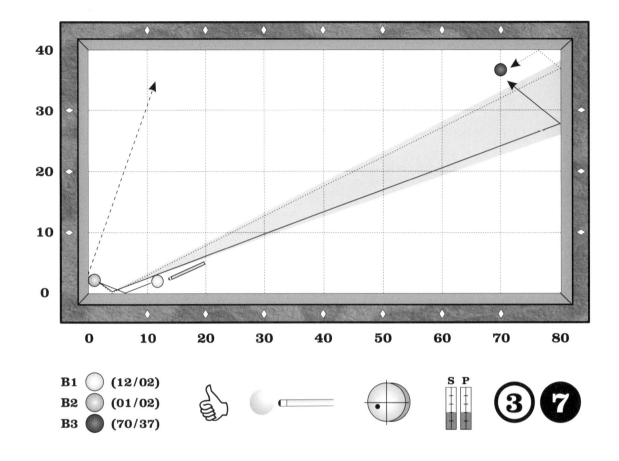

B1 ⚪ (12/02)
B2 ◗ (01/02)
B3 ⚫ (70/37)

S P

③ ❼

필자가 운영하는 클럽의 회원인 피터 제이트너 (Peter Jaitner)는 연습을 하던 중 위 그림과 비슷한 패턴을 해결할 수 있는 기발한 해법을 발견했다. 앞에서 언급했던 패턴에서는 뱅크 샷으로 해결했다. 여기서 이 해법을 제안하는 가장 큰 이유는 바로 빅 볼 B3 때문이다. 위 그림에서 회색 지역은 세

번째 쿠션에서의 허용 오차 범위가 넓다는 것을 보여주고 있다.

따라서 너무 빠르지 않게 조심스럽게 공을 친다면 좋은 결과를 얻을 수 있을 것이다. 연습할 때, B2를 쿠션에서 밀리미터 단위로 떨어뜨려놓은 뒤 수구로부터 B2까지의 거리를 벌려보자.

👁 281, 283

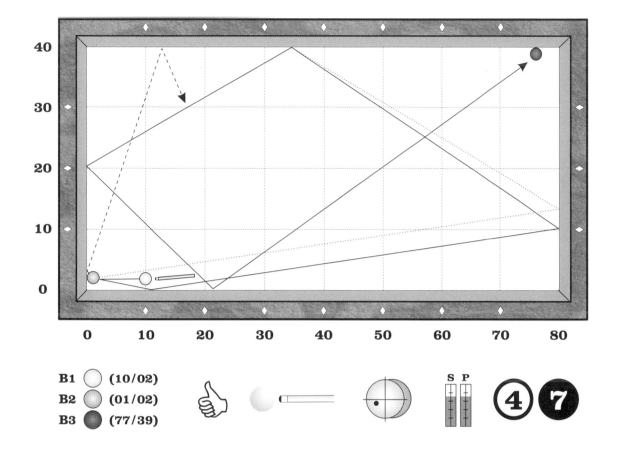

B1 ⚪ (10/02)
B2 ◐ (01/02)
B3 ⚫ (77/39)

앞에서 소개한 패턴과는 달리 만약 B3이 코너에서 '스몰 볼'이라면, 수구를 돌려야 한다. 여기서 소개하는 해법의 변형으로 B2를 더 두껍게 맞히는 방법이 있다. 이렇게 하면, B2를 반대편 단쿠션(가는 점선 참고)까지 직접 보낼 수 있다. 하지만 B2가 약간 오른쪽으로 움직여 수구의 진행 경로를 방해하는 경우가 자주 발생하기 때문에 유의해야 한다.

👁 281, 282

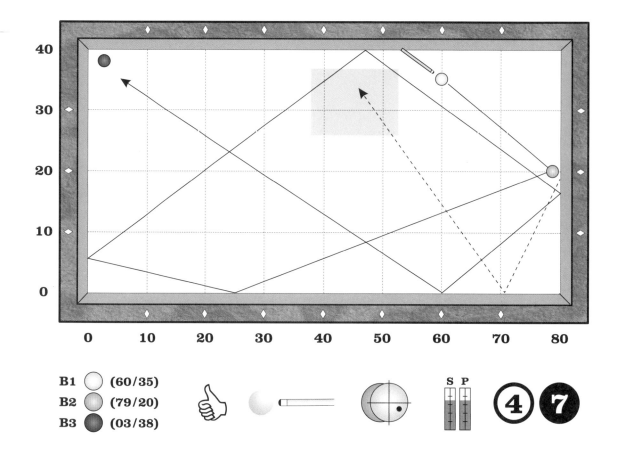

B1 ◯ (60/35)
B2 ◖ (79/20)
B3 ⬤ (03/38)

S P

④ ➐

여기서 소개하는 해법을 활용하면, 코너에서 B3(빅볼)을 이용할 수 있다. 이 해법의 대안은 오른쪽 회전을 준 수구로 노란 공의 왼쪽 면을 맞혀 당구대를 두 번 돌리는 것이지만, B2를 제어하는 것이 쉽지 않기 때문에 키스가 날 위험이 있다. 용기를 내여기서 소개하는 키스백 해법을 사용한다면, 추가득점 기회를 보답으로 받을 수 있을 것이다.

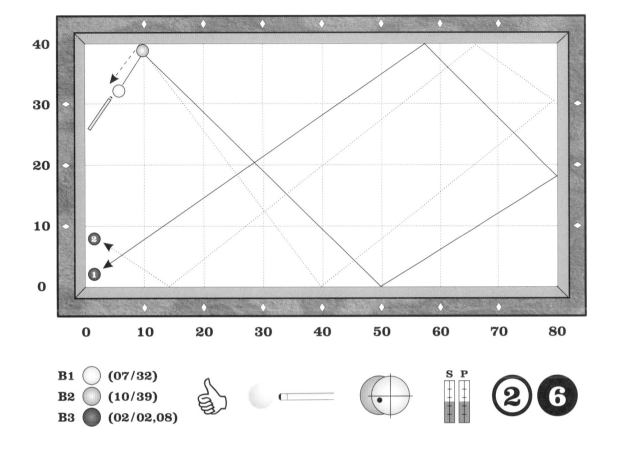

B1 ⚪ (07/32)
B2 ◓ (10/39)
B3 ⚫ (02/02,08)

S P

②❻

위 그림과 같은 패턴에서도 쿠션을 대신하여 B2를 사용해야 한다. 키스백 샷의 또 다른 장점은 B2가 과도하게 이동하지 않기 때문에 수구를 위험에 빠뜨리지 않는다는 것이다. 그리고 득점을 하는 경우에는 대부분 추가 득점 기회를 얻을 것이다.

두 번째 위치에 있는 B3을 맞히기 위해서는 수구가 쿠션 네 개(가는 점선 참고)를 지날 수 있도록 반드시 B2를 약간 더 두껍게 맞혀야 한다. 만약 B2를 얇게 맞혀 쿠션 세 개, 즉 장-단-장만으로 돌린다면, 키스가 발생할 위험이 높다.

🔍 54

키스백 샷

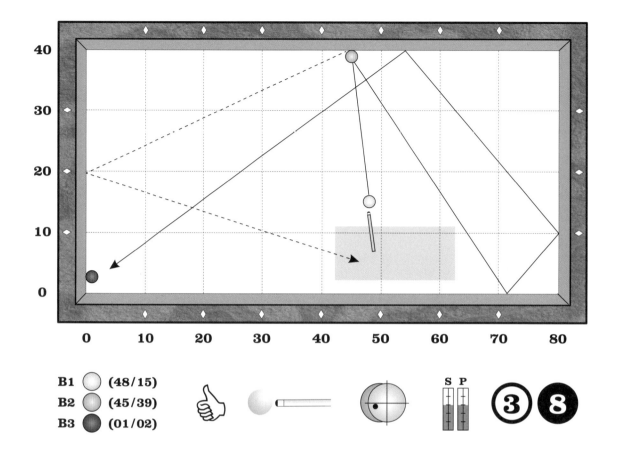

B1 ⚪ (48/15)
B2 ⚪ (45/39)
B3 ⚫ (01/02)

여기서 소개하는 키스백 샷은 다른 해법보다 쉽고 복잡하지 않아서 좋은 대안이 된다. 그뿐만 아니라, 득점을 할 경우에는 추가 득점 기회가 있다. 물론 B2를 어느 정도의 두께로 맞혀야 할지 감을 잡는 것이 힘들기 때문에 연습을 많이 해야 한다. 당점이 B2의 진행 경로에 상당한 영향을 주기 때문에 당점에 약간의 변화를 주면서 연습하는 것도 좋다.

🔍 53

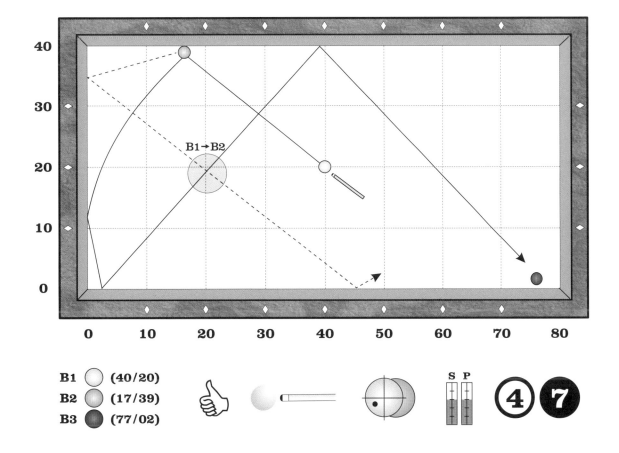

B1 ⚪ (40/20)
B2 ⚪ (17/39)
B3 ⚫ (77/02)

여기서는 끌어치기를 이용하여 수구의 진행 경로를 필요한 만큼 휘게 한다. 새 당구대에서는 B1이 두 번째 쿠션에서 경로가 너무 길어지지 않도록 회전을 약간 줄여야 한다. 그리고 여기서도 득점을 위한 전제 조건은 너무 빠르지 않게 조심스러운 동작으로 스트로크를 하는 것이다.

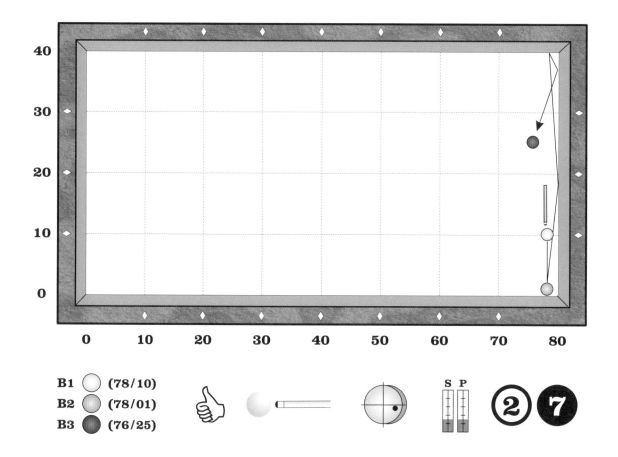

B1 ⬤ (78/10)
B2 ⬤ (78/01)
B3 ⬤ (76/25)

더블 쿠션 샷을 키스백 샷처럼 칠 수도 있다. 이 샷을 이용하면, 위 그림에서 보여주는 패턴을 멋지게 해결할 수 있다. 여기서 유일한 문제는 B2를 적절한 두께로 맞히는 것뿐이다. 물론 이게 말처럼 쉬운 문제는 아니다. 충분히 연습하기 바란다. 쿠션에 프로즌된 B2를 상당히 두껍게 맞히기 때문에 수구가 반발력을 충분히 받을 수 있도록 최저 속도로 쳐야 한다.

🔍 41

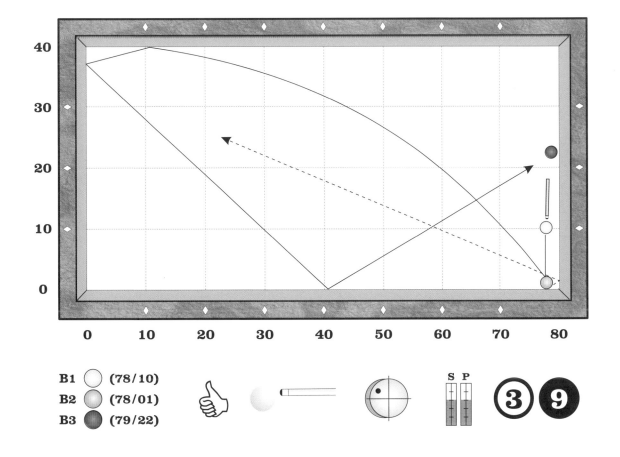

B1 ⚪ (78/10)		
B2 ◐ (78/01)		
B3 ⚫ (79/22)		

위 그림에서 보여주는 것처럼 키스백 해법은 응용 분야가 넓다. 밀어치기를 활용한 키스백 샷을 치면, 수구의 진행 경로가 길어지는 커브를 만들 수 있다. 흔히 이 샷을 너무 강하게 친다. 하지만 이렇게 치면 커브가 너무 늦게 휘기 때문에 수구는 첫 번째 쿠션을 너무 빨리 맞힌다.

B2를 상당히 정확하게 맞히더라도 B3을 미스하는 경우가 있는데, 너무 실망하지는 말자. 이 경우에도 상대 선수를 견제하는 효과를 거둘 수 있기 때문이다. 상대는 공을 치기 가장 불리한 상황을 마주하게 될 것이다.

👁 290

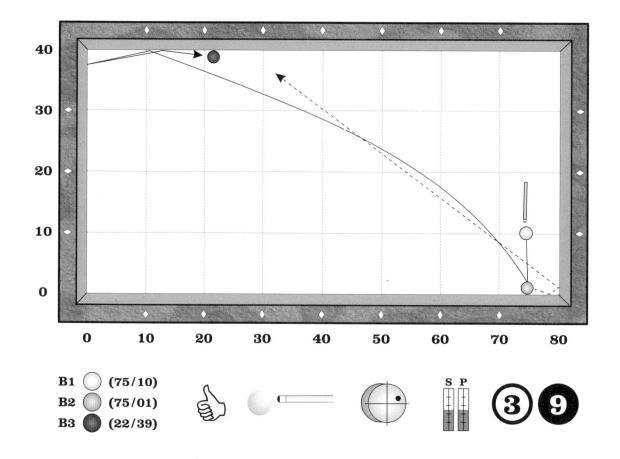

B1 ⚪ (75/10)
B2 ⚪ (75/01)
B3 ⚫ (22/39)

S P

③ ⑨

커브를 활용한 키스백 샷이 장쿠선을 두 번 맞히는 모습은 정말 장관이다. 이때 B2의 두께에 관한 허용 오차 범위는 좁다. 수구로 필요한 만큼의 커브를 얻으려면 적절한 속도로 쳐야 한다. 즉, 이 해법에서는 수구의 속도가 매우 중요한 역할을 한다. 그리고 공이 잘 미끄러지는 새 당구대에서는 수구의 진행 경로가 쉽게 휘기 때문에 이 샷은 새 당구대에서 치는 것이 좋다.

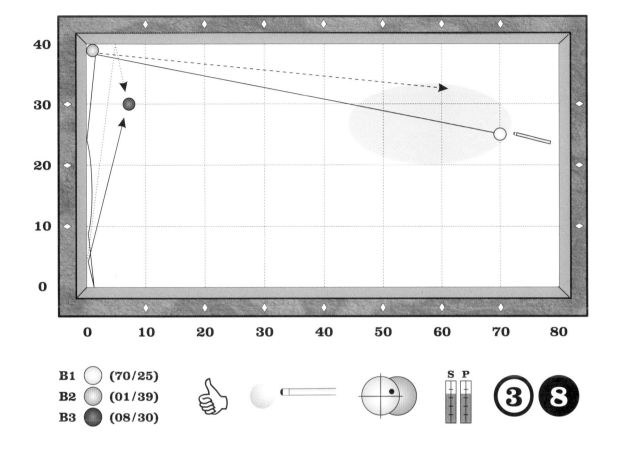

B1 ⚪ (70/25)
B2 ◐ (01/39)
B3 ⚫ (08/30)

여기서 소개하는 키스백 더블 레일 샷(kiss-back double-the-rail shot)은 매우 극적인 모습을 보여줄 뿐만 아니라 상당히 효과적이다. B2가 양 쿠션에 프로즌되어 있다면 이 해법을 펼치기 가장 이상적인 상황이지만, 한 쿠션이나 양쪽 쿠션 모두로부터 밀리미터 단위로 떨어져 있을 때에도 이 해법을 사용할 수 있다. 물론 이런 경우에는 B2를 더 두껍게

맞혀야 한다.

여기에서는 수구가 단쿠션 주위에 머물 수 있도록 약간 강하게 스트로크를 해야 한다. B2를 맞히는 적절한 두께에 대한 감을 발달시킬 수 있도록 위 그림에 표기된 회색 지역 안에 수구를 놓고 샷을 칠 때마다 위치를 바꾸며 연습하는 것이 좋다.

마세 샷

MASSÉ SHOTS

찍어치기를 이용한 바운딩 샷

뱅크 샷

돌려치기 샷

마르코 자네티(이탈리아)

Marco Zanetti

2002년(란데르스, 덴마크), 2008년(세인트 웬델, 독일) 세계 챔피언

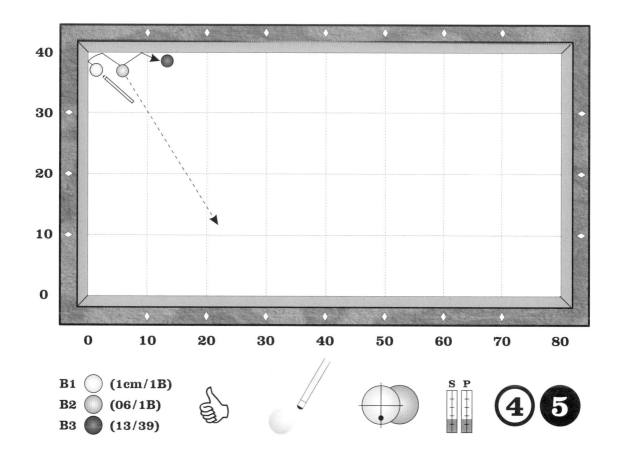

B1 ◯ (1cm/1B)
B2 ◐ (06/1B)
B3 ● (13/39)

여기서 소개하는 투 뱅크 티키 샷이야말로 위 그림과 같은 패턴에 가장 적합한 해법이다. 수구가 쿠션 가까이에 있어 치기 불편하기 때문에 흔히 이 변형 샷을 간과하거나 등한시한다.

그러나 마세 샷으로 이 패턴을 해결한다면, 이 해법의 절묘함이 바로 마세의 단순함에 있다는 사실을 알게 될 것이다. 첫 번째 쿠션을 적절한 각도로 맞힌다면 B2의 정확한 지점 또한 맞힐 수 있다.

 마세 샷의 경우, 이 기호는 일반적인 샷과 달리 위에서 본 모양(스트로크 방향)을 기준으로 한 조준점을 표시한다.

 마세 샷의 난이도로 적어도 4레벨이란 의미다.

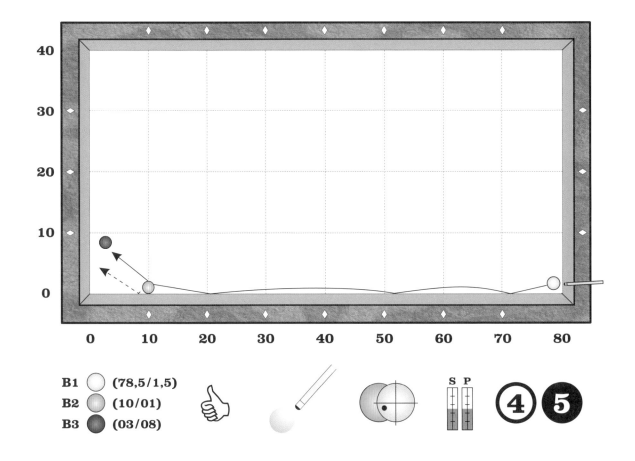

B1 ⚪ (78,5/1,5)
B2 ⚪ (10/01)
B3 ⚫ (03/08)

바운딩 마세 샷은 적은 힘으로도 칠 수 있기 때문에 우려했던 것보다 쉽다. 그리고 수구가 쿠션에 매우 가까이, 즉 0~2센티미터 정도 떨어져 있을 때 이 해법을 시도해야만 한다. 이때 스트로크의 방향은 장쿠션과 평행을 이뤄야 한다. 이렇게 하지 않는다면, 수구가 첫 번째 쿠션에서 너무 멀리 떨어지기 때문에 더는 쿠션으로 돌아가지 못한다. 필요한 효과를 얻으려면, 있는 힘을 다하는 것이 아니라 그저 스트로크를 빠르고 강하게 시도한다.

👁 216, 297

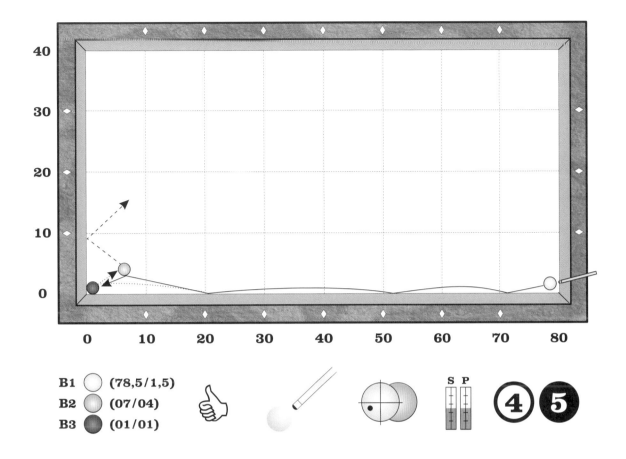

B1 ⚪ (78,5/1,5)
B2 ⚪ (07/04)
B3 ⚫ (01/01)

앞에서 언급했던 패턴의 원리를 여기에도 적용할 수 있다. B1은 다음과 같이 두 가지 가능성이 있다. 첫 번째는 B1이 쿠션에서 조금 떨어진 위치에 있는 상황으로, 이때 B1은 두께와 상관없이 노란 공의 왼쪽 면을 먼저 맞혀야 한다. 그리고 두 번째는 쿠션에 붙어 있는 상황으로, 이 경우에는 빨간 공을 향해 키스백 샷을 사용해야 한다.

👁 216, 296

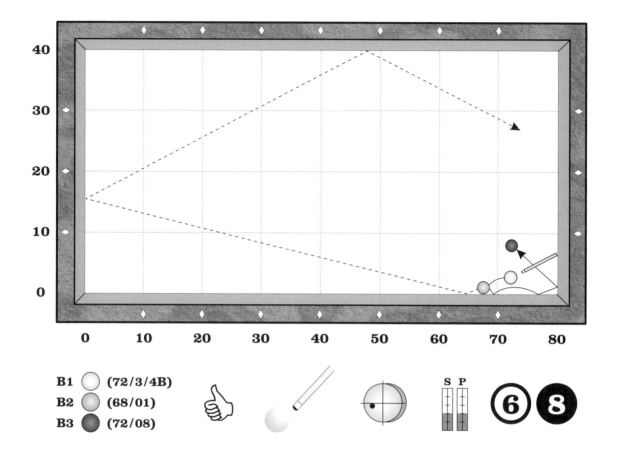

B1 ⚪ (72/3/4B)			
B2 ⚪ (68/01)			
B3 ⚫ (72/08)			

바운딩 쿠션 샷을 칠 때에는 다음과 같은 측면을 고려해야 한다.

1 B2의 왼쪽 면을 맞히더라도, 수구의 진행 경로가 곧바로 휘기 때문에 반드시 B2의 오른쪽 면을 겨냥해야 한다.

2 큐를 너무 높이 들거나 수구의 맨 뒤쪽을 맞혀서는 안 된다.

3 강하고 탄력 있게 수구를 쳐야 한다.

연습을 할 때 B2를 향한 조준점과 B1의 당점을 시험하면서 이 요소들의 완벽한 조합을 찾아보는 것이 좋다.

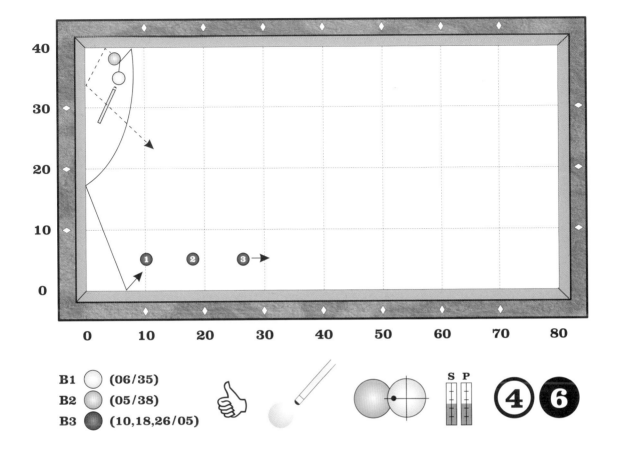

B1 ⚪ (06/35)
B2 ⚪ (05/38)
B3 ⚫ (10,18,26/05)

여기서는 B2를 다소 얇게 맞혀야지만 성공률을 높일 수 있다. 그리고 이렇게 칠 경우, 발생 가능성이 있는 키스를 피할 수 있고 큐를 높게 올릴 필요가 없다는 점에서 유리하다.

이런 해법을 칠 때 수구를 너무 뒤쪽에서 치는 실수를 자주 한다. 두 번째 위치와 세 번째 위치에 있는 B3을 맞히기 위해서는 커브를 만들 수 있도록 큐를 약간 더 올리기만 하면 된다. 이 샷에 익숙해지면, 이 해법의 범위를 파악할 수 있도록 화살표를 따라 B3을 이동시키면서 연습하는 것이 좋다.

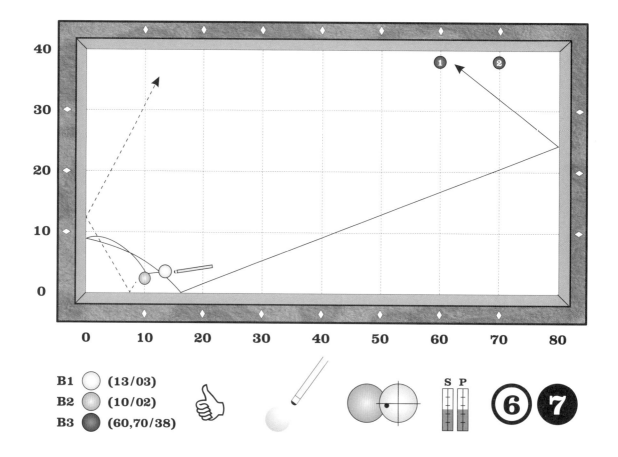

B1 ⬤ (13/03)
B2 ⬤ (10/02)
B3 ⬤ (60,70/38)

S P

⑥ ❼

B2를 맞힌 후 발생한 커브 덕분에 B1이 B2의 진행 경로에서 벗어나고, 처음에 예상했던 키스가 발생하지 않는다는 사실을 알아채게 될 것이다.

당점을 중심에서 약간 아래로 겨냥하여 수구를 쳐야 한다. 그렇지 않으면, 수구의 진행 경로가 너무 휘어 속도가 줄어든다. B2를 정확하게 맞힌다면, B2가 유리한 지역으로 이동하기 때문에 추가 득점 기회를 얻을 수 있다. 두 번째 위치에 있는 B3을 맞히기 위해서는 반드시 큐를 약간 더 높게 들어 올려야 한다.

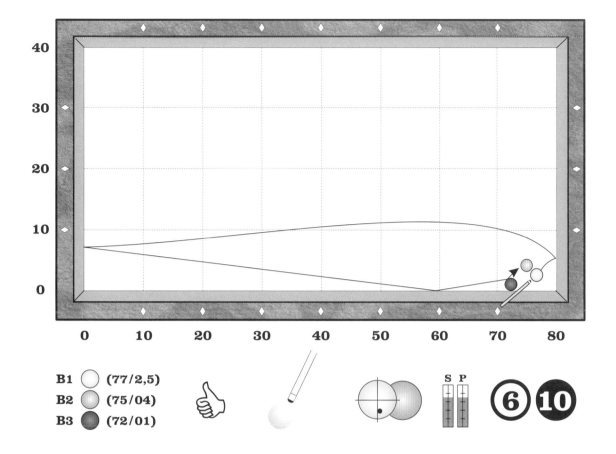

B1 ◯ (77/2,5)
B2 ◯ (75/04)
B3 ● (72/01)

수구가 다른 공 뒤에 숨은 상황이라면 색다른 해법이 필요하다. 독일 자를란트 출신의 프리츠 쿤터 (Fritz Gunther)는 마세 샷을 이용한 믿을 수 없는 해법을 발견했다.

오른쪽 회전을 약간 주고 빠르고 강하게 스트로크를 하면, 수구를 올바른 진행 경로로 보낼 수 있다. 연습을 할 때 회전과 스트로크에 따라 얼마나 큐를 들어 올려야 첫 번째 쿠션에 맞힐 수 있는지 파악해보자.

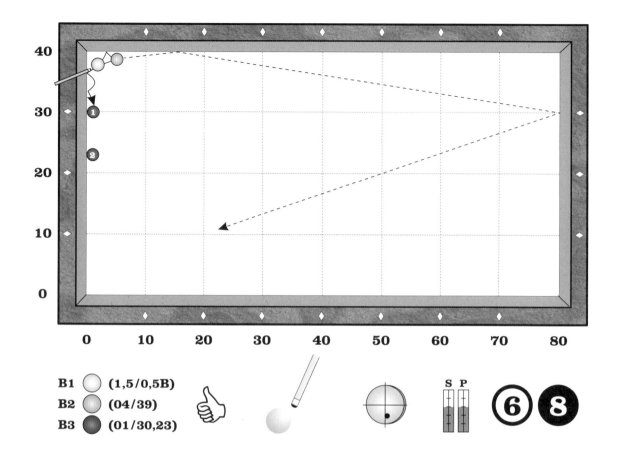

B1 ◯ (1,5/0,5B)
B2 ◯ (04/39)
B3 ⬤ (01/30,23)

수구가 단쿠선을 두 번 맞히는 마세 샷은 토브욘 브롬달이 보여준 해법으로 진정한 예술 작품이라고 할 수 있다. 위 그림과 같은 패턴에서 이 샷을 치는 것은 낯설기 때문에 오른쪽 회전을 줄 때 약간의 용기가 필요하다.

스트로크를 있는 힘껏 세게 할 필요는 없지만 수구가 쿠션으로 다시 돌아올 수 있도록 빠르고 강하게 해야 한다. 두 번째 위치에 있는 B3을 맞히기 위해서는 회전을 약간 더 줘서 커브를 연장한다.

세미 세이기너(터키)

Semih Sayginer

2003년(바야돌리드, 에스파냐) 세계 챔피언

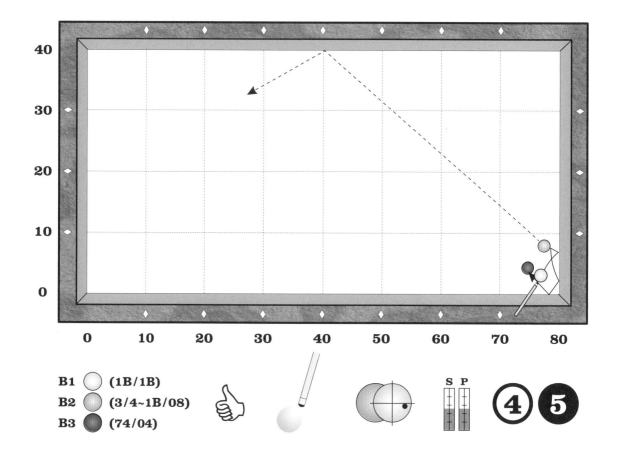

B1 ○ (1B/1B)
B2 ◐ (3/4~1B/08)
B3 ● (74/04)

S P

④ ❺

위 그림을 보면 수구가 다른 공 뒤에 숨은 상황이
지만 여기서도 해법을 찾아낼 수 있다. B1이 먼저
단쿠션을 맞힌 후 B2를 맞힌다. 이때 마세 샷에 끌
기 효과가 있기 때문에 단쿠션으로 다시 되돌아간
B1은 장쿠션을 통해 B3으로 향할 것이다.

이 해법을 연습할 때, B2를 너무 얇게 맞히는 일
이 자주 발생할지도 모른다. 하지만 B2의 오른쪽
면을 얇게 겨냥하면, 쿠션과 B2 사이의 공간 안쪽

깊숙한 곳에서 첫 번째 쿠션을 맞힐 수 있다. 오른
쪽 회전을 준 마세 샷으로 인해 B1의 진행 경로가
즉시 휘기 때문에 B1은 B2를 살짝 미스한 후 완벽
한 포인트에서 첫 번째 쿠션을 맞히게 될 것이다.

물론 175쪽에서 언급했던 끌어치기로도 이 패턴
을 해결할 수 있지만 심판은 스리쿠션을 맞혔는지
여부를 마세 샷으로 훨씬 쉽게 판단할 수 있다.

👁 175

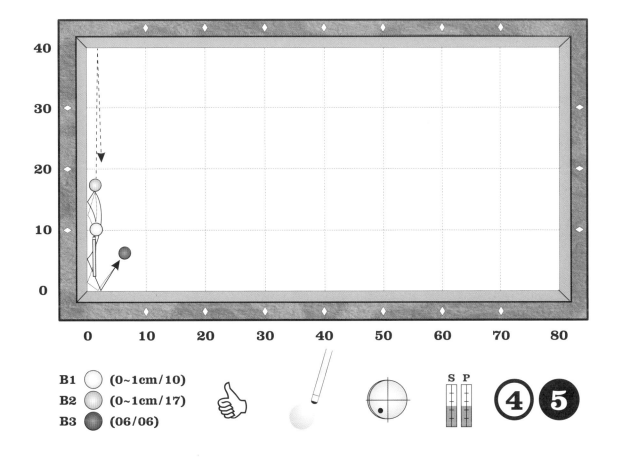

B1 ⚪ (0~1cm/10)
B2 ◑ (0~1cm/17)
B3 ⚫ (06/06)

S P

④ ❺

여기서 소개하는 마세 샷은 일류 스리쿠션 선수들이 이미 사용하고 있는 표준 해법이다. 이 샷을 칠 때에는 B2를 매우 두껍게 맞히기 전에 단쿠션을 먼저 맞히는 것이 이상적이다. 거기서 생긴 왼쪽 회전 덕분에 단쿠션으로 되돌아온 수구는 장쿠션을 통해 B3으로 향한다. 그리고 첫 번째 쿠션을 맞히지 않고 B2를 매우 두껍게 맞히더라도 B1은 단쿠션을 두 번 맞힌 후(가는 점선 참고) 득점할 것이다.

두 가지 경우 모두에서 B2를 매우 두껍게 맞히는 것이 결정적인 요소다. 연습할 때, 쿠션에서 B1과 B2가 얼마나 떨어진 곳에 위치하면 앞에서 언급했던 방법으로 이 패턴을 해결할 수 있는지 확인해보자.

👁 306

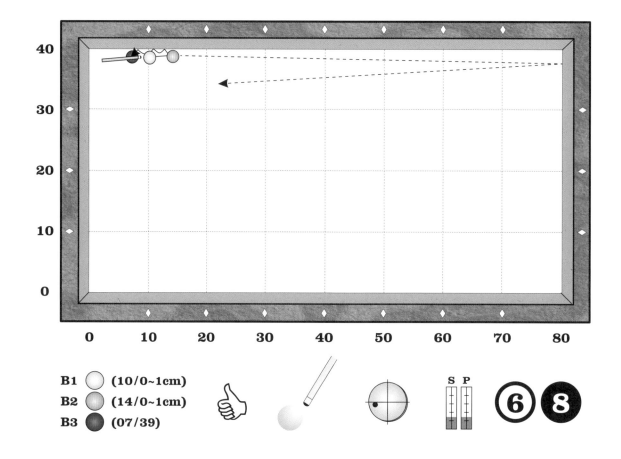

위 그림과 같이 최소한의 공간만 있어도 트리플 바운딩 샷을 칠 수 있다. 이 샷에 성공하기 위해서는 반드시 B1의 당점을 중심에서 약간 떨어뜨려 겨냥해야 한다.

이렇게 겨냥해야 B1에 끌기 효과가 과도하게 일어나지 않기 때문에 B1이 너무 빠르게 되돌아오지 않는다. 하지만 쿠션을 반복적으로 오갈 정도의 스핀은 있어야 한다. 그리고 큐를 너무 높게 들어 올려서도 안 된다.

B2를 가능한 한 두껍게 맞힐 경우 수구가 쿠션 가까이에 머물기 때문에 심판이 올바른 결정을 내리기 힘든 상황이 자주 발생한다. 따라서 사전에 심판에게 이 해법을 언급하는 것이 좋다.

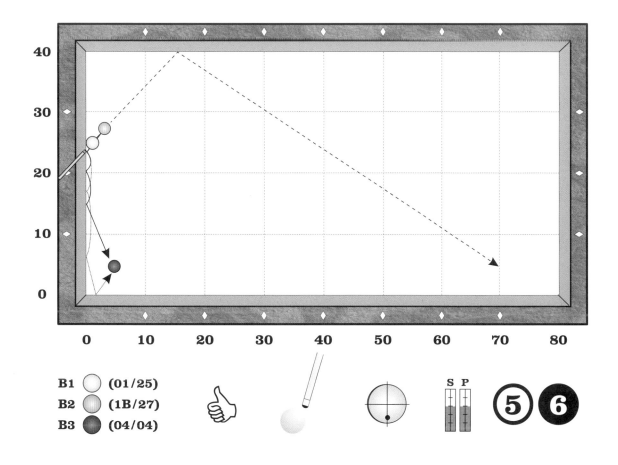

B1 ○ (01/25)
B2 ◑ (1B/27)
B3 ● (04/04)

여기서 소개하는 바운딩 마세 샷은 얼핏 보면 매우 어려운 기술이다. 다음과 같이 두 가지 방법으로 이 샷을 칠 수 있다.

1. 두께를 많이 맞히면, 즉 빠르고 강한 스트로크로 B2를 최대 두께로 맞히면 수구는 단쿠션을 세 번 맞힌다.

2. 두께를 덜 맞히면, 수구는 단쿠션을 두 번 맞힌 후 장쿠션을 맞힌다 (가는 점선 참고).

대부분의 경우 첫 번째 전략이 더 좋다. 물론 노력을 더 많이 해야 하지만 더 좋은 빅 볼 B3을 만들 수 있다. 만약에 B1이 단쿠션에서 멀리 떨어져 있을 때에는 두 번째 전략을 사용하는 것이 좋다.

🔍 260. 308

마세 샷

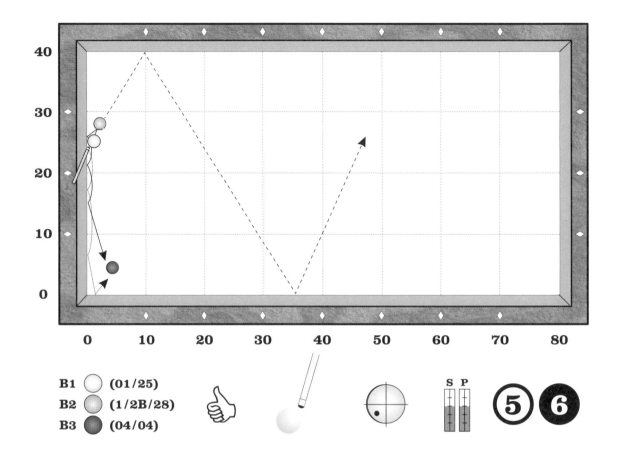

B1 ⚪ (01/25)
B2 ⚪ (1/2B/28)
B3 ⚫ (04/04)

S P
⑤ ⑥

앞에서 언급했던 패턴에서보다 B2가 단쿠션에 가깝게 위치하는 경우, 회전을 왼쪽으로 주면 수구는 단쿠션 근처에 머물고 단쿠션을 여러 번 맞히게 될 것이다. 그리고 여기에서도 앞에서 언급했던 두 가지 전략을 사용할 수 있다(가는 점선 참고).

연습을 할 때 B2를 좌우로 약간 이동시켜보자. 이렇게 하면, 필요한 회전이 어느 정도인지 대략 감을 잡을 수 있을 것이다.

 259, 307

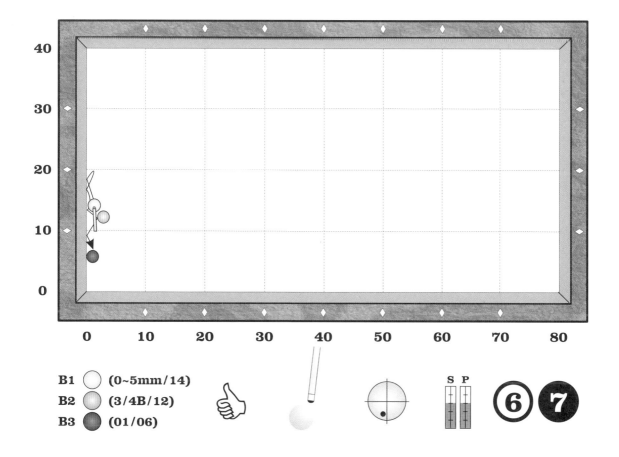

B1 ⚪	(0~5mm/14)
B2 ◕	(3/4B/12)
B3 ⚫	(01/06)

위 그림을 보면 공들의 진행 경로가 상당히 복잡하기 때문에, 조금 더 자세히 이 해법을 설명하도록 하겠다. 수구는 2~3센티미터 정도 앞으로 이동한 후 먼저 단쿠션을 맞힌다. 그리고 극단적인 끌어치기로 인해 수구는 방향을 180도 바꾸며 두 번째로 단쿠션을 맞힌다. 그 후 B2를 맞히고 마지막으로 세 번째 쿠션을 거쳐 B3으로 향한다.

B1에 충분한 힘이 전달될 수 있도록, 반드시 큐를 거의 수직으로 잡아야 하며 자신감을 갖고 강하게 쳐야 한다. 이때 스트로크의 방향은 단쿠션과 평행이 되어야 한다.

수구가 단쿠션을 반복해서 맞히기 위해서는 왼쪽 회전을 조금 주어야 한다. 만약 너무 많이 주면, B1은 단쿠션에서 상당히 멀어질 것이다.

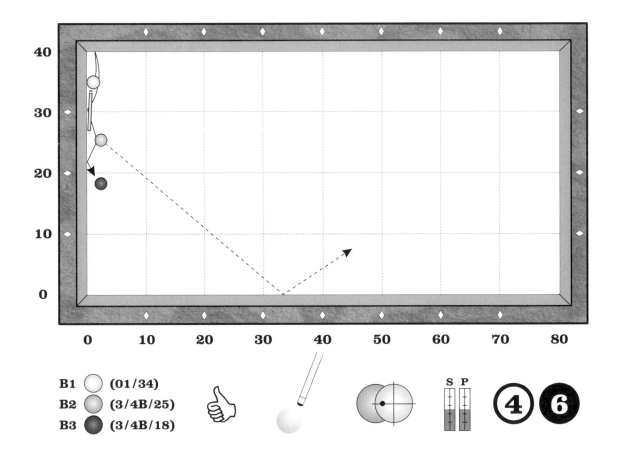

B1 ⚪ (01/34)
B2 ⚪ (3/4B/25)
B3 ⚫ (3/4B/18)

위 그림과 같은 패턴은 투 뱅크 샷으로만 해결할 수 없다. 마세 샷을 사용하지 않고 평범하게 친다면, 수구는 항상 B2에 맞고 과도하게 튕겨 나온다. 이 때문에 B3을 미스하게 된다. 하지만 만약 마세 샷을 치면, 두 번째 쿠션을 향해 더 좋은 접근각을 얻을 수 있다. 따라서 어떤 방법으로든 B2의 오른

쪽 면을 맞힐 수만 있다면, 세 번째 쿠션을 거쳐 B3에 도달할 수 있을 것이다.

여기서는 역동적이지만 과도하지 않게 스트로크를 해야 한다. 연습을 조금만 하더라도, 적절한 속도가 어떤지 감을 잡을 수 있을 것이다.

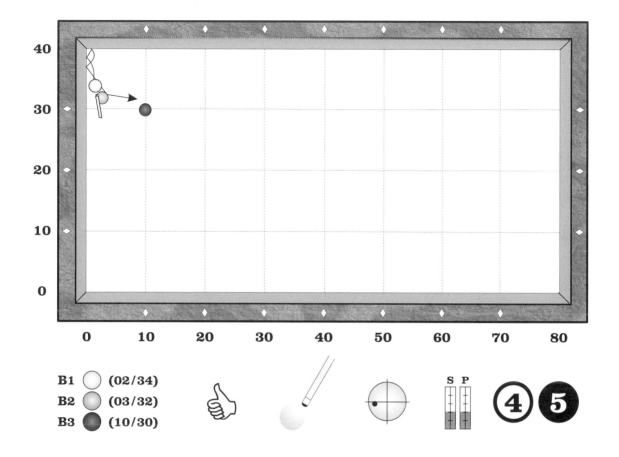

B1 ⬜ (02/34)
B2 ◯ (03/32)
B3 ⬤ (10/30)

S P

④ ❺

위 그림과 같은 패턴에서 평범하게 샷을 치면 B2 때문에 큐의 뒷부분을 올려야 한다. 그러면 여기서 소개하는 더블 레일 뱅크 샷을 더는 사용할 수 없 다. 게다가 이렇게 하면 B2의 정확한 면을 맞힐 수 있도록 B1을 단쿠션으로부터 충분히 멀리 떨어뜨 릴 수도 없다.

마세 샷처럼 큐의 극단적인 경사를 이용하여 이

샷을 친다면, 두 번째 쿠션 이후에 수구의 진행 경 로가 휘어지고 이 해법에 성공할 수 있다.

여기서는 속도를 적절하게 주는 것이 중요하다. 만약 너무 강하게 스트로크를 하면 B1의 진행 경 로가 너무 늦게 휘어버리고, 너무 부드럽게 스트로 크를 하면 충분하게 휘지 않을 것이다.

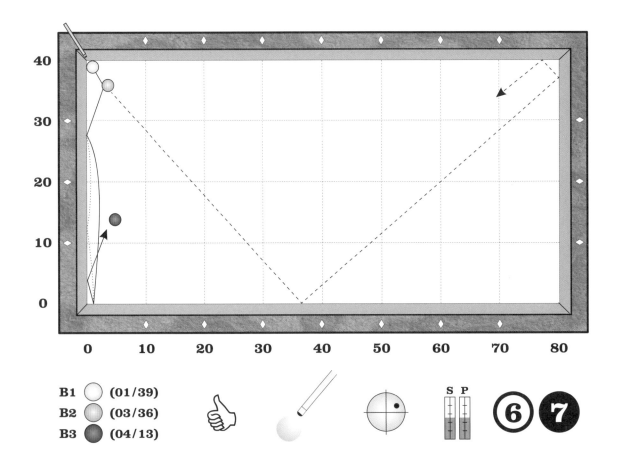

B1	(01/39)	
B2	(03/36)	
B3	(04/13)	

S P

⑥ ❼

마세 샷에 밀어치기를 적용하는 해법은 정말로 보기 드물다. 따라서 수구의 위쪽 면을 맞히기 위해서는 용기가 필요하다.

　B2를 가장 두껍게 맞혀야 한다. 그리고 왼쪽 회전을 주면 B1의 진행 경로가 즉시 휘기 때문에 B2의 왼쪽 면을 겨냥해야 한다. 강하고 빠르게 스트로크를 한다면, 수구는 쿠션을 반복해서 맞힐 것이다(가는 점선 참고).

단–단–장

SHORT-SHORT-LONG

긴 쿠션 횡단 샷

긴 쿠션 리버스 샷

에디 먹스(벨기에)

Eddy Merckx

2006년(장트 벤델, 독일), 2012년(포르토, 포르투갈) 세계 챔피언

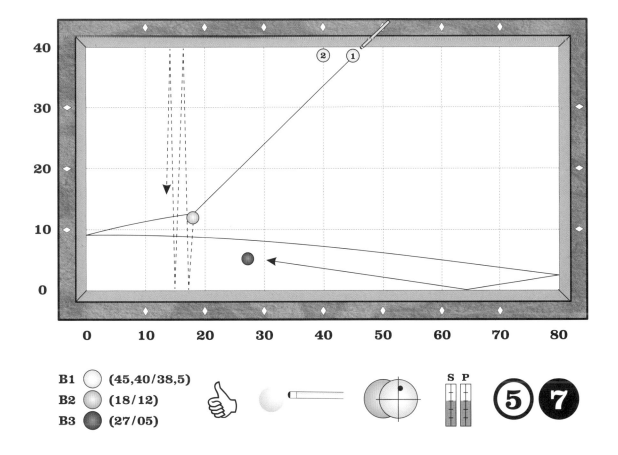

B1 ⚪ (45,40/38,5)
B2 ⚫ (18/12)
B3 ⚫ (27/05)

⑤ ❼

위 그림처럼 쿠션 가까이에 있는 수구로 빨간 공의 왼쪽 면을 맞히는 돌려치기 해법은 예술적으로 보일 것이다. 여기서 소개하는 샷은 첫 번째 쿠션 이후 B1이 작은 커브를 그리기만 하면 되기 때문에 매우 쉽다.

이때 커브가 올바른 모양을 그릴 수 있도록 오른쪽 회전을 약간 주고 안정된 속도로 탄력 있게 스

트로크를 하여 B2를 절반 두께로 맞혀야 한다.

두 번째 위치에 있는 수구를 칠 때에는 반드시 오른쪽 회전을 많이 줘야 하며 커브가 과도하게 커지지 않도록 스트로크에 집중해야 한다. 여기서는 40쪽에서 언급했던 돌려치기 해법을 좋은 대안으로 사용할 수 있으니 참고하자.

🔍 40

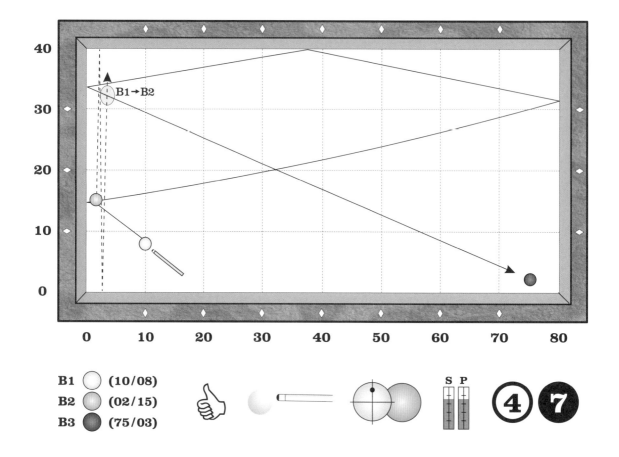

B1 ⚪	(10/08)	
B2 ◯	(02/15)	
B3 ⚫	(75/03)	

여기서 소개하는 해법은 제어하기 쉽고 코너에서 빅 볼 B3을 만들어낼 수도 있다. 그래도 빨간 공이 너무 멀리 떨어지는 것을 피해야 한다.

여기서 B2를 너무 두껍게 맞히는 것은 금물이다. 왜냐하면 두껍게 맞힐 경우 수구의 진행 경로가 두 번째 쿠션 방향으로 과도하게 휘기 때문이다. 이렇게 되면 B1과의 마지막 교차 지점에서 키스가 날 위험이 있다. 샷을 미스하더라도 상대 선수에게 좋은 견제가 될 것이다.

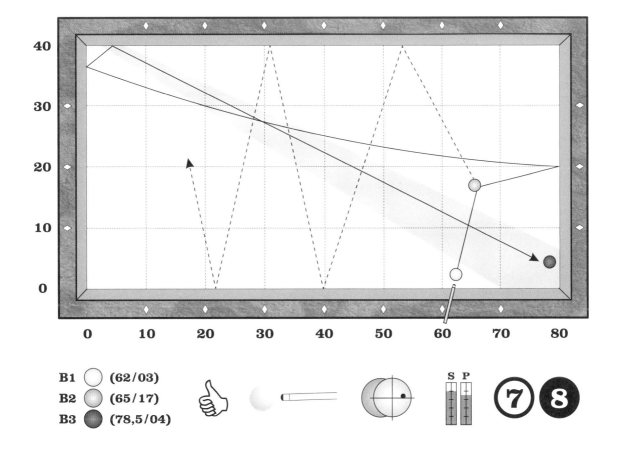

B1	◯	(62/03)
B2	◓	(65/17)
B3	⬤	(78,5/04)

이 해법에 성공하려면, 역회전이 두 번째 쿠션까지 남아 있도록 B2를 상당히 두껍게 맞혀야 한다. 이렇게 하면, 두 번째 쿠션에서 각도가 충분히 벌어질 것이다. 게다가 첫 번째 쿠션 이후에 생기는 작은 커브는 각도가 벌어지는 것을 돕는다. 그리고 수구의 진행 경로가 적절하게 휠 수 있도록 반드시 당점을 중심 위로 겨냥해야 한다. 이때 빠른 속도로 자신감 있게 수구를 쳐야 한다. 그러나 지저분한 공으로 오래 사용한 당구대에서 이 해법을 쓰는 것은 거의 불가능하다.

🔍 43, 57

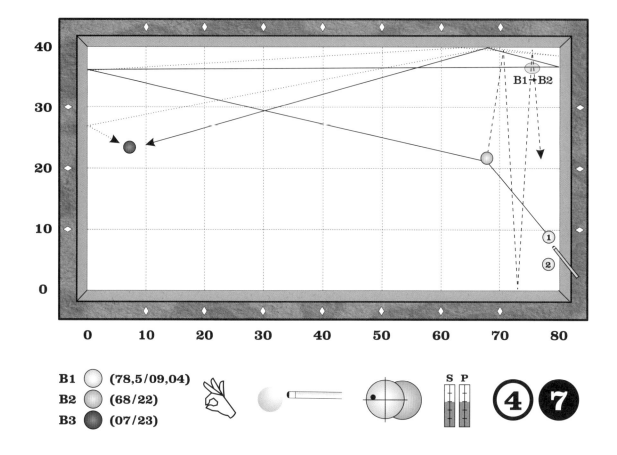

B1 ◯ (78,5/09,04)
B2 ◔ (68/22)
B3 ● (07/23)

여기서는 '빅 볼' B3을 만드는 방법에 대한 좋은 사례를 소개하고 있다. 하지만 오래된 당구대에서는 역회전이 첫 번째 쿠션에서 과도하게 나타나기 때문에 반드시 새 당구대에서만 이 해법을 쳐야 한다.

두 번째 쿠션이 장쿠션이고, 가는 점선이 보여주는 것처럼 수구가 B3에 도달하는 상황일 때 추가 득점 기회를 얻을 수 있는 당구대도 있다.

두 번째 위치에 있는 B1을 칠 때에는 수구의 당점을 약간 낮게 겨냥하여 B2를 약간 두껍게 맞혀야 한다. 이렇게 치면, 위험 지역에서 B1이 통과하기 전에 B2가 먼저 지나가기 때문에 키스를 피할 수 있다.

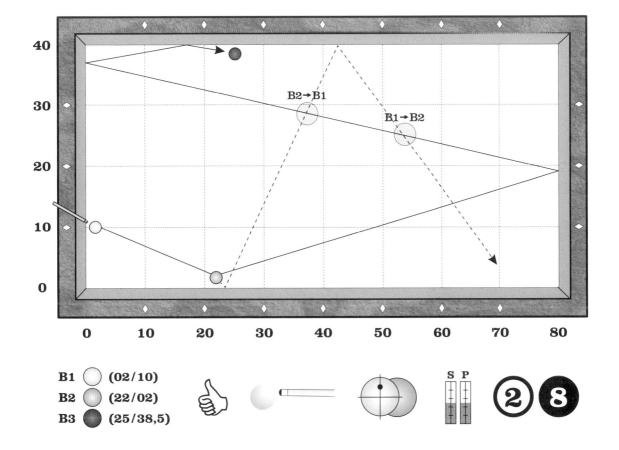

B1 ⚪ (02/10)
B2 ⚪ (22/02)
B3 ⚫ (25/38,5)

여기서 소개하는 샷을 처음 보면, 매우 어렵다고 생각할 것이다. 하지만 제어만 잘하면 키스를 피할 수 있을 뿐만 아니라 스트로크도 쉽기 때문에 다른 해법들보다 유리하다. 그뿐만 아니라 추가 득점 기회를 얻을 수 있고, B3이 빨간 공이라면 미스를 하더라도 훌륭한 견제가 되기 때문에 전술적인 관점에서도 유리하다. 연습을 할 때 수구를 좌우로 약간씩 이동시킨 후 상황에 맞는 적절한 회전을 찾아보자.

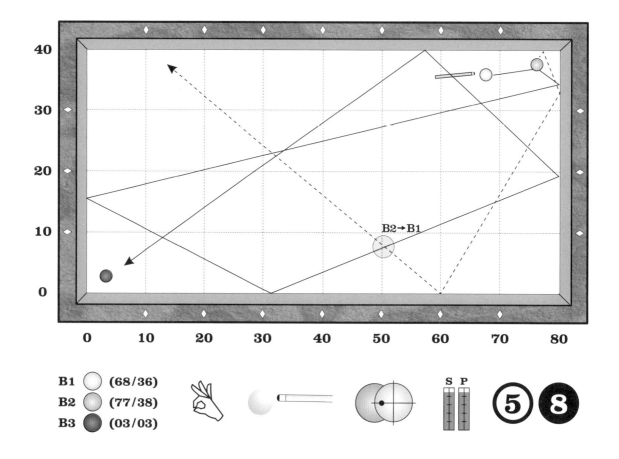

B1 ⚪ (68/36)
B2 ◐ (77/38)
B3 ⚫ (03/03)

이 멋진 해법은 공이 빠르게 미끄러질 수 있는 새 당구대에서만 사용하는 것이 좋다. 역회전은 두 번째 쿠션에서 순회전처럼 움직이기 때문에 수구는 두 번째 쿠션에서부터 최적의 진행 경로로 이동한다.

B2를 어느 정도의 두께로 치느냐에 따라 이 샷의 성공 여부가 결정된다. 만약 B2를 너무 얇게 맞히면, 두 번째 쿠션에서 회전이 충분히 강하게 작용하지 않기 때문에 두 번째 쿠션에서 각도가 제대로 벌어지지 않는다. 반면에 너무 두껍게 맞히면 수구의 속도가 과도하게 줄어든다.

—

또 다른 코스

OTHER
SOLUTIONS

다양한 형태의 난구 풀이 모음

—

우메다 류우지(일본)

Ryuuji Umeda

2007년(쿠엔카, 에콰도르) 세계 챔피언

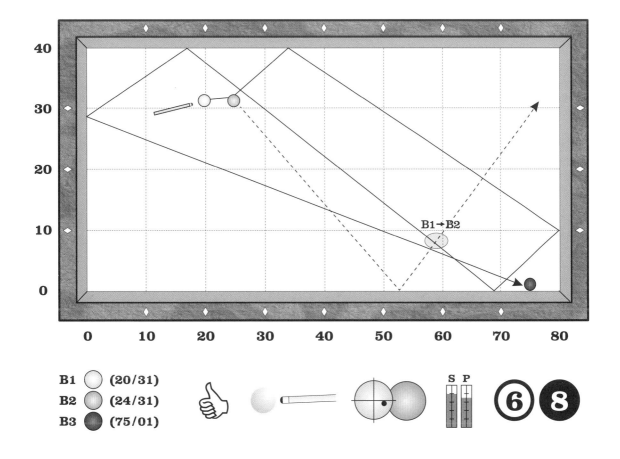

B1 ⚪ (20/31)
B2 ◯ (24/31)
B3 ⚫ (75/01)

S P

⑥ ⑧

많은 선수들은 위 그림과 같은 패턴을 해결하기 위해 52쪽에서 언급했던 패턴과 비슷하게 역회전을 주고 B2의 왼쪽 면을 굉장히 얇게 맞히는 대회전 해법을 사용하려고 할 것이다. 이 해법은 매우 복잡할 뿐만 아니라 키스가 발생할 위험도 두 번이나 있다. 그러나 여기서 소개하는 리버스 엔드를 이용

한 돌려치기 해법을 이용하면 이 문제를 해결할 수 있다.

너무 힘을 주지는 말고 탄력 있는 스트로크로 B2를 얇게 맞히면, 수구는 위험 지역에서 B2를 만나기 전에 먼저 통과할 것이다.

👁 52, 324

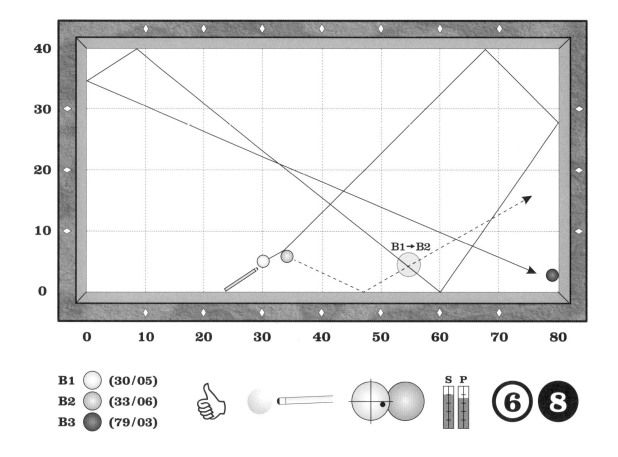

B1 ⚪ (30/05)
B2 ⚪ (33/06)
B3 ⚫ (79/03)

위 그림에서 보여주는 패턴은 앞에서 언급했던 패턴의 변형으로 리버스 엔드를 이용한 돌려치기 해법이 가장 효과적이다.

B2가 오기 전에 수구가 위험 지역을 통과할 수 있도록, 반드시 B2를 굉장히 얇게 맞혀야 한다. 연습을 할 때에는 좌표에 따라 정확하게 공들을 배치해놓아야 한다. 그렇지 않으면, 여기서 소개하는 방법으로 해당 패턴을 해결할 때 문제가 발생할 수 있다.

👁 52, 323

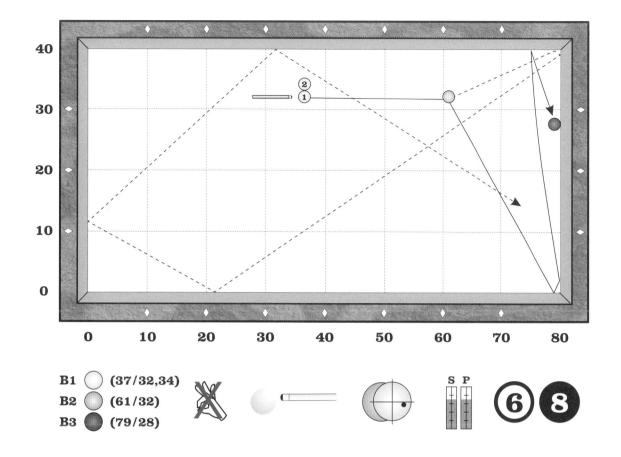

B1 ⚪ (37/32,34)
B2 🔵 (61/32)
B3 ⚫ (79/28)

S P

⑥ ⑧

여기서 소개하는 해법은 창의적이지만 성공률을 높이기 위해서는 반드시 코너에 가능한 한 가깝게 장쿠션을 맞혀야 한다.

오른쪽 회전을 많이 주고 빠르고 역동적인 스트로크로 B2를 상당히 두껍게 맞히면, 수구에 회전을 충분히 줄 수 있기 때문에 세 번째 쿠션에서 각도가 충분히 벌어진다. 이 해법은 접지력이 좋은 쿠션을 갖춘 당구대에서 매우 유용하다. 두 번째 위치에 있는 B1을 칠 때에는 당점을 약간 높게 겨냥하여 수구를 쳐야 한다.

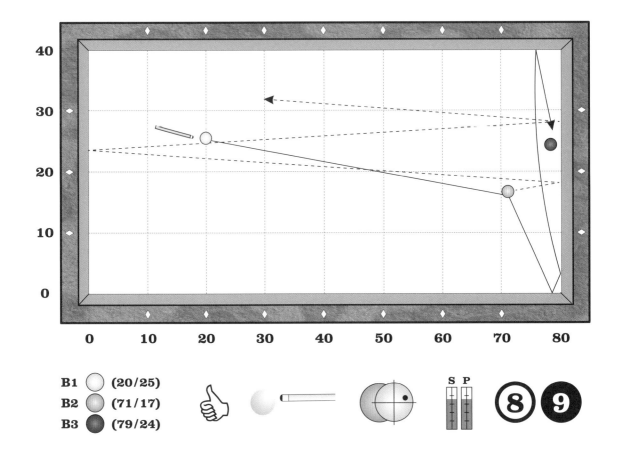

B1 ⚪ (20/25)
B2 ◕ (71/17)
B3 ⚫ (79/24)

위 그림처럼 쿠션에 프로즌된 빨간 공을 역회전을 적용한 더블 레일 샷으로 해결하는 것은 거의 불가능하다. 경로가 길어지는 것을 피하려면, 앞에서 언급했던 패턴의 원리를 적용하는 것이 좋다.

하지만 여기에서도 수구의 진행 경로가 휘기 때문에 두 번째 쿠션 이후에 밀기 효과가 나타난다.

손목에 힘을 뺀 채 단호하고 역동적으로 스트로크를 하는 것이 이 샷을 치기 위한 기술적 전제 조건이다. 속도를 줄여서 치더라도 두 번째 쿠션 이후에 커브가 쉽게 발생하기 때문에 새 당구대에서 이 해법을 치는 것이 유리하다.

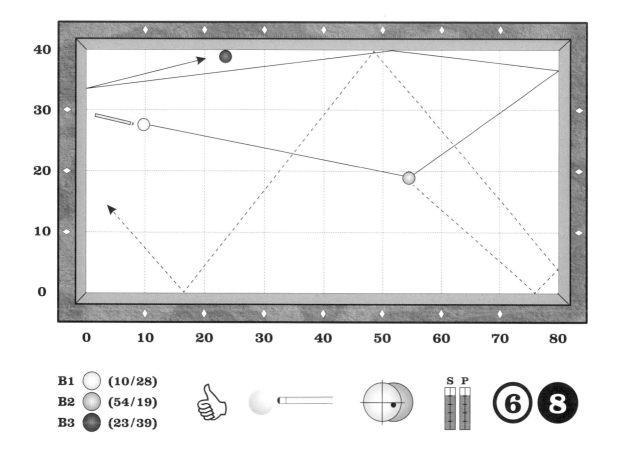

B1 ◯ (10/28)
B2 ◔ (54/19)
B3 ● (23/39)

위 그림과 같은 패턴에서는 B2가 당구대 중앙에 있기 때문에 노란 공의 왼쪽 면을 맞히는 돌려치기 해법(장-단-장-단)을 사용하기가 어렵다.

하지만 여기서 소개하는 스핀 샷으로 이 문제를 멋지게 해결할 수 있다. 빠르고 역동적인 스트로크로 B2를 매우 두껍게 맞히는 경우에만 생기는 강한

회전 덕분에 B1은 세 번째 쿠션에 맞은 후 B3이 있는 곳으로 되돌아간다. 당구대 상태에 따라 반드시 당점을 조절해야 한다. 당구대 천이 새것일수록 당점을 높게 겨냥하여 수구를 쳐야 한다. 만약 B2를 너무 두껍게 맞힌다면, B2가 단쿠션을 먼저 맞히기 때문에 결국 B1이나 B3을 방해할 것이다.

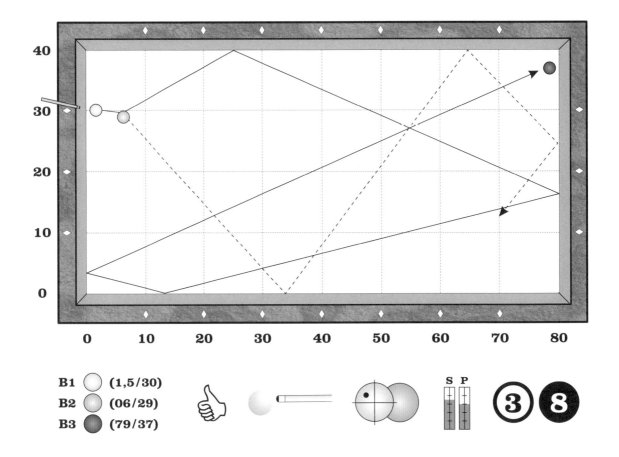

B1 ⚪ (1,5/30)
B2 ⚪ (06/29)
B3 ⚫ (79/37)

여기서 소개하는 해법에 성공하기 위해서는 매우 세련된 방법으로 코너에서 '빅 볼' B3을 이용해야 한다. 문제는 두 번째 쿠션에서 왼쪽 회전이 여전히 남아 있다는 것이다. 이때 수구가 곧은 방향으로 갈 수 있도록 역회전과 B2의 두께에 대한 조합을 찾아야 한다. 그리고 수구가 순회전을 이미 모았기 때문에 네 번째 쿠션에서 각도가 상당히 '벌어지게' 된다.

B2에 맞고 튕겨 나온 B1이 첫 번째 쿠션에 빠르게 닿을 수 있도록 스트로크를 탄력 있게 해야 한다. 새 당구대에서는 역회전을 준 수구가 오래 회전하기 때문에 회전을 적게 줄 수 있다.

🔍 111

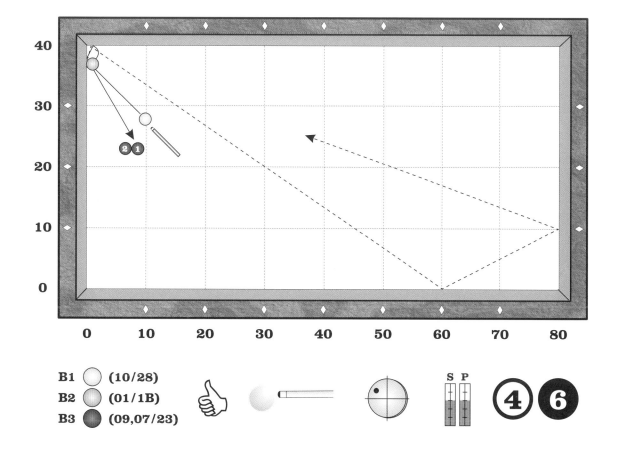

B1 ⚪ (10/28)
B2 🔵 (01/1B)
B3 ⚫ (09,07/23)

| S | P |
④⑥

여기서는 수구가 더블 레일 샷(단-장-단)처럼 움직여야 한다. 밀어치기를 이용하면 첫 번째 쿠션 이후에 커브가 나타나기 때문에 수구가 코너에서 벗어나 B3을 향해 나아갈 수 있다. 이때 B2를 굉장히 두껍게 맞히거나 왼쪽 면을 얇게 맞힐 수 있다.

이 해법을 사용할 때 너무 세게 치는 실수를 가장 많이 한다. 이럴 경우, 수구는 특히 새 당구대에서 굉장히 민감하게 반응한다. 하지만 대부분의 경우에 추가 득점 기회를 얻을 것이다. 두 번째 위치에 있는 B3을 맞히기 위해서는 반드시 당점을 포기하고 회전을 많이 줘야 한다. 이렇게 회전을 많이 주면 커브가 줄어들고, 이 회전으로 인해 세 번째 쿠션에서 각도가 약간 더 벌어질 것이다.

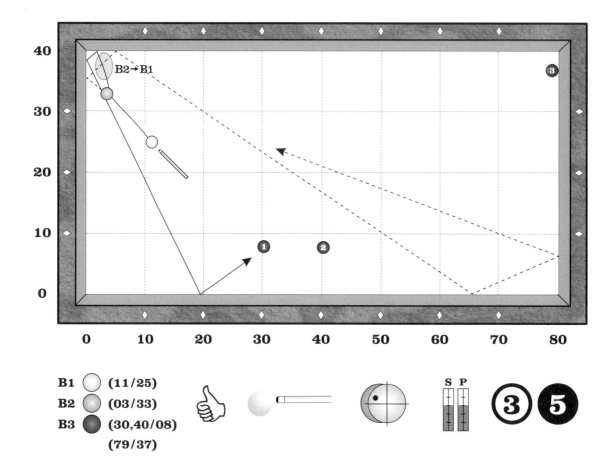

B1 ⬜ (11/25)
B2 ◯ (03/33)
B3 ⬤ (30,40/08)
　　　(79/37)

S P

③ ❺

밀어치기를 이용한 스핀 샷으로 B2를 두껍게 맞히는 것은 어렵지 않다. 필자는 이런 이유에서 다른 해법보다 이 해법을 선호한다. 수구는 회전을 통해 필요한 에너지를 얻을 수 있기 때문에 수구를 강하게 칠 필요가 없다. 두 번째 위치에 있는 B3을 맞히기 위해서는 첫 번째 쿠션을 코너에 가깝게 맞혀야

한다. 이를 위해 B2는 두껍게 맞힌다. 물론 대부분의 경우 추가 득점 기회를 얻을 것이다. B3이 상단 오른쪽 코너에 있는 경우에도 이 해법은 매우 유용하다. 하지만 당구대 상태에 따라 B2는 B1과 키스가 날 위험이 있기 때문에 노력이 수포로 돌아갈 수 있다.

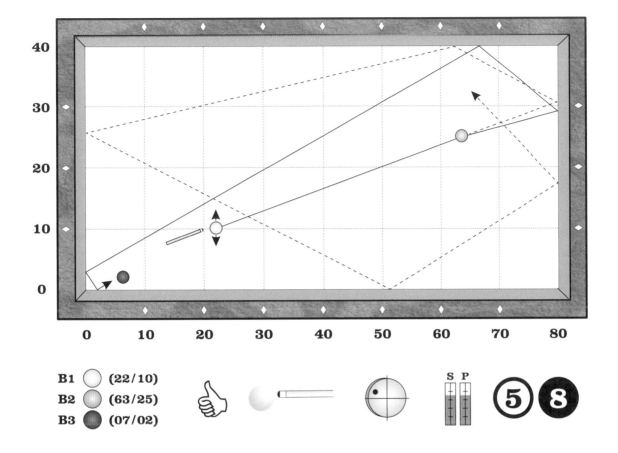

B1 ⚪ (22/10)
B2 🔘 (63/25)
B3 ⚫ (07/02)

S P

⑤ ❽

위 그림과 같이 공들이 대각선으로 배열되면, B2까지의 거리가 길어서 밀어치기 대신 쓸 수 있는 방안을 찾을 수 없을 것이다. 이런 경우, 필자는 쿠션마다 수구에 충분한 속도가 가해지도록 회전을 최대한으로 주고 치는 것을 선호한다. 그리고 상황에 맞춰 B2의 두께를 조절해야 한다.

공이 잘 미끄러지는 새 당구대에서는 B2를 완전

히 두껍게 맞힐 수 있는 반면에 오래된 당구대에서는 오른쪽 면을 약간 두껍게 맞힐 수 있다. 만약 미스를 하더라도 이 샷은 좋은 견제가 될 것이다. B2를 얼마나 두껍게 쳐야 하는지 감을 잡을 수 있도록, 수구를 센티미터 단위로 좌우로 이동시키면서 연습해보자.

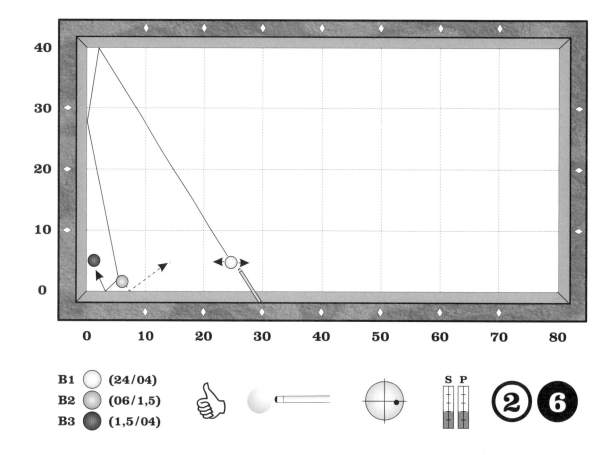

B1 ◯ (24/04)
B2 ◯ (06/1,5)
B3 ● (1,5/04)

S P

② ❻

장쿠션을 통한 더블 레일 뱅크 샷을 사용할 경우, 위 그림과 같은 공 배치에서는 허용 오차 범위가 매우 좁다. 이 때문에 B2를 매우 얇게 맞혀야만 이 패턴을 해결할 가능성이 있다.

여기서 소개하는 역회전을 이용한 투 뱅크 샷은 누구나 자주 사용하는 샷이 아니지만 놀라울 정도로 효과적이다. 이때 오른쪽에서 치는 것처럼 B2를 맞혀야 한다.

역회전을 적용한 뱅크 샷은 상당히 드물기 때문에 대부분의 선수들은 첫 번째 쿠션의 오른쪽 조준점에 대한 경험이 적을 수밖에 없다. 그러나 몇 번만 연습하면 방법을 파악할 수 있기 때문에 수구를 좌우로 약간씩 이동시켜서 연습하는 것이 좋다.

새 당구대를 사용하는 경우라면 반드시 첫 번째 쿠션에서 발생하는 미끄러짐 효과를 고려해서 좀 더 오른쪽에 조준점을 설정해야 한다.

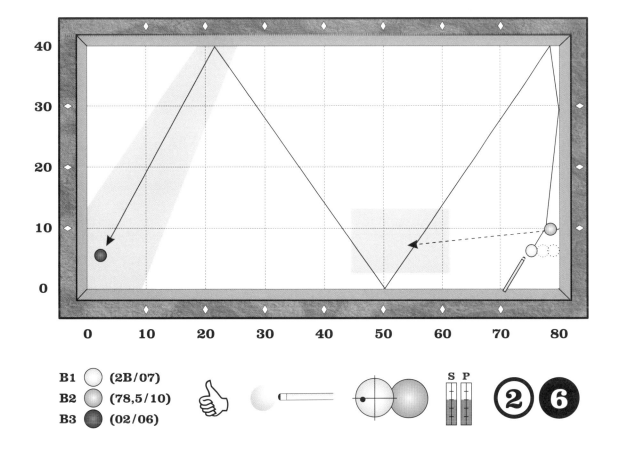

B1 ◯ (2B/07)
B2 ◯ (78,5/10)
B3 ● (02/06)

S P

② ⑥

여기서 소개하는 해법은 긴 경로가 얼마나 효과적인지를 확인할 수 있는 좋은 사례라고 할 수 있다. 위 그림과 같은 패턴을 만나면, 필자는 당구대 반대편에 위치한 빨간 공의 오른쪽 면(단-장-장)을 맞히는 대신 횡단 샷을 선호한다. 이때 B3은 맞히기 쉬운 거대한 목표물로 탈바꿈한다.

일반 당구대에서 좌표 50은 하단의 왼쪽 코너에 닿기 위한 세 번째 쿠션의 기준점이 될 것이다. B2를 완벽한 두께로 맞히면, 대부분의 경우 추가 득점 기회를 얻는다.

👁 73

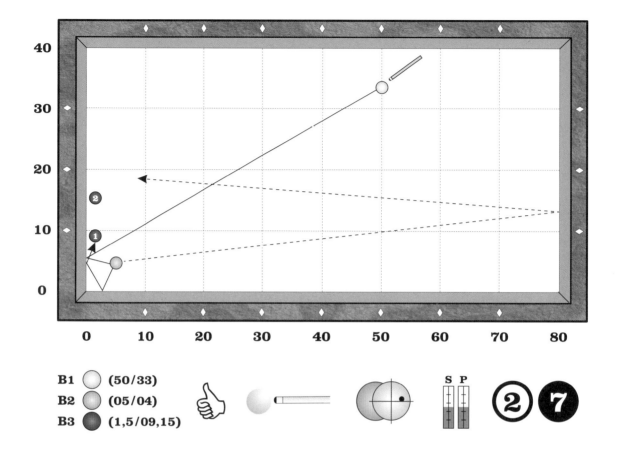

B1 ⚪ (50/33)
B2 ⚪ (05/04)
B3 ⚫ (1,5/09,15)

B2를 직접 맞히면, 대부분의 경우 키스가 발생할 것이다. 따라서 여기에서 소개하는 뱅크 샷을 치는 것이 좋다.

역회전을 주면 B2를 얼마나 두껍게 쳐야 하는지 감을 잡기 어렵지만, 두 번째 쿠션에서 각도를 벌려야 하기 때문에 역회전이 필요하다. 적절한 두께와 속도로 B2를 치면, 수구는 B2에 맞고 올바른 방향으로 튕겨 나온다.

두 번째 위치에 있는 B3을 맞히기 위해서는 세 번째 쿠션 깊숙이 맞힐 수 있도록 속도를 살짝 줄여야 한다. 새 당구대에서는 수구가 더 많이 튕겨 나오기 때문에 속도를 줄여도 동일한 효과를 볼 수 있을 것이다.

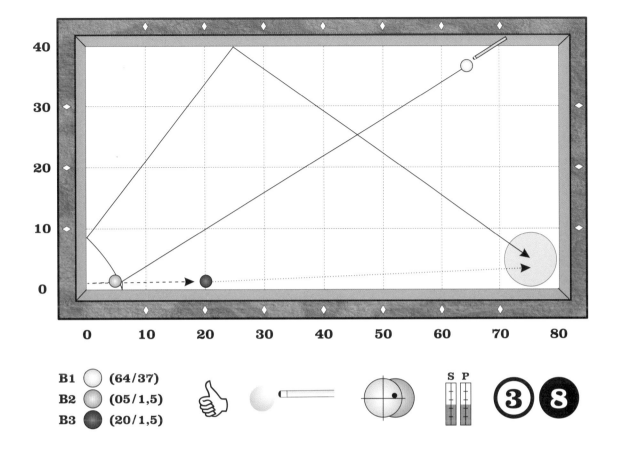

B1 ⚪ (64 / 37)
B2 ◐ (05 / 1,5)
B3 ⚫ (20 / 1,5)

S P

③ ❽

독일 출신의 프로 당구 선수인 마틴 호른(Martin Horn)은 바트홈부르크에서 열린 토너먼트에서 당구의 아름다움을 선보였다. 거기서 그는 복잡한 뱅크 샷을 삼가고 마술과도 같은 타임 샷을 창조했다.

위 패턴에서 문제가 되는 부분은 B2가 단쿠션을 통해 B3을 하단 오른쪽 코너로 보낼 수 있도록 B2를 맞히는 것이다. 이때 B2로 B3을 상당히 두껍게 맞혀야 한다. B2의 두께에 대한 허용 오차가 적고 B2까지의 거리가 멀다는 것을 제외하면 이 샷은 기술적으로 부담이 크지 않다. 높은 성공률을 기대할 수 없더라도, 이 해법이야말로 가장 효과적인 수이다.

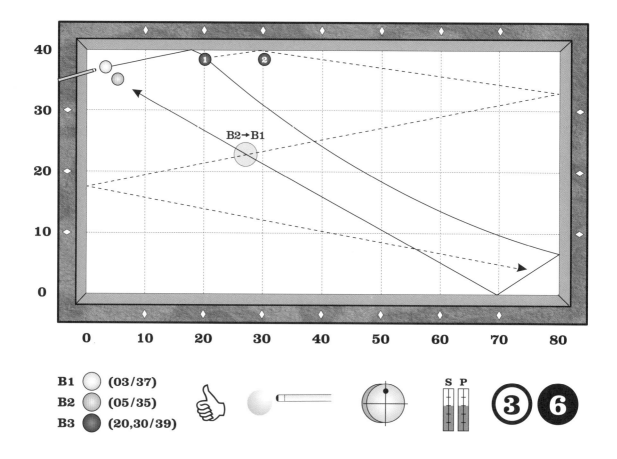

B1	⚪	(03/37)
B2	⚪	(05/35)
B3	⚫	(20,30/39)

여기에서는 밀어치기를 적용한 뱅크 샷이 숨어버린 수구를 칠 수 있는 최고의 해법임을 잘 보여준다. 왜냐하면 코너에서 B3은 빅 볼이 되기 때문이다.

특별히 흥미를 끄는 점은 B2를 다루는 방법이다. 수구에 위험을 주지 않도록 B2를 상당히 두껍게 맞히는 것이 이상적이다. B2를 너무 두껍게 맞히면, 단쿠션 사이를 '일직선으로' 반복하여 이동하기

때문에 B1을 위험에 빠뜨릴 수 있다.

수구는 쿠션에 닿을 때마다 순회전을 일으키고 이로 인해 최적의 진행 경로를 얻을 수 있기 때문에 수구에 어떤 회전도 줘서는 안 된다. 두 번째 위치에 있는 B3을 맞히기 위해서는 오른쪽 회전을 약간 주는 것이 도움이 될 것이다.

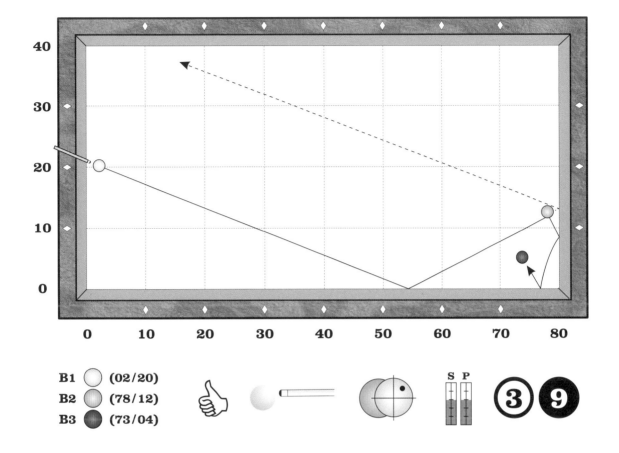

B1 ⚪ (02/20)
B2 ⚪ (78/12)
B3 ⚫ (73/04)

S P

③ ❾

여기서 소개하는 해법에서는 첫 번째 쿠션의 조준 점과 B2를 얼마나 두껍게 맞힐지 감을 잡기가 어렵다. 충분한 속도로 스트로크를 하여 B2를 충분히 두껍게 맞히면, 두 번째 쿠션 이후에 수구의 진행 경로가 살짝 휘기 때문에 B1은 B3을 맞히기 전에 장쿠션을 맞힌다. 그리고 당구대 상태에 따라 속도를 조절해야 한다. 당구대 천이 새것일수록, 커브를 만들 때 필요한 속도를 줄인다.

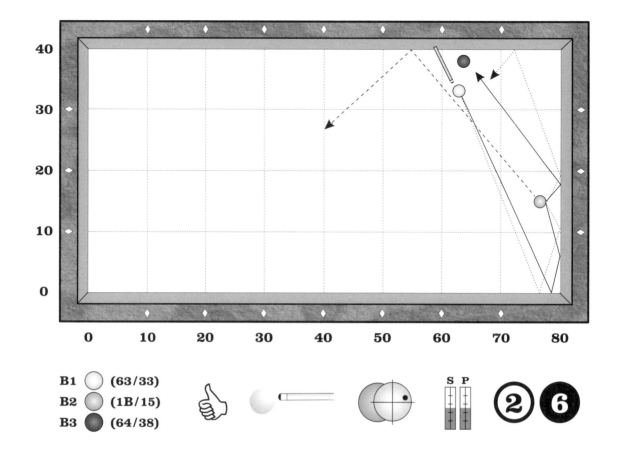

B1 ◯ (63/33)
B2 ◯ (1B/15)
B3 ● (64/38)

S P

② ⑥

역회전을 줘야지만 빠르게 치지 않아도 B2에 맞고 튕겨 나온 수구가 단쿠션을 지나 B3으로 향한다. 회전을 주지 않으면, 수구는 쿠션에 닿을 때마다 순회전을 일으키기 때문에 B3을 오른쪽에서 미스(가는 점선 참고)하게 될 것이다.

B2가 단쿠션으로부터 공 하나만큼 떨어진 위치에 있을 때 이 샷을 치는 것이 좋다. 첫 번째 쿠션의 적절한 조준점에 대한 감을 잡을 수 있도록, 매 샷마다 B2를 좌우로 조금씩 이동시키면서 연습하자.

참고 문헌

BEREKEND BILJARTEN (NL), Jean Verworst, Belgium, 1987

FASZINATION DREIBAND-BILLARD, Andreas Efler, Litho-Verlag, Speyer, 2005, Spanish version: FASCINACION BILLARA TRES BANDAS; Lotho-Verlag, 2007

HANDBUCH DES BILLARDSPIELS (DREIBAND), Band 1, Gerhard Hüpper, Litho-Verlag, Thomas Lindemann, Speyer, 2000

HANDBUCH DES BILLARDSPIELS (DREIBAND), Band 2, Gerhard Hüpper, Litho-Verlag, Thomas Lindemann, Speyer, 2001

LE BILLARD EN EXPANSION(Fench), Frédéric Caudron

POOLAND BILLIARDS, Robert Byrne, Harcourt, Inc., 1978

TÜZÜL BILLIARDS SYSTEMS, Murat Tüzül, Turkey, 2001

올바른 당구 용어

당구 문화가 일본에서 건너왔기 때문인지 사람들은 일본어에서 파생한 당구 용어를 오랫동안 사용했다. 요즘에는 분위기가 많이 바뀌었는데, 방송·신문·잡지 등에서 순화 용어를 앞장서 쓰고 있으며 대중에게 도 권장하고 있다.

	잘못된 용어	순화 용어	영어 용어
1	가락/가라꾸	빈쿠션 치기	bank shot
2	가야시	모아치기	nurse ball
3	갸꾸	역회전	reverse english
4	겐뻬이	편 가르기/복식게임	
5	겐세이	견제/수비/방해	safety
6	겜빵	게임비 내기	
7	구락부	클럽	club
8	기레까시/짱꼴라	비껴치기	cut
9	기리까시/기네	잘라치기	
10	기리오시	끊어 밀어치기	
11	기리히끼	짧게 끌어치기	
12	나미/나메	얇게 치기	feader shot
13	나사/라사	당구 천	table cloth
14	니꾸	두번치기	two touch
15	다데	길게 안돌리기	out side long angle
16	다마	(당구)공	ball
17	다이	당구대	table
18	덴방	상틀	
19	덴방고무	고무 쿠션	cushion rubber
20	레지/네지/니주	대회전/크게 돌리기	round table/grand rotation

21	리보이스	리버스	reverse shot
22	맛세이	찍어치기	masse
23	무시	무회전	no english
24	빠킹	파울/벌점	foul
25	삑사리	미스큐	miscue
26	시까끼/히까끼	앞으로 걸어치기	inside rail first
27	시끼/히끼	끌어치기	draw shot
28	시네루/히네리	회전	spin/english
29	시로/히로	파울, 실수	foul
30	쎄리다마	모아치기	series
31	오마오시	길게 안돌리기	outside long angle
32	오사마리	마무리	match point
33	오시	밀어치기	follow shot
34	우라/우라마와시	뒤돌리기	inside short
35	죽방	칩 게임	
36	쪼단쪼/접시	더블 레일 샷	double rail shot
37	쫑	키스	kiss
38	하꼬/하꼬마와시	제각돌리기	outside short angle
39	황오시	세게 밀어치기	two bound
40	후루꾸/뽀록	어중치기/요행/재수	fluke
41	히다	커브	curve

당구 기본 규칙

규칙을 제대로 익히지 않고 당구를 치는 사람이 있을까? 복잡한 규칙이 있는 것은 아니지만 정식 규칙을 일부러 찾아서 꼼꼼하게 읽어보는 사람도 많지는 않을 것이다. 다음은 대한당구연맹에서 게재한 규칙 전문으로 당구의 기본 규칙을 익힐 수 있다.

1 캐롬 경기 규칙

본 규칙서의 캐롬 경기 규칙은 세계캐롬당구연맹(UMB)과 대한당구연맹에서 사용하는 규정과 규칙이다. 이 규칙은 국내에서 개최되는 모든 캐롬 종목 대회에 적용되며, 본 규칙서에 없거나 불가항력의 경우에는 본 연맹 경기위원회에서 결정한다.

2 각 지점과 출발선의 구분

1 캐롬 경기를 시작하기 위한 출발선(spots)의 위치와 각 지점들의 구분은 아래 〈그림 1〉과 같다.

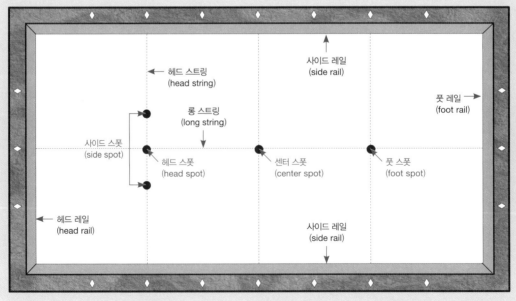

그림 1. 출발선의 위치와 각 지점의 구분

3 연습 시간(warming up)

1 선수는 각각 시합 전 5분 혹은 약간 이닝의 연습 시간을 할 권리를 가진다. 심판은 연습 시간의 순서를 지정하고, 세 개의 공을 선수가 원하는 위치에 배열한다.

2 플레이어는 큐볼을 자유롭게 선택할 수 있으며, 임의로 공의 위치를 변경하거나, 진행 중인 공을 정지시켜도 무방하다.

3 워밍업의 종료는 5분일 경우 1분 전에, 이닝 제한일 경우 마지막 이닝 전에 선수에게 통보해야 한다.

4 워밍업의 시간과 이닝은 각 대회의 규정에 따라 달라질 수 있으며, 워밍업을 하는 동안에도 복장 규정은 그대로 적용된다.

4 쿠션 드로우(뱅킹)

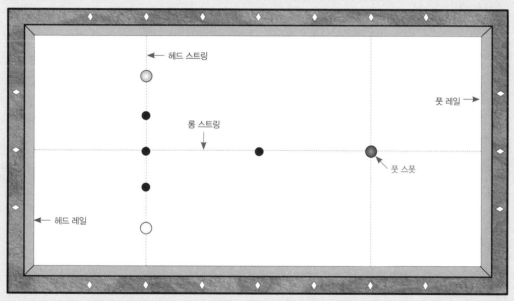

그림 2. 쿠션 드로우(뱅킹) 배치도

1 심판은 〈그림 2〉 과 같이 헤드 스트링(head string) 중앙을 기점으로 양쪽에 두 개의 큐볼을 놓고, 빨간 공은 풋 스폿(foot spot)에 놓는다. 심판은 뱅킹 준비 시, 왼쪽에 노란 공을 두고 오른쪽에 흰 공을 둔다. 만약 두 선수가 같은 공으로 경기를 하려고 한다면, 심판은 제비뽑기를 한다.

2 선수들은 풋 레일(foot rail)을 향해 뱅킹을 시작하며, 큐볼을 헤드 레일에 가장 가깝게 멈추게 한 선수가 초구 선택권을 가진다. 만약 어느 공이 헤드 레일에 가까운지를 육안으로 판별할 수 없

으면, 다시 뱅킹을 한다.

3 두 개의 큐볼은 반드시 한 개의 볼이 풋 레일에 닿기 이전에 또 다른 볼이 움직이기 시작해야 한다. 만약 이렇게 진행이 되지 않으면 뱅킹을 다시 해야 한다. 이러한 반복을 두 번 일으킨 선수는 공격권(초구 선택권)을 잃는디. 헤드 스트링 라인을 벗어난 위치에서 뱅킹은 허용되지 않는다.

4 공이 굴러가는 도중에 서로 맞닿는 경우 세로 경계선인 롱 스트링(long string)을 넘긴 선수는 공격권(초구 선택권)을 잃는다. 만약 어느 공이 롱 스트링을 넘었는지 육안으로 판별할 수 없다면 재뱅킹한다. 큐볼이 빨간 공을 건드리는 실수를 한 선수 또한 공격권(초구 선택권)을 잃는다.

5 초구(serve) 공격

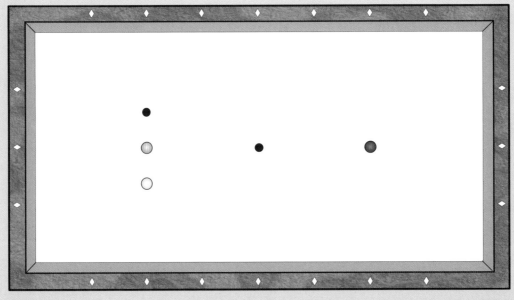

그림 3. 초구 포지션

1 뱅킹에 따라 초구 공격할 선수가 결정되면, 심판은 공을 아래와 초구(serve) 포지션에 배치한다. 이 경우 초구 공격할 선수는 위치를 확인한 후 잘못된 부분에 대해 심판에게 정정을 요구할 수 있다.

① 빨간 공 – 풋 스폿 지점

② 노란 공 – 헤드 스폿

③ 흰 공 – 두 개의 사이드 스폿 중에서 선수가 원하는 지점

2 초구 공격자는 흰 공으로 경기를 해야 하며, 첫 득점은 빨간 공에 대한 직접 공격으로 이루어져야 한다.

3 세트 경기에서는 세트의 수와는 상관없이 번갈아 가며 서브한다. 선수는 같은 공으로 계속해서 경기를 치른다.

6 득점

1 심판은 초구 공격을 제외한 다음과 같은 모든 경우에 득점을 선언한다.

① 원쿠션 경기

- 큐볼이 오브젝트볼1을 맞히고, 한 번 이상의 레일터치를 한 다음 오브젝트2를 맞힌 경우
- 큐볼이 한 번 이상의 레일터치를 한 다음 두 개의 오브젝트볼을 맞힌 경우

② 3쿠션 경기

- 큐볼이 오브젝트볼1을 맞히고, 세 번 이상의 레일터치를 한 다음 오브젝트2를 맞힌 경우
- 큐볼이 세 번 이상의 레일터치를 한 다음 두 개의 오브젝트볼을 맞힌 경우
- 큐볼이 한 번의 레일터치를 한 다음 오브젝트볼1을 맞히고, 다시 두 번 이상의 레일터치를 한 다음에 오브젝트볼2를 맞힌 경우
- 큐볼이 두 번의 레일터치를 한 다음 오브젝트볼1을 맞히고, 다시 한 번 이상의 레일터치를 한 다음 오브젝트볼2를 맞힌 경우

③ 기타 캐롬 경기는 세계캐롬당구연맹 규정에 의거한다.

2 물론 공을 치는 과정에 파울이 없어야 하며, 큐볼과 오브젝트볼의 접촉이나 레일터치를 가시적으로 확인할 수 있어야 한다는 전제가 따른다. 큐볼이 세 번째 레일과 오브젝트볼2를 동시에 맞히거나, 오브젝트볼2와 큐볼의 최종 진로를 가지고도 판정이 애매한 경우는 득점으로 인정하지 않는다. 레일터치의 접점은 하나의 레일에 편중되어 있어도 유효하나, 큐볼이 레일을 타고 흘러서 진행하는 경우는 한 번의 레일터치로 판정한다. 의도했건 의도하지 않았건 오브젝트볼에 의해 큐볼의 진로가 달라지는 키스(kiss)는 그대로 인정한다.

3 모든 득점은 1점을 원칙으로 하고, 오직 심판만이 득점을 선언할 수 있다. 그러나 심판의 선언이 있더라도 모든 공이 완전히 정지한 다음에야 득점이 공식 기록으로 인정되기 때문에, 공이 진행 중이거나 회전하고 있을 때 파울을 범하면 그 득점은 무효가 되어버린다. 득점에 성공한 플레이어는 이닝을 이어갈 권리를 가지고 공격을 계속할 수 있으며, 심판이 파울을 선언하거나 득점을 인정하지 않으면 상대에게 공격권을 양보해야 한다. 심판이 점수 규정의 마지막 득점을 선언하고 나서 공이 완전히 멈추는 순간 시합은 종료된다.

7 경기 중 휴식

1 경기 중간에 5분의 휴식이 주어진다. 경기의 중간이라 함은 한 선수가 종목별 점수제 혹은 단식 규정의 절반에 도달하거나 초과했을 때 그 이닝이 끝나는 시점을 의미하며, 경기 방식에 따라 휴식 시간은 다음과 같이 진행된다.

　① 단판 경기 : 한 선수의 득점이 해당 경기 득점제의 절반에 도달한 경우. 이 경우 40점제 이상의 경기만 해당된다.

　② 세트 경기 : 2세트 단위로 종료 후(2세트, 4세트 등)

2 휴식은 경기가 45분간 진행되어서 선수가 경기의 반을 진행하였거나 경기가 3/4 정도 진행된 상황에서만 주어질 것이다. 휴식 시간이 있는 경우에 심판이 바뀔 수 있다.

8 경기 진행 중 경기의 중지

1 경기 중 심판의 허가 없이 선수가 자리를 뜨는 경우, 해당 선수는 실격 처리된다. 대회 진행 중 발생한 불가항력의 경우에 심판의 동의를 얻어야 한다.

2 심판의 요구가 있은 후에도 경기의 재개를 거부한 선수는 해당 대회에서 탈락한다.

9 재배치

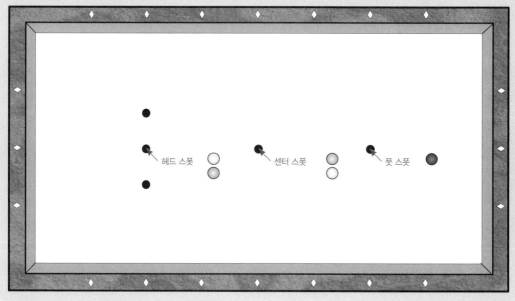

그림 4. 재배치 포지션

1 서로 붙은 공

① 큐볼이 두 공 중 하나 또는 다른 두 공과 붙게 되면 모든 종류의 경기에서 선수의 권리는 다음과 같다.

- 심판에게 공을 스폿 위에 재배치할 것을 요구하거나
- 붙지 않은 공을 향하여 뒤쪽의 쿠션을 향하여 진행시키거나
- 최초 진행 방향이 붙어 있는 공쪽으로 진행하지 않는다는 조건하에 찍어치기를 구사할 수 있다. 붙은 공이 저절로 움직인 경우는 파울이 아니다.

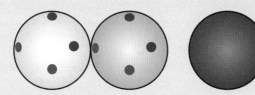

그림 5. 프로즌(frozen)

② 재배치의 경우는 다음 원칙에 따라 심판에 의해 이행된다.

- 1쿠션에 관해서는 세 개의 공이 최초 초구 공격 위치에 놓여진다.
- 3쿠션의 경우는 붙은 공들만 스폿에 재배치한다.
  - 적색 공은 풋 스폿
  - 자기 차례의 선수의 큐볼은 헤드 스폿
  - 상대방의 큐볼은 당구대의 센터 스폿
  - 내정된 스폿이 점유되어 있거나 가려져 있는 경우는 점유하고 있는 공이 가야 할 위치로 놓여진다.

2 당구대 밖으로 벗어난 공

① 하나 혹은 여러 개의 공이 당구대에서 벗어나는 경우, 튀어나온 공의 위치를 재조정하는 것은 다음과 같이 심판에 의해서 재배치된다.

- 1쿠션에 관해서는 세 개의 공이 최초 초구 공격 위치에 놓여진다.
- 3쿠션의 경우는 당구대에서 벗어난 공들만 스폿에 재배치한다.
  - 적색 공은 풋 스폿
  - 자기 차례의 선수의 큐볼은 헤드 스폿
  - 상대방의 큐볼은 당구대의 센터 스폿
  - 내정된 스폿이 점유되어 있거나 가려져 있는 경우는 점유하고 있는 공이 가야 할 위치로 놓여진다.

② 공이 프레임에서 떨어지거나 프레임의 재질에 닿으면, 공이 당구대에서 튀어나온 것으로 간주된다.

③ 만약 공이 프레임에 닿은 후 레일 안쪽 경기 구역으로 다시 돌아올 경우 심판은 경기 구역 안쪽의 공 배치에 영향을 미치지 못하도록 막아야 한다. 이 경우 경기 구역 안쪽의 공 배치에 영향을 미친다면 최대한 기존 배치에 근접하게 되돌린 후에 시합을 재개해야 한다.

3 돌발 상황

① 지진이나 바닥의 흔들림, 옆 테이블 선수 및 관중의 난입 등에 의한 방해 등 돌발 상황으로 인해 공의 위치가 변경되었다면, 원래 배치에 최대한 근접하게 되돌린 다음에 시합을 재개해야 한다.

② 만약 공이 프레임에 닿지 않고 레일 위에서 움직임이 멎는다면 프레임에 닿지 않았더라도 당구대 밖으로 벗어난 것으로 간주해야 한다.

10 경기의 종료

1 경기는 일정량의 유효 득점으로 구성된다. 경기 점수는 경기의 종류나 위원회에 의해 결정된다.

2 한 번 시작된 경기는 마지막 득점이 나올 때까지 지속된다. 경기는 마지막 득점 상황에서 심판의 득점 선언 후 종료된다.

3 이닝 제한의 유무는 경기위원회에서 결정한다.

4 이닝 제한이 있는 경기는 초구를 획득함으로써 상대방보다 하나의 이닝을 더 가진 선수가 마지막 득점을 한 후 상대방 선수가 서브로 시작되는 추가 이닝을 가짐으로써 이닝의 수를 맞춘다. 후구를 친 선수가 마지막 득점을 하면 경기는 종료된다.

5 세트로 이루어진 경기의 경우에, 다음의 규칙들이 적용된다.

① 한 선수가 정해진 마지막 점수에 도달하면 세트는 종료되고 그 선수가 승리하게 된다.

② 초구를 친 선수가 세트를 마치면 상대방은 추가 이닝을 갖지 않는다.

③ 정해진 세트를 획득한 선수가 승자가 되면 경기는 즉시 종료된다.

11 파울

1 스트로크 중에 하나나 여러 개의 공이 당구대에서 튀어나오는 경우(ball outside, 점프볼)

2 세 개의 공이 정지되어 있기 전에 선수가 샷을 한 경우(ball in motion, 움직이는 공)

3 만약 선수가 경기를 하기 위해서 큐의 가죽팁이 아닌 다른 부분을 사용한 경우(leather tip)

4 만약 선수가 큐, 손 또는 다른 물건으로 공을 건드린 경우(touched), 접촉된 공은 원래 있던 자리에 배치한다.

5 심판의 동의 혹은 허락없이, 선수가 공을 건드리거나 옮긴 경우(touched)

6 스트로크로 인해서 공이 직접적으로 옮겨진 것이 아닌, 선수가 직·간접적인 방법으로 공을 옮긴 경우(touched)

7 선수가 계속 공을 미는 경우(pushed through, 밀어내기)

다음을 pushing through이라고 한다.

　① 가죽팁이 굴러가고 있는 공을 여러 번 건드린 경우

　② 큐볼이 두 번째 공을 건드린 순간까지도 가죽팁이 큐볼에 닿아 있는 경우

　③ 큐볼이 쿠션에 맞는 순간까지도 가죽팁이 큐볼에 닿아 있는 경우

8 선수가 큐볼을 타구하는 순간에 한 발이 바닥에 닿아 있지 않은 경우(foot not on the floor) - 특수한 신발은 허용되지 않는다.

9 선수가 경기 장소 표면 위, 쿠션 위 혹은 틀 위에 보일 만한 마크를 한 경우(marked, 표식)

10 이닝 중 선수가 자신의 공을 가지고 경기를 하는 것이 아니라고 확인된 경우(wrong ball, 오구)

11 심판의 요구에도 불구하고, 선수가 약속된 시간 안에 경기를 하지 않는 경우(not played, 시간 초과)

12 큐볼이 쿠션이나 다른 볼에 붙은 경우는 쿠션이나 붙은 볼을 향해서 진행시킨 경우

12 고의적 파울

11에서 정의된 파울이 고의적으로 행해진 것이라면, 자기 차례가 된 무고한 상대방은 만약 이 위치가 자신에게 더 유리하다고 생각되면 고의적 반칙이 발생하기 전에 공이 있었던 그 자리에 공을 재배치해줄 것을 심판에게 요구할 수 있다.

13 규칙에 없는 파울

본 규칙서에 없는 파울은 본 연맹 경기위원회에서 결정한다.

올긴이 **김민섭**

동국대학교 컴퓨터 공학과를 졸업하였으며, 벤처기업에서 번역가와 엔지니어로 근무했다. 현재 번역 에이전시 엔터스코리아에서 전문 번역가로 활동하고 있다.
주요 역서로는《HTML5 캔버스 완벽 가이드 : 그래픽 애니메이션 게임 개발을 위한 캔버스》《아이패드 퍼펙트 매뉴얼 : 친절하고 꼼꼼한 사용 설명서》《CSS 원리와 이용 방법》《메시 축구의 신 : 전설이 된 소년의 잘 알려지지 않은 이야기》《헬로, 풋볼 : 축구의 모든 것》등 다수가 있다.

당구 3쿠션 300 돌파 교과서
브롬달·쿠드롱·야스퍼스·산체스 4대 천왕이 전수하는 당구 300 실전 해법

1판 1쇄 펴낸 날 2019년 12월 20일
1판 2쇄 펴낸 날 2020년 10월 5일

지은이 | 안드레 에플러
감　수 | 김홍균
옮긴이 | 김민섭

펴낸이 | 박윤태
펴낸곳 | 보누스
등　록 | 2001년 8월 17일 제313-2002-179호
주　소 | 서울시 마포구 동교로12안길 31 보누스 4층
전　화 | 02-333-3114
팩　스 | 02-3143-3254
E-mail | bonus@bonusbook.co.kr

ISBN　978-89-6494-425-7 13690

＊ 이 책은《당구 300 교과서》의 개정판입니다.

• 책값은 뒤표지에 있습니다.
• 이 도서의 국립중앙도서관 출판예정도서목록(CIP)은 서지정보유통지원시스템 홈페이지(http://seoji.nl.go.kr)와
　국가자료공동목록시스템(http://www.nl.go.kr/kolisnet)에서 이용하실 수 있습니다.(CIP제어번호: CIP2019048585)

지적생활자를 위한 교과서 시리즈

기상 예측 교과서

후루카와 다케히코 외 지음
272면 | 15,800원

다리 구조 교과서

시오이 유키타케 지음
240면 | 13,800원

로드바이크 진화론

나카자와 다카시 지음
232면 | 15,800원

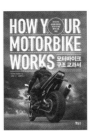

모터바이크 구조 교과서

이치카와 가쓰히코 지음
216면 | 13,800원

미사일 구조 교과서

가지 도시키 지음
96면 | 12,000원

비행기 구조 교과서

나카무라 간지 지음
232면 | 13,800원

비행기 엔진 교과서

나카무라 간지 지음
232면 | 13,800원

비행기 역학 교과서

고바야시 아키오 지음
256면 | 14,800원

비행기 조종 교과서

나카무라 간지 지음
232면 | 13,800원

비행기, 하마터면 그냥 탈 뻔했어

아라완 위파 지음
256면 | 13,000원

선박 구조 교과서

이케다 요시호 지음
224면 | 14,800원

악기 구조 교과서

야나기다 마스조 외 지음
228면 | 15,800원

뇌·신경 구조 교과서

노가미 하루오 지음
200면 | 17,800원

뼈·관절 구조 교과서

마쓰무라 다카히로 지음
204면 | 17,800원

인체 구조 교과서

다케우치 슈지 지음
204면 | 15,800원

혈관·내장 구조 교과서

노가미 하루오 외 지음
220면 | 17,800원

자동차 구조 교과서

아오야마 모토오 지음
224면 | 13,800원

자동차 세차 교과서

성미당출판 지음
150면 | 12,800원

자동차 에코기술 교과서

다카네 히데유키 지음
200면 | 13,800원

자동차 운전 교과서

가와사키 준코 지음
208면 | 13,800원

자동차 정비 교과서

와키모리 히로시 지음
216면 | 13,800원

자동차 첨단기술 교과서

다카네 히데유키 지음
208면 | 13,800원

헬리콥터 조종 교과서

스즈키 히데오 지음
204면 | 15,800원

고제희의 정통 풍수 교과서

고제희 지음
416면 | 25,000원

세계 명작 엔진 교과서

스즈키 다카시 지음
304면 | 18,900원

위대한 도시에는 아름다운 다리가 있다

에드워드 데니슨 외 지음
264면 | 17,500원

▶ 스포츠

TI 수영 교과서

테리 래플린 지음
208면 | 13,800원

다트 교과서

이다원 지음
140면 | 14,800원

당구 3쿠션 300 돌파 교과서

안드레 에플러 지음
352면 | 16,800원

당구 3쿠션 키스 피하기 교과서

안드레 에플러 지음
228면 | 14,800원

맨즈헬스 홈닥터

조던 D.메출 지음
408면 | 12,000원

배드민턴 교과서

오호리 히토시 지음
168면 | 12,000원

서핑 교과서

이승대 지음
210면 | 14,800원

승마 기술 교과서 1, 2, 3

페리 우드 외 지음
각 80면 | 각 11,000원

야구 교과서

잭 햄플 지음
336면 | 13,800원

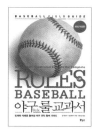

야구 룰 교과서

댄 포모사 외 지음
304면 | 13,800원

월드컵 축구 엠블럼 사전

류청 지음 | 396면
13,800원

유럽 축구 엠블럼 사전

류청 지음 | 392면
13,800원

체스 교과서

가리 카스파로프 지음
97면 | 12,800원

큐브

제리 슬로컴 외 지음
140면 | 13,000원

클라이밍 교과서

ROCK & SNOW 편집부 지음
144면 | 13,800원